四川省"十四五"普通
普通

U0461076

风景名胜区规划

第 3 版

主　编　陈睿智　董　靓
副主编　黄　凯　谷光灿
　　　　傅　娅　郭庭鸿
主　审　杨青娟

重庆大学出版社

内容提要

本书是普通高等教育风景园林专业系列教材之一,全书主要内容包括:风景名胜区规划概述,风景名胜区调查与分析,风景名胜区保护与游赏规划,典型景观与景点规划,旅游服务设施规划,基础设施规划,环境保护、消防及安全应急规划,居民社会调控规划,风景名胜区规划的审批和实施,典型实例分析和重点内容微视频等。本书以《风景名胜区规划规范》和《风景名胜区总体规划标准》为依据,编写时注意理论与实例结合,希望通过本书的介绍,让读者掌握风景名胜区规划的核心内容、程序和方法,为进一步学习和实践风景名胜区规划打下基础。

本书可供各高等院校风景园林、城乡规划、旅游管理等专业本科生使用,也可供相关专业研究生及工程技术与管理人员学习参考。

本书配套有教学数字化资源,包含重点内容微课讲解,典型案例,全书各章PPT课件,每章课后习题及答案、综合试题及答案等,可通过扫描书中的二维码,以及登录出版社官方网站选用及下载。

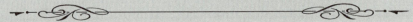

图书在版编目(CIP)数据

风景名胜区规划 / 陈睿智,董靓主编. -- 3版.
重庆 : 重庆大学出版社,2024.8. -- (普通高等教育风景园林专业系列教材). -- ISBN 978-7-5689-4791-6

Ⅰ. F590.1

中国国家版本馆 CIP 数据核字第 2024V652A1 号

普通高等教育风景园林专业系列教材

风景名胜区规划
Fengjing Mingshengqü Guihua
(第3版)

主 编 陈睿智 董 靓
副主编 黄 凯 谷光灿 傅 娅 郭庭鸿
主 审 杨青娟

策划编辑:张 婷

责任编辑:张 婷　版式设计:张 婷
责任校对:刘志刚　责任印制:赵 晟

*

重庆大学出版社出版发行
出版人:陈晓阳
社址:重庆市沙坪坝区大学城西路21号
邮编:401331
电话:(023)88617183　88617185(中小学)
传真:(023)88617186　88617166
网址:http://www.cqup.com.cn
邮箱:fxk@cqup.com.cn(营销中心)
全国新华书店经销
重庆长虹印务有限公司印刷

*

开本:787mm×1092mm　1/16　印张:15　字数:386千
2014年9月第1版　2024年8月第3版　2024年8月第5次印刷
印数:9 001—11 000
ISBN 978-7-5689-4791-6　定价:45.00元

本书如有印刷、装订等质量问题,本社负责调换
版权所有,请勿擅自翻印和用本书
制作各类出版物及配套用书,违者必究

总　序

　　风景园林学,这门古老而又常新的学科,正以崭新的姿态迎接未来。

　　"风景园林学"(Landscape Architecture)是规划、设计、保护、建设和管理户外自然和人工环境的学科。其核心内容是户外空间营造,根本使命是协调人与自然之间的环境关系。回顾已经走过的历史,风景园林已持续存在数千年,从史前文明时期的"筑土为坛""列石为阵"到21世纪的绿色基础设施、景观都市主义和低碳节约型园林,它们都有一个共同的特点,就是与人们对生存环境的质量追求息息相关。无论东西方都遵循着一个共同规律,当社会经济高速发展之时,就是风景园林大展宏图之日。

　　今天,随着城市化进程的飞速发展,人们对生存环境的要求也越来越高,不仅注重建筑本身,而且更加关注户外空间的营造。休闲意识的增强和休闲时代的来临,使风景名胜区和旅游度假区保护与开发的矛盾日益加大,滨水地区的开发随着城市形象的提档升级受到越来越多的关注,代表城市需求和城市形象的广场、公园、步行街等城市公共开放空间大量兴建,居住区环境景观设计的要求越来越高,城市道路在满足交通需求的前提下景观功能逐步被强调……这些都明确显示,社会需要风景园林人才。

　　自1951年清华大学与原北京农业大学联合设立"造园组"开始,中国现代风景园林学科已有59年的发展历史。据统计,2009年我国共有184个本科专业培养点。但是,由于本学科的专业设置分属工学门类建筑学一级学科下城市规划与设计二级学科的研究方向和农学门类林学一级学科下园林植物与观赏园艺二级学科;同时,本学科的本科名称又分别有园林、风景园林、景观建筑设计、景观学等,加之社会上从事风景园林行业的人员复杂的专业背景,使得人们对这个学科的认知一度呈现出较混乱的局面。

　　然而,随着社会的进步和发展,学科发展越来越受到高度关注,业界普遍认为应该集中精力调整与发展学科建设,培养更多更好的适应社会需求的专业人才,于是"风景园林"作为专业名称得到了共识。为贯彻《中共中央 国务院关于深化教育改革全面推进素质教育的决定》的精神,促进风景园林学科人才培养走上规范化的轨道,推进风景园林专业的"融合、一体化"进程,拓宽和深化专业教学内容,满足现代化城市建设的具体要求,编写一套适合新时代风景园林专业高等学校教学需要的系列教材是十分必要的。

　　重庆大学出版社从2007年开始跟踪、调研全国风景园林专业的教学状况,2008年决定启动"普通高等学校风景园林专业系列教材"的编写工作,并于2008年12月组织召开了普通高等学校风景园林类专业系列教材编写研讨会。研讨会汇集南北各地园林、景观、环境艺术领域的专业教师，就风景园林类专业的教学状况、教材大纲等进行交流和研讨，为确保系列教材的编写质量与顺利出版奠定了基础。经过重庆大学出版社和主编们两年多的精心策划，以及广大参编人员的精诚协作与不懈努力，"普通高等教育风景园林专业系列教材"于2011年陆续问世，真是可喜可贺！这套系列教材的编写广泛吸收了有关专家、教师及风景园林工作者的意见和建议，立足于培养具有综合创新能力的普通本科风景园林专业人才，精心选择内容，既考虑了相关知识和技能的科学体系的全面系统性，又结合了广大编写人员多年来教学与规划设计的实践经验，并汲取国内外最新研究成果编写而成。教材理论深度合适，注重对实践经验与成就的推介，内容翔实，图文并茂，是一套风景园林学科领域内的详尽、系统的教学系列用书，具有较高的学术价值和实用价值。

这套系列教材适应性广，不仅可供风景园林及相关专业学生学习风景园林理论知识与专业技能使用，也是专业工作者和广大业余爱好者学习专业基础理论、提高设计能力的有效参考书。

相信这套系列教材的出版，能更好地适应我国风景园林事业发展的需要，能为推动我国风景园林学科的建设、提高风景园林教育总体水平起到积极的作用。

愿风景园林之树常青！

编委会主任　杜春兰

编委会副主任　陈其兵

2010年9月

前 言(第3版)

　　风景名胜区自然景观、人文景观比较集中,环境优美,有着人类珍贵的不可再生资源。树立和践行党的二十大精神,强调"绿水青山就是金山银山"理念,站在人与自然和谐共生的高度完整传承风景名胜区资源和价值,是风景园林专业的重要工作。

　　因此,本教材以风景资源学、旅游学、景观生态学、风景美学等为理论基础,以《风景名胜区规划规范》和《风景名胜区总体规划标准》为依据,以风景名胜区保护为根本目标,借鉴城市、区域、国土、游憩等相关规划的理论与方法,力求全面而系统地阐述风景名胜区规划理论及相关方法。教材将风景名胜区规划的理论与案例结合,后附风景名胜区规划案例解析,同时增加微视频讲解,使学生更容易通过自主学习掌握风景名胜区规划的程序、方法、核心内容,全面提升学生自主解决实际问题的能力和创新能力,切实助力科教兴国战略、人才强国战略。

　　本教材的大纲确定、编写组织及统稿工作由陈睿智和董靓负责。具体编写工作如下:

第1章　风景名胜区规划概述(董靓　郭庭鸿);

第2章　风景名胜区调查与分析(赵群　郭庭鸿);

第3章　风景名胜区保护与游赏规划(杨瑞卿　郭庭鸿);

第4章　典型景观与景点规划(谷光灿　郭庭鸿);

第5章　风景名胜区旅游服务设施规划(宗桦　陈睿智　郭庭鸿);

第6章　风景名胜区基础设施规划(黄凯　陈睿智);

第7章　环境保护、消防及安全应急规划(陈睿智　黄瑞);

第8章　居民社会调控规划(马黎进　陈睿智);

第9章　风景名胜区规划的审批和实施(傅娅　陈睿智);

第10章　实例分析(傅娅　陈睿智)。

　　感谢四川省国土空间规划研究院(原四川省城乡规划设计研究院)的高黄根、黄东仆、王亚飞、王荔晓、曹星渠和陈艺元等在实例分析编写过程中的付出与帮助。还有未能一一列出的单位和个人提供了不少帮助和大量相关资料,在此表示诚挚谢意。

　　限于编者水平,书中难免会存在不足和错误之处,真诚欢迎各位行业同仁提出宝贵意见,以便进一步完善。

编　者

2024 年 6 月

目　录

1 风景名胜区规划概述

本章导读　本章在介绍风景名胜区相关概念的基础上,明确风景名胜区的内涵和保护性发展的详细内容,重点阐述风景名胜区的规划原则、规划内容、规划特点及规划方法。

1.1　风景和风景资源

1.1.1　风　景

"风景"一词在现代汉语中是个使用频率相当高的词汇,在《辞海》中"风景"有两个解释:一是风光、景色;二是风望。《晋书·刘毅传》中有记载:正身率道,崇公忘私,行高义明,出处同揆。故能令义士宗其风景,州间归其清流。现在一般意义上的"风景",均是指第一种含义。

尽管地球经过人类长期的栖息和劳作已不再纯粹是自然的,但仍有部分区域保持原始风貌,如沙漠、雨林(图1.1)、海洋等,其所具有的未知性与危险性使人们只能通过卫星或航拍视频、图片等一窥其貌,而不易或不能亲身感受,这样的区域无法被人亲身感知,不能算真正意义上的风景。

风景是在一定的条件下,以山水景物及自然与人文现象所构成的可以引起人们审美与欣赏的景象。

风景构成必须具备两个条件:一是具有欣赏的内容,即景物;二是便于被人欣赏。因此,"风景"(Landscape)的含义是指花园、公园和大面积风景区的自然景色,是经人力加工的面貌,甚至全部为人工模拟的自然景观(图1.2)。

图 1.1　热带雨林航拍图　　　　　　　图 1.2　风景

（图片来源:互联网）　　　　　　　（图片来源:互联网）

1.1.2　风景资源

　　风景资源,也称景源、景观资源、风景名胜资源、风景旅游资源,是指能引起审美与欣赏的活动,可作为风景游览对象和风景开发利用的事物与因素的总称。风景资源是构成风景环境的基本要素,是风景区产生环境效益、社会效益和经济效益的物质基础。

　　风景资源可以解释为风景优美的景观资源,包括自然风景名胜资源和人文风景名胜资源。风景名胜资源是指具有观赏、文化或科学价值的山河、湖海、地貌、森林、动植物、化石、特殊地质、天文气象等自然景物和文物古迹、革命纪念地、历史遗址、园林、建筑、工程设施等人文景物和它们所处环境以及风土人情等。我国宪法第九条规定:“矿藏、水流、森林、山岭、草原、荒地、滩涂等自然资源,都属于国家所有,即全民所有”。我国以建立风景名胜区、自然保护区、国家文物保护单位等形式保护国家的风景名胜资源。风景名胜区是指风景名胜资源集中、自然环境优美、具有一定规模和游览条件,经县级以上人民政府审定命名、划定范围,供人游览、观赏、休息和进行科学文化活动的地域。

　　马克思曾在书中阐述:风景的形成和特征反映了人们在风景中所扮演的功能。这些功能又是人的社会发展水平、生存本性以及自然所提供的机会三者之间的相互作用的产物。当风景根据审美意图创造出来时,最主要的推动力是社会的功能,并且其中任何设计的要素是无意识的,本质上是社会的。可见,风景名胜资源不只是一类自然的事物,它是人类文明继承和社会价值观的体现。

　　所以说,风景名胜资源的社会属性是伴随着风景名胜资源的产生而同时产生的。因而,风景名胜资源是人们在自然资源的基础上通过人们的想象、加工、修饰等行为,赋予了它美的意念、文化的内涵,使其成为浸透着人类文明、凝聚着人类精神与思想的自然资源。

1）风景资源与旅游资源的区别

　　风景资源有成为旅游资源的可能性,但风景资源不能等同于旅游资源,表 1.1 从定义、分

类原则、开发原则等方面进行了比较。著名地理学家、北京大学城市与环境学院教授谢凝高认为：国家风景名胜区绝不能被片面地定位为旅游资源，成为旅游产业的支柱，成为一棵"摇钱树"，它是中国文化的瑰宝，是世界珍贵的文化遗产。旅游产业是第三产业，是以服务游客为主的。毫无疑问，旅游产业是把经济效益放首位的。一旦把风景资源简单地等同于旅游资源，就会不可避免地使公益性开发变成私有性开发，使风景区人工化、商业化和城市化。

表1.1 风景资源与旅游资源的比较

	风景资源	旅游资源
定义	能引起审美与欣赏活动，可以作为风景游览对象和风景开发利用的事物与因素的总称	凡是能对旅游者产生吸引力，可以为旅游业开发利用，并可产生经济效益、社会效益和环境效益的各种事物和因素
分类原则	①性状分类原则 ②指标控制原则 ③包容性原则 ④约定俗成原则	依据旅游资源的性状，即现存状况、形态、特性、特征划分
分类	①自然景源：天景、地景、水景、生景 ②人文景源：园景、建筑、胜迹、风物	①地文景观 ②水域风光 ③生物景观 ④天象与气候景观 ⑤遗址遗迹 ⑥建筑与设施 ⑦旅游商品 ⑧人文活动
开发原则	以保护为主，在有效保护的前提下进行适度开发	以市场为导向，经济效益是开发的首要目标

2）风景资源特性

风景资源的综合价值还不能完全用经济量来准确度衡，因为它的精神价值有无限价、可增值、因时因地而变等特征。随着社会的不断进步而逐步丰富与完善，其本身就是国家物质生活与精神生活的一种典型反映。风景资源特性主要体现在以下几个方面：

（1）整体有用性

风景资源是由多种景观要素构成的，而多种单一的景观要素经过天然的或人为的组合加工后成为风景资源，并表现出有用性。各种景观要素之间是相互影响、相互制约的。风景资源之所以是美的，很重要的一个原因就在于它是一个完整的景观体系。因此，在风景资源的使用价值上，整体有用性大于局部有用性。

（2）空间的固定性

风景资源是在某个特定的地域内形成的，因此风景资源都具有一定的地域性，对风景资源的利用只能在相应地域及其可波及范围内发生作用,而无法将其移动、调整。这与一般资源在利用方式上存在着差别。

（3）时间的无限性

风景资源的形成过程中,其数量、质量及周围的自然人文环境都随时间而发生变化。自然景源的形成需要时间的打磨与进化,而人文景源的丰富同样需要历史的更迭与延续。因此,风景资源的使用应建立在资源所包含的自然与人文信息不被破坏、丢失的基础上,随着时间的推移,完好地向下传递,使其在使用时间上具有无限性。

（4）景观的不可复制性

《保护世界文化和自然遗产公约》(*Convention Concerning the Protection of the World Cultural and Natural Heritage*,简称《世界遗产公约》)强调的两项原则是遗产项目的真实性和完整性,其中真实性就表现为景观的不可复制性。如果是达到某种目的将景观移动或复制,景观就失去了产生、生存的自然与文化背景,同时也失去了它作为遗产最珍贵的东西,其使用价值变得很低,甚至丧失。按照《世界遗产公约》第四条的规定,人类社会对已确认的遗产资源唯一可做的是"确定保护、保存、展出和传与后代"。遗产资源的不可逆性和非再造性表明,对自然文化遗产资源只能采取事前预防行动,即保护。景观的不可复制性表明风景资源是一种保护性资源,而不是开发性资源。

（5）景观的共享性

风景资源不仅表现于其所存在的区域,区域之外在一定程度上同样可以享用,而且这种共享性是无论所有者或生产者是否同意都始终存在的。共享性还表现在风景资源被破坏时,造成景观消失、景观环境恶化等现象,这种对于景观资源产生的负面效益也具有共享性,会让所有的享受者承担并"分享"风景名胜资源的负效益。

1.2　风景名胜区

1.2.1　概　念

关于风景名胜区的称谓,在我国曾有很多种,如自然风景名胜区、旅游风景名胜区、风景游览区、风景旅游区、风景保护区等,大都是在"风景"前后加一词来表达某种更具体、更特定的含义。

在《风景名胜区总体规划标准》(GB/T 50298—2018)中,将风景名胜区定义为:具有观赏、文化或科学价值,自然景观、人文景观比较集中,环境优美,可供人们游览或者进行科学、文化活动的区域;是由中央和地方政府设立和管理的自然与文化遗产保护区域。

1.2.2　风景名胜区的内涵

从 1982 年公布第一批国家级风景名胜区开始,截至 2023 年,我国共有 1 051 处风景名胜区,其中国家级风景名胜区 244 处,省级风景名胜区 807 处。随着国家社会经济的发展,风景

名胜区的概念与内涵也在不断地发生着变化(表 1.2),但其"科学规划、统一管理、严格保护、永续利用"的指导方针始终如一。

表 1.2　风景名胜区概念与内涵的发展

时　间	法规及文件	概念与内涵
1985 年	《风景名胜区管理暂行条例》	凡是具有观赏、文化或科学价值,自然景物、人文景物比较集中,环境优美,具有一定规模和范围,可供人们游览、休息或进行科学、文化活动的地区,应划为风景名胜区
1987 年	《风景名胜区管理暂行条例实施办法》	风景名胜区是指风景资源集中、自然环境优美、具有一定规模和游览条件,经县级以上人民政府审定命名、划定范围,供人游览、观赏、休息和进行科学文化活动的地域
1994 年	《中国风景名胜区形势与展望》	确定风景名胜区的标准是:具有观赏、文化或科学价值,自然景物、人文景物比较集中,环境优美,可供人们游览、休息,或进行科学文化教育活动,具有一定的规模和范围
2000 年	《风景名胜区规划规范》	风景名胜区也称风景区,是指风景资源集中、环境优美、具有一定规模和游览条件,可供人们游览观赏、休憩娱乐或进行科学文化活动的地域
2006 年	《风景名胜区条例》(2016 年修订)	风景名胜区,是指具有观赏、文化或者科学价值,自然景观、人文景观比较集中,环境优美,可供人们游览或者进行科学、文化活动的区域
2018 年	风景名胜区总体规划标准	具有观赏、文化或科学价值,自然景观、人文景观比较集中,环境优美,可供人们游览或者进行科学、文化活动的区域;是由中央和地方政府设立与管理的自然及文化遗产保护区域

1.2.3　风景名胜区的性质

关于风景名胜区的性质,1994 年发表的《中国风景名胜区形势与展望》绿皮书中明确:风景名胜区事业是国家社会公益事业。

社会公益事业是不以营利为目的、满足社会物质和文化需求的活动。国务院在规定风景名胜区性质的同时,对其作用也作了规定,即保护生态、生物多样性与环境是风景名胜区最基本的作用。同时,它还具有科研、文化、科普以及铸造民族精神等重要功能。风景名胜区之所以具有这些功能,是因为风景名胜区是人类珍贵的自然和文化遗产,对于这样一种特殊的、不可再生的资产,保护是首要的,开发要服从于保护,营利不应成为目的。这也就决定了国家风景名胜区的社会公益性质。

1.2.4　风景名胜区的功能

总的来说,风景名胜区具有以下 5 种功能。

1)生态功能

风景名胜区有保护自然资源、改善生态与环境、防灾减灾的生态防护功能。

（1）保护生物多样性

自然生态系统中的每一物种都是漫长演化的结果。生物多样性是动物、植物、微生物与环境形成的生态复合体以及与此相关的各种生态过程的总和,包括生态系统、物种和基因三个层次。生物多样性是人类赖以生存的条件,是经济社会可持续发展的基础,是生态安全和粮食安全的保障。设立风景名胜区有利于保存大自然物种,保护有代表性的动植物种群,并提供其作为基因库的功能,以此供后代子孙使用。

（2）提供保护性环境

风景名胜区大都具有成熟的生态体系,并包含顶级生物群落,富于安定性。它对于缺乏生物机能的都市体系,以及以追求生产量为目标的生产体系,均能产生中和作用。它可以调节城市的近地小气候,维持二氧化碳与氧气的动态平衡,对保持生态环境和防风防灾都有重要作用。同时,风景区在自然生态系统中有净化水和空气的能力,在自然界的养分循环和能量流动中也起到作用。

2)游憩功能

风景名胜区有培育山水景胜、提供游憩、陶冶身心、促进人与自然协调发展的相关功能。人们在其中可进行的活动包括野外游憩、审美欣赏、科技教育、娱乐体育、康养保健等项目。风景名胜区已成为开展旅游活动主要的自然承载场地,成为现代都市生活最高品质的游憩场所。风景名胜区有良好的生态环境,有美丽的自然风景,有丰富的文物古迹,正成为广大人民群众向往的游览观赏之地。

3)景观功能

景观功能是景观与周围环境进行的物质、能量和信息交换以及景观内部发生各种变化和所表现出来的性能及在社会经济中的作用。每一个风景名胜区,不论其整体或局部、实体或空间,绝大多数具有特色鲜明的美的形象、美的环境和美的意境。风景名胜区的景观结构与生态过程相互作用产生景观性质与效益。

4)科教功能

风景名胜区有展现历代科技文化,纪念先人、先事,增强德智育人的寓教于游的功能。具体体现在科研科普、历史见证、文学艺术等方面。

科研科普方面:风景名胜区往往是特有的地形、地貌、地质构造,珍稀动植物,古代建筑、民族乡土建筑的宝库,而其内容都有一定的典型性和代表性,有极其重要的科学研究价值。人们

在风景名胜区可以获得生物学、地质学、人类学、社会学等方面体验和知识,还可利用风景名胜区研究生态系统发展、食物链、能量传递、物质循环、生物群落演变与消长等科研内容。

历史见证方面:很多风景名胜区中,都保存着不少的文物古迹,包括摩崖石刻、古建园林、诗联匾额、壁画雕刻……它们是文学史、艺术史、建筑史、园林史、科技发展史、革命史等的重要史料,是历史的见证。所以也有游山如读史之说。

文学艺术方面:中国是最早发展山水诗、山水画、山水园林等山水风景艺术的国家,这与我国古代人民最早认识自然之美、开发利用风景胜地有着密切关系。风景名胜区内的人文元素在其历史发展的过程中受到古代哲学、宗教、文学、艺术的影响,使得风景名胜区既是文学艺术的宝库,也是文学艺术的课堂。

风景名胜区的
科教功能

5）经济功能

旅游业是一项综合性产业,能通过产业联动链带动一系列相关产业(如交通业、餐饮业、加工业、种植业、零售业等)的发展。风景名胜区中蕴藏的多种资源,在严格保护的前提下,可借游人到风景名胜区观光游览的机会及风景名胜区的知名度所产生的品牌效益,搭建促进地方经济的"发展平台",从而发挥风景名胜区的社会效益和经济效益,带动当地经济的发展、信息的交流、文化知识的传播。

风景名胜区本身虽不直接产生经济价值,但是通过其自然景观、人文景观及风景环境吸引游人并为游人提供饮食、住行、休闲、购物等服务而产生经济价值,而且各级风景名胜区还在增加就业岗位方面发挥越来越大的作用。

1.2.5　风景名胜区分类

1）风景名胜区的组成

依据风景名胜区发展的历程特征和社会需求规律,可把风景名胜区的组成归纳为三个基本要素及多个组成因子。

（1）游赏对象

广义的游赏对象包括极为丰富的所有景源,而最基本、最常规的是天景、地景、水景、生景、园景、建筑、史迹、风物这八类景源。

（2）游览设施

风景名胜区要有配套的旅行游览接待服务设施,能满足游人在游赏风景过程中必要的设施条件,包括旅行、游览、饮食、住宿、购物、娱乐、保健等设施。游览设施是风景名胜区的必备配套因素。游览设施的等级、规模与布局,要同游赏对象、游人结构和社会状况相适应。

（3）运营管理

风景名胜区要有不可缺少的运营管理机构与机制,它既能调动和鼓励风景名胜区的一切积极因素,保障风景游览活动安全顺利,保障风景名胜区的自我生存与健康发展,又要防范和消除风景名胜区的消极因素,使风景名胜区永葆时代活力。运营管理包括人员、财务、物资、机构建制、法规制度、目标任务、科技手段等。

2) 风景名胜区的分类

风景名胜区的分类方法很多,实际应用较多的是按等级、规模、景观、结构、功能设施等特征划分。

（1）按等级特征分类

依据《风景名胜区条例》(2016 年修订)和《风景名胜区总体规划标准》(2018),按照风景名胜区的观赏、文化、科学价值及其环境质量、规模大小、游览条件等内容,划分为国家级风景名胜区和省级风景名胜区两个等级。

①国家级风景名胜区:自然景观和人文景观能够反映重要自然变化过程和重大历史文化发展过程,基本处于自然状态或者保持历史原貌,具有国家代表性的,可以申请设立国家级风景名胜区。设立国家级风景名胜区,由省、自治区、直辖市人民政府提出申请,国务院建设主管部门会同国务院环境保护主管部门、林业主管部门、文物主管部门等有关部门组织论证,提出审查意见,报国务院批准公布。

国家级风景名胜区应符合以下条件:第一,具有全国最突出、最优美的自然风景或人文景观,生态系统基本上没有受到破坏,其自然环境、动植物种类、地质地貌具有很高的观赏、教育和科学价值。第二,地方政府采取了相应措施。按照国务院规定已制定颁布的加强对国家级风景名胜区保护和管理的法规,有效地保护其生态、地貌和美学特色。第三,允许游人进入国家级风景名胜区,同时采取措施,防止某些区域游人超量。第四,国家级风景名胜区的面积一般在 50 km² 以上。

②省级风景名胜区:自然景观和人文景观具有区域代表性的,可以申请设立省级风景名胜区。设立省级风景名胜区,由县级人民政府提出申请,省、自治区人民政府建设主管部门或者直辖市人民政府风景名胜区主管部门,会同其他有关部门组织论证,提出审查意见,报省、自治区、直辖市人民政府批准公布。

（2）按用地规模分类

按风景名胜区的规划范围和用地规模划分为以下 4 类。

①小型风景名胜区,其用地范围为 20 km² 以下。

②中型风景名胜区,其用地范围为 21~100 km²。

③大型风景名胜区,其用地范围为 101~500 km²。

④特大型风景名胜区,其用地范围在 500 km² 以上,此类风景名胜区多具有风景区域的特征。

（3）按景观特征分类

按风景名胜区的典型景观属性特征划分为以下 10 类:

①山岳型风景名胜区:以高、中、低山和各种山景为主体景观特点的风景名胜区,如五岳和各类名山风景名胜区(图 1.3)。

②峡谷型风景名胜区:以各种峡谷风光为主体景观特点的风景名胜区,如长江三峡、云南三江并流等(图 1.4)。

③岩洞型风景名胜区:以各种岩溶洞穴或溶岩洞景为主体景观特点的风景名胜区,如贵州安顺的龙宫,浙江桐庐的瑶琳仙境,广西桂林的七星岩、芦笛岩等风景名胜区。

④江河型风景名胜区:以各种江河溪瀑等动态水体水景为主体景观特点的风景名胜区,如

楠溪江、黄果树、黄河壶口等风景名胜区。

图1.3　泰山十八盘(图片来源:互联网)　　　　图1.4　三江并流(图片来源:互联网)

⑤湖泊型风景名胜区:以各种湖泊水库等水体水景为主体景观特点的风景名胜区,如杭州西湖、武汉东湖、云南滇池、新疆天山天池、青海湖等。

⑥海滨型风景名胜区:以各种海滨海岛等海景为主体景观特点的风景名胜区,如青岛海滨、福建平潭、三亚海滨等。

⑦森林型风景名胜区:以各种森林及其生物景观为主体景观特点的风景名胜区,含我国的国家级和省级森林公园,如西双版纳原始森林公园、蜀南竹海旅游度假区、百里杜鹃风景名胜区等。

⑧草原型风景名胜区:以各种草原草地、沙漠风光及其生物景观为主体景观特点的风景名胜区,如太阳岛、呼伦贝尔草原等。

⑨史迹型风景名胜区:以历代园景、建筑和史迹景观为主体景观特点的风景名胜区,如承德避暑山庄外八庙景区、八达岭长城、十三陵、中山陵、莫高窟、龙门石窟等。

⑩综合型景观风景名胜区:以各种自然和人文景源融合成综合性景观为其特点的风景名胜区,如九寨沟国家级自然保护区、太湖风景名胜区、大理古城等。

(4)按结构特征分类

依据风景名胜区的内容配置所形成的职能结构特征划分为3种基本类型:

①单一型风景名胜区:其内容与功能比较简单,主要是由风景游览欣赏对象组成一个单一的风景游赏系统,例如,以景源和生态保护为主。很多小型风景名胜区均属单一型风景名胜区。

②复合型风景名胜区:其内容与功能均较丰富,它不仅有风景游赏对象,还有相应的旅行游览接待服务设施组成的旅游设施系统,因而其结构特征是由风景游赏和旅游设施两个职能系统复合组成的。

③综合型风景名胜区:其内容与功能均较复杂,它不仅有游赏对象、旅游设施,还有相当规模的居民生产与社会管理内容组成的居民社会系统,因而其结构特征是由风景游赏、旅游设

施、居民社会这三个职能系统综合组成的。

（5）按功能设施特征分类

按功能设施特征划分为以下6类：

①观光型风景名胜区：有限度地配备必要的旅行、游览、饮食、购物等为观览欣赏服务的设施，如大多数城郊风景区。

②游憩型风景名胜区：配备有较多康体设施及游憩娱乐设施，可以有一定的住宿床位，如三亚海滨风景区等。

③休假型风景名胜区：配备有较多疗养休养、避寒避暑、度假、保健等设施，有相应规模的住宿床位，如北戴河景区等。

④民俗型风景名胜区：保存有乡土民居、遗迹遗风，展示日常劳作、节庆庙会、宗教礼仪等社会民风民俗，如泸沽湖风景名胜区等。

⑤生态型风景名胜区：配备有必要的保护监测、观察试验等科教设施，严格限制行、游、食、宿、购、娱、健等设施，如黄龙风景名胜区、九寨沟国家级自然保护区等。

⑥综合型风景名胜区：各项功能设施较多，可以定性、定量、定地段地综合配置。大多数风景区均有此类特征。

1.3 风景名胜区保护

风景资源是一种独特的、不可再生的和可永续利用的。风景名胜区内的风景名胜资源，应当根据可持续发展的原则，严格保护，不得破坏或者随意改变。

1.3.1 国外风景名胜区保护发展

1) 世界自然保护联盟

世界自然保护联盟（International Union for Conservation of Nature，IUCN），始建于1948年，旨在促进世界范围内自然多样性与完整性的保护和确保自然资源利用的合理性与生态可持续性，并提高其成员单位在地方、区域和全球水平等不同层次上保护自然资源的能力。截至2023年，共有超过1 400个政府机构、学术团体和非政府组织作为团体会员加入。其最高权力机构是秘书处，下设世界保护区（WCPA），物种存续（SSC），环境、经济和社会政策（CEESP），生态系统管理（CEM），教育与传媒（CEC），环境立法（CEL）6个专业委员会。

世界保护区委员会（当时称国家公园和保护区委员会）在1978年公布了"保护区种类、对象和标准范畴"，将保护区分为10种类型，即科学保留地/严格的自然保护区、国家公园、自然遗址/自然名胜、自然保护区/野生动物保护区、风景保护区、资源保护区（物种保护区）、自然生物区/人类保护区、多用途管理区/经营管理区、生物圈保护区、世界遗产地（自然的）。

2015年，该委员会对该分类体系进行了修订，提出了新的保护区分类体系（表1.3）。

表1.3 IUCN提出的保护区分类体系

种 类	名 称	建立目的	特 点
Ⅰ	Ⅰa严格的自然保护区	是保护具有区域、国家,或全球突出意义的生态系统、物种(单个物种或物种集群)和/或地质多样性的属性	是划定的受严格保护的自然保护地,保护生物多样性,和可能的地理/地貌特征,而人类游访活动、使用和影响都受到严格控制和限制,以确保对自然价值的保护。这些保护地是科学研究和监测不可或缺的参照
	Ⅰb荒野地	保护那些未受到人类活动严重干扰的,没有现代基础设施建设的,以及自然力和自然进程起主导作用的自然区域的长期的生态完整性,使得现代人和后代可以有机会到此类区域去体验	这些区域一般情况下都未做修整,或仅做了少数修整,保持了其自然属性和影响,不存在永久地或大量人类定居的痕迹,故而保护和管理起来,以维持其自然条件
Ⅱ	国家公园	保护自然生物多样性,连同其深层次的生态架构和其支撑作用的环境过程,以促进教育和游憩	大面积的自然或近自然区域,用以保护大尺度生态进程,以及与此区域相得益彰的物种和生态系统特征,同时也奠定了一个基石,为环境和文化兼容的精神层面、科学层面、教育层面、娱乐层面和游客层面的活动提供了机会
Ⅲ	自然历史遗迹或地貌	保护尤其突出的自然特征及与其相关的生物多样性和生境	划定用于保护特别的自然历史遗迹,可以是地貌、海山、海底洞穴,甚至可以是一个岩洞或是依然存活的古老的树丛这样的地质形态。这些区域通常较少,但却具有较高的观光价值
Ⅳ	生境/物种管理区	维持、保护和恢复物种及其生境	此类保护地旨在保护特别的物种或生境,并在其管理中体现了优先性。(许多第Ⅳ类的保护地都需要定期的积极干预以满足特殊物种的条件,或为维持其生境,但这不作为必要条件)
Ⅴ	陆地景观/海洋景观	保护和维持重要的陆地景观、海洋景观,以及其相关的自然保护和其他的产生于人类通过传统管理实践与自然互动过程中的价值	此类保护地保护的是人与自然随时间的相互作用中所形成的独特的具有生态学、生物学、文化和风景价值的区域。保障这种相互作用的完整性对于保护和维持此区域,以及与之相关的自然保护和其他价值十分关键
Ⅵ	可持续利用自然资源的保护地	保护自然生态系统,在保护和可持续利用可以互利的情况下,可持续地利用自然资源	保护生态系统和生境,以及相关的文化价值和传统自然资源管理体系。一般面积较大,区内大部分处于自然状态,其中一部分进行可持续的自然资源管理;而低水平的、与自然保护兼容的、非工业化的自然资源利用是此区域的主要目标之一

资料来源:IUCN,2015.

2)国家公园保护发展

1969年,世界自然保护联盟对国家公园的定义得到了全球学术组织的普遍认同,即"一个国家公园,是这样一片比较广大的区域。第一,它有一个或多个生态系统,通常没有或很少受到人类占据及开发的影响,这里的物种具有科学的、教育的或游憩的特定作用,或者这里存在着具有高度美学价值的自然景观;第二,在这里,国家最高管理机构一旦有可能就采取措施,在整个范围内阻止或取缔人类的占据和开发并切实尊重这里的生态、地貌或美学实体,以此证明国家公园的设立;到此观光须以游憩、教育及文化陶冶为目的,并得到批准。"通常可以将国家公园定义为:"国家公园是一个土地所有或地理区域系统,该系统的主要目的就是保护国家或国际生物地理或生态资源的重要性,使其自然进化并最小地受到人类社会的影响。"

第一个正式国家公园产生于1872年(美国黄石公园),但当时并未采纳现在这个名称,只是称为"公园"。黄石公园的诞生标志着最初的自然保护思想运动的胜利(图1.5)。1890年,美国又设立了巨杉国家公园和约塞米蒂国家公园。当时在欧洲只有英国效仿美国的这种标新立异的做法,于1895年设立了"国家托拉斯"负责规划土地并建立自然保护区。但英国只是在其海外殖民地采取这样的做法。加拿大于1885年开始在西部建立了3个国家公园[冰川(Glacier)国家公园、班夫(Banff)国家公园、沃特顿(Waterton)湖国家公园]。同期,澳大利亚设立了6个,新西兰设立了2个。南非于1898年设立了萨比(Sable)野兽保护区,后成为克鲁格(Kruger)国家公园,同期,英国人在印度在阿萨姆设立了卡齐兰加(Kaziranga)保护区。19世纪,几乎所有的国家公园都是在美国和英联邦范围内出现的。在最近100多年的历史中,世界各国政府随着对国家风景资源的认识不断加深,竭力用各种手段保护本国的风景资源,并在逐步建立和完善自己风景资源体系,虽然各自的名称不尽相同,但各国通过建立资源体系来达到保护资源与合理利用资源的目的是一致的。

图1.5 美国黄石公园(图片来源:互联网)

虽然各国国家公园的定义和标准不一,但国家公园所具有的价值及功能相当一致。国家公园可以提供健康的环境、美的环境、安全的环境以及充满知识源泉的环境,这使得国家公园具备健康的、精神的、科学的、教育的、游憩的、环境保护的以及经济方面的多种价值。

1.3.2　我国风景名胜区保护发展

我国于 1982 年开始建立风景名胜区。1982 年 11 月 8 日,国务院审定公布了我国第一批国家级重点风景名胜区 44 处;1988 年 8 月 1 日,国务院又审定公布了第二批 40 处国家级重点风景名胜区;1994 年,审定公布了第三批 35 处国家级重点风景名胜区;截至 2023 年,我国现有 9 批 244 处国家级风景名胜区(总面积约 10.66 万 km²),面积与 807 处省级风景名胜区(总面积约 10.74 万 km²)大致相当。截至 2023 年,我国共有世界遗产地 57 处,总量位居世界第一,共涉及国家级风景名胜区 34 处。中国在国际自然保护领域占据着重要地位。

中国风景名胜区从开始萌芽到形成一个较完整的体系,历经了一个漫长的过程,这一过程可以分为 7 个阶段:五帝以前——风景名胜区的萌芽阶段;夏商周——风景名胜区的发端阶段;秦汉——风景名胜区的形成阶段;魏晋南北朝——风景名胜区的快速发展时期;隋唐宋——风景名胜区的全面发展阶段;元明清——风景名胜区的进一步发展阶段;20 世纪 50 年代——风景名胜区的复兴阶段。

中华人民共和国成立以来,我国风景名胜区的发展大体分为 3 个阶段。

(1)风景名胜区的无序阶段(1949—1977)

从中华人民共和国成立至 1977 年,除一些城市风景名胜区、名山和重要古迹由城市建设、园林、文物部门和当地政府设立专门管理机构进行管理外,全国大多数自然风景和名胜古迹还没有纳入国家及地方各级政府的保护和管理体系。出于历史原因,中国有许多珍贵灿烂的风景名胜在社会发展较长的历史进程中不同程度地受各种自然和人为的影响与破坏,这些风景资源所特有的自然、历史、文化、科学、审美等价值逐步丧失,也一直未得到人们的认识和重视。

(2)风景名胜区的起步阶段(1978—1992)

1982 年《国务院批转城乡建设环境部等部门关于审定第一批国家重点风景名胜区的请示的通知》(国发〔1982〕136 号),审定批准了我国首批 44 个国家重点风景名胜区,这是我国第一个中央政府发布的关于风景名胜区的法规性文件,文件明确了风景名胜区由人民政府进行管理和保护,从而确定了我国国家风景名胜区的体制形式。

1985 年 6 月,国务院颁布了《风景名胜区管理暂行条例》,在条例中明确指出"风景名胜区依法设立人民政府,全面负责风景名胜区的保护、利用、规划和建设",进一步确立了我国风景名胜区的法律地位。同时明确了国家建设部门主管全国风景名胜区工作,地方各级人民政府建设部门主管本地区风景名胜区工作。1992 年,国务院办公厅转发建设部关于加强风景名胜区工作报告(国办发〔1992〕50 号)。在这 10 年期间,初步建立了国家、省和县(市)三级风景名胜区管理体系,并在实践过程中初步形成了我国风景名胜区的理论基础。处于改革开放初期,受当时国民经济总体发展水平和国家旅游经济发展的局限,各级风景名胜区主要依靠国家和地方政府财政;除部分毗邻中心城市的重点风景名胜区具备一定的游客规模之外,大多数风景区的游客量偏低,旅游服务和基础设施薄弱。

自 1978 年中国实行改革开放政策的初期,建设部门及国内一批有识之士、专家学者,从抢救珍贵风景名胜资源、继承和保护人类历史遗留给我们的自然与文化遗产认识的历史高度,注意吸纳国际上许多国家管理自然与文化遗产及国家公园的经验,结合我国特有自然风景与历史文化融为一体的实际情况,提出了效仿国外国家公园,建立中国风景名胜区管理制度,发展有中国特色的风景名胜区保护事业。

（3）风景名胜区发展阶段（1992年以后）

1999年，国家技术质量监督局和建设部联合发布《风景名胜区规划规范》（GB 50298—1999），于2000年1月1日起开始实施，进一步提高了我国风景区规划编制的规范性和科学性。2003年11月18日，由中国风景名胜区协会、中国旅游协会举办的"全国风景名胜区保护与发展战略研讨会"在河南省信阳市鸡公山风景名胜区闭幕。全国151家国家级风景区、17家世界自然遗产景区的代表联合发表了在我国风景名胜区行业发展史上具有里程碑意义的《鸡公山宣言》。该宣言总结了我国风景名胜区管理中几十年来的经验和教训，将"保护与发展"定为风景名胜区的永恒主题。2006年，国务院颁布了《风景名胜区条例》，对风景名胜区的设立、规划、保护、利用和管理等各个环节都作了规定，标志着我国风景名胜区的事业进入另一个崭新的发展阶段；2016年2月6日公布的《国务院关于修改部分行政法规的决定》，对该条例进行了修订。

为了全面推进依法实施风景名胜区管理工作，应把风景名胜区纳入法治化管理的轨道。我国的风景名胜区事业经过近几十年的努力摸索，在实践中积累经验，已经逐渐建立起较为系统的风景名胜区规划体系，并陆续建立起了风景名胜区的保护法规、规范和管理系统，已将规划编制工作纳入科学化、规范化和社会化的范畴。

1.4　风景名胜区规划

《风景名胜区条例》（2016年修订）规定，风景名胜区规划分为总体规划和详细规划。风景名胜区总体规划的编制，应当体现人与自然和谐相处、区域协调发展和经济社会全面进步的要求，坚持保护优先、开发服从保护的原则，突出风景资源的自然特性、文化内涵和地方特色。风景名胜区详细规划应符合风景名胜区总体规划。

风景名胜区规划的主要目的，是发挥风景名胜区的整体大于局部之和的优势，实现风景优美、设施方便、社会文明，并突出其独特的景观形象、游憩魅力和生态环境，促使风景名胜区适度、稳定、协调发展和可持续发展。其本质是提炼和概括风景特色，把合理的社会需求融入自然之中，优化人与自然协调发展的风景游憩景域。

1.4.1　风景名胜区规划内容

《风景名胜区总体规划标准》（GB/T 50298—2018）指出："风景名胜区总体规划是为保护培育、合理利用和经营管理好风景名胜区，发挥其综合功能作用、促进风景名胜区科学发展所进行的统筹部署和具体安排。"定义中明确提出了风景名胜区总体规划的3个主要方向，即风景资源的保护与培育、风景资源的开发与利用、风景名胜区的管理与经营，并突出强化了风景名胜区规划的法律意义，为规划的有效实施奠定了理论基础。

据《风景名胜区条例》，风景名胜区总体规划主要包括以下内容：

①风景资源评价；

②生态资源保护措施、重大建设项目布局、开发利用强度；

③风景名胜区的功能结构和空间布局；

④禁止开发和限制开发的范围；

⑤风景名胜区的游客容量；

⑥有关专项规划。

《风景名胜区详细规划标准》(GB/T 51294—2018)将风景名胜区详细规划定义为:为落实风景名胜区总体规划要求,满足风景名胜区保护、利用、建设等需要,在风景名胜区一定用地范围内,对各空间要素进行多种功能的具体安排和详细布置的活动。并规定风景名胜区详细规划内容为:

①总体规划要求分析；

②现状综合分析；

③功能布局；

④土地利用规划；

⑤景观保护与利用规划；

⑥旅游服务设施规划；

⑦游览交通规划；

⑧基础工程设施规划；

⑨建筑布局规划；

⑩根据详细规划区特点,可增加景源评价、保护培育、居民点建设、建设分期与投资估算等规划内容。

1.4.2　风景名胜区规划类型

风景名胜区规划从宏观到微观可分为8种规划类型。

1)风景发展战略规划

风景发展战略规划是对风景名胜区或风景体系发展具有重大的、决定全局意义的规划,其核心是解决一定时期的基本发展目标及其途径,其焦点和难点在于战略构思与抉择。

2)风景旅游体系规划

风景旅游体系规划是指一定行政单元或自然单元的风景体系构建及其发展规划,包括该体系的保护培育、开发利用、经营管理、发展战略,以及与相关行业和相关体系协调发展的统筹部署。

3)风景名胜区区域规划

风景名胜区区域是可以用于风景保育、开发利用、经营管理的地区统一体或地域构成形态,其内部有着高度相关性与结构特点的区域整体,具有大范围、富景观、高容量、多功能、非连片的风景特点,并经常穿插有较多的社会、经济及其他因素,它也是风景区的一种类型。风景名胜区区域规划由于涉及资源、经济、社会等多种要素的交叉与融合,使其成为以风景保护与利用为核心,促进区域社会经济协调发展的战略部署与调控措施。

4) 风景名胜区规划纲要(审批管理)

在编制国家重点风景名胜区总体规划前,应当先编制规划纲要。其他较重要或较复杂的风景区总体规划,也宜参考这种做法。

5) 风景名胜区总体规划(审批管理)

风景名胜区总体规划应统筹部署风景名胜区发展中的整体关系和综合安排,研究确定风景名胜区的性质、范围、总体布局和设施配置,规定严格保护地区和控制建设地区,提出保护利用原则和规划实施措施。

6) 风景名胜区分区规划

风景名胜区分区规划是在总体规划的基础上,对风景名胜区内的自然与行政单元控制、风景结构单元组织、功能分区及其他分区的土地利用界线、配套设施等内容作进一步的安排,为详细规划和规划管理提供依据。

7) 风景名胜区详细规划(审批管理)

风景名胜区详细规划是在总体规划或分区规划的基础上,对风景名胜区重点发展地段的土地使用性质、保护和控制要求、景观和环境要求、开发利用强度、基础工程和设施建设等作出管制规定。详细规划又可分为控制性详细规划和修建性详细规划。

8) 景点规划

景点规划是在风景名胜区总体规划或详细规划的基础上,对景点的风景要素、游赏方式、相关配套设施等进行具体安排。

1.4.3 风景名胜区规划的特点

1) 空间的地域性

风景名胜区规划是对特定地区和特定地域的空间范围内的资源保护与利用活动进行规划。风景资源本身具有的相对固定性决定了风景名胜区所存在的特定地区或区域必然与其周边自然环境、人文环境具有千丝万缕的联系,这种联系对风景名胜区本身的地域性起到了突出强化的作用,这种资源地域空间本身具有的特性,同时决定了对其进行的规划也同样必须具有相应的地域性。

2) 系统的复杂性

风景名胜区是一个复杂的系统,在大的风景名胜区系统中,包括资源、社会、经济三大子系

统,这些子系统又是由更为丰富的下层系统所构成的。因此,风景名胜区规划所包括的内容也相当广泛,涉及农林、商旅、交通、科教文卫等多个产业部门,因而规划内容的复杂性可想而知。规划必须在综合分析风景名胜区各项复杂关系的基础上,充分考虑各子系统内部要素、子系统之间相互联系与制约,找到一个有利于各个系统、各个要素协调共生的发展途径,用有序协调的规划使诸多散乱的条块形成相互补充、相互促进的有机网络。同时,针对风景名胜区这样一个由资源系统、社会系统、经济系统构成的综合系统所进行的规划,不可能由单一学科或专业来完成,规划需要风景、林业、历史、经济、水利、文学等多个学科的配合、协调与决策。

3)实施的可操作性

风景名胜区规划的最终目的是要应用于实践,面向管理,指导整个风景名胜区的建设与发展,使风景资源的保护与利用有章可循、有据可依。因此,规划过程的各个环节都应突出实践的需要,使其更利于规划的实施与管理。在规划过程中,规划小组不仅要从各自专业的角度出发,同时需要吸纳当地风景名胜区的建设与管理者作为规划决策的重要成员,以及广泛听取当地居民的意见与需求,这些都是提高规划实施可操作性的有效方法。

1.4.4 风景名胜区规划方法

风景名胜区规划的研究对象——风景资源保护与利用系统,是一个规模庞大、因素众多、功能综合、结构复杂、约束重重、动态时变的生态经济大系统,这说明风景资源保护与利用活动的本身就是一项复杂的系统工程。其方法体系可从以下几个方面进行描述。

1)思维方法

风景名胜区规划的思维方法是处理风景资源保护与利用问题的基本思路和指导思想,即从系统观点出发,着重考虑风景资源的完整性、真实性、动态性等特点,把风景资源保护与利用的全过程作为一个系统,在充分研究与综合分析其结果的同时,进行系统评价,从而确定最有效地实现系统目标的各项要求和条件,并以此指导具体的风景名胜区的建设与管理过程中的各项资源保护与利用活动。

2)理论方法

风景名胜区规划的理论方法具有高度的综合性,其原因在于风景名胜区自身是一个复杂的生态经济复合系统。针对如此复杂系统的规划,必须汇集多学科知识、多专业人才、多部门经验、多技术成果进行协调研究,从而形成"合力"。风景名胜区规划学是由生态学、经济学、地理学、社会科学、人文科学、环境科学等多种学科相互渗透、交融而形成的一门高度综合的边缘学科。因此,风景名胜区规划的理论方法实际是各相关学科的理论方法的综合与提炼,综合形成的是具有普遍指导意义的系统理论方法,提炼形成的是与风景资源保护与利用活动密切联系的、具有专业特色的理论方法。

3)研究方法

对风景名胜区规划的研究需要把规划对象看成一个系统,既要注意系统内部各个子系统、各种要素之间的平衡,又要注意系统与外部环境的协调,以确保规划从宏观到微观的各个层次、从现在到未来的各阶段的均衡运行,促进社会、经济、自然、生态协调发展。

风景名胜区规划的研究方法,其实质是规划者思维方法的具体化,即系统分析和系统综合的方法。系统分析是对风景资源保护与利用系统的剖析,以明确系统的要素、结构及约束条件。系统综合是在系统分析的基础上,对系统整体认识的深化,以把握系统的功能及整体协调优化。简单来说,系统分析和系统综合的方法,是以取得满意的系统整体效益为目标,为寻找解决风景资源保护与利用问题的最优策略、最优方案所采用的各种定性和定量分析方法的总称。

4)技术方法

风景名胜区规划的技术方法是指风景名胜区规划过程中所采用的硬技术的总称。规划的科学性与综合性决定了风景名胜区规划过程中,必然会采用各相关专业技术的最新成果,综合应用于规划过程中,以提高资源保护与利用的科学化水平及可操作程度。纵观整个风景名胜区规划技术方法的更新与完善,主要是以信息技术的飞速发展为核心,现代通信技术、计算机技术、测量技术、数字技术等已然成为当今风景名胜区规划的重要技术支持。

5)管理方法

风景名胜区规划目的就是要对风景资源进行宏观控制与管理,使资源永续利用。因此,风景名胜区规划必须为风景资源管理提供相应的管理方法。第一,是以数据库技术为核心所建立的风景资源管理信息系统及资源保护与利用决策支持系统,对风景资源信息进行快速收集、加工、处理和传递,为风景资源保护与利用活动提供信息支持、管理支持和决策支持,实现资源管理的现代化和科学化。第二,是以资源价值量核算为核心所建立的风景资源资产管理体系,以满足国家对风景资源的可持续利用。第三,是以信息反馈控制为核心所建立的资源控制体系,用以对土地利用全过程进行最优控制。

6)工作方法

风景名胜区规划的工作方法是风景名胜区规划的理论坐标、程序坐标及实施坐标。风景名胜区规划的理论坐标是指风景名胜区规划过程中所需的各种专业知识与技术支撑,包括系统工程学、资源与环境经济学、景观生态、资源管理学、社会管理学等多种学科知识;风景名胜区规划的程序坐标是指风景名胜区规划的逻辑程序,可分为明确问题、系统分析、系统综合、系统设计、系统优化、系统决策、规划实施;风景名胜区规划的实施坐标是指风景名胜区规划的实施过程,包括风景资源保护与利用动态监测、风景资源价值管理评估、风景名胜区规划的动态调整等内容。

1.4.5　风景名胜区规划原则

风景名胜区规划作为指导与监督风景资源保护与利用过程中各种行为的法律依据,其在规划过程中必须遵循以下原则。

1)整体性原则

风景名胜区是一个空间和社会整体,要从整体目标(总效益、总费用、总收益等)出发规划各个局部,协调各方面的矛盾,对所涉及活动作统一筹划、全面安排。当各局部与整体发生矛盾时,要做到局部服从整体。风景名胜区规划在体现内部系统整体性原则的基础上,还需要与相关的区域规划、城市规划协调统一,形成更大范围的整体与系统。

2)择优性原则

风景名胜区的规划问题是一种功能活动,一切都服务于既定的功能目标,而功能的优劣首先取决于系统的结构。要素之间不同的联系方式,代表不同的结构有序性,产生不同的功能水平。规划就是通过对有关变量、因素、手段等的适当选择、改变和控制,调整内部关系,追求最佳的有序结构,以获得最优的效益目标。

3)动态性原则

风景名胜区内部与内部、内部与外部环境之间时时刻刻都存在着物质、能量、信息和价值的反馈。规划的时空多维特征决定了其必然是一个连续的动态决策过程。特别是风景名胜区随着社会经济的发展,规划指标因素必然会相应地发生变化,规划的预测与决策也必然存在着不确定性。因此,风景名胜区规划也必然要建立动态的思维,要阶段性地对规划进行补充与完善,以适应实际情况和新认识。

4)调控性原则

所谓"调控",就是调节控制土地利用系统的结构和功能。在土地利用系统的结构规划过程中其包括以下几种形式:
①预测调控,即对土地利用系统结构的预先设计和后果预测,以进行超前性的预期调控。
②过程调控,即对结构运行中的要素与功能性障碍适时排除,使结构与功能得以正常发生效力。
③重组与装配调控,即对旧结构的改造及新结构的重建。
④总体调控,对亚结构和整体结构都进行调节和控制,它是局部和全部的调整。

5)真实性与完整性原则

风景名胜区作为国家自然与文化遗产保存最集中的区域,各种规划行为都要以保护与永续利用为前提,使这些宝贵的自然与文化遗产能够真实与完整地永续传承,在满足当代人欣赏、享用的同时能够满足后代人的需要,在满足本国人欣赏、享用的同时能够满足其他国家人们的需要。《世界遗产公约》中明确强调了世界遗产在保护与利用过程中最核心的内容就是保护这些珍贵资源的真实性与完整性。可见在风景名胜区规划的全过程中,真实性与完整性原则是必须遵守的。

1.4.6 风景名胜区规划指导思想

指导思想是风景名胜区规划建设中的大方向,是规划建设不可脱离的宗旨,是规划建设的总纲。指导思想以风景名胜区资源为依据,以法律、法规、政策为准绳,并结合现有基础和发展目标等各种综合因素,提出一个能够实现的、具有开拓意识和创造性的目标,以体现规划建设者的思想。

1.4.7 风景名胜区规划成果

风景名胜区规划的成果应包括风景名胜区规划文本、规划图纸、规划说明书、基础资料汇编4个部分。规划文本应以法规条文的行文方式,直接叙述规划主要内容的规定性要求;规划图纸应清晰准确、图文相符、图例一致,应在图纸的明显处标明图名、图例、风玫瑰、规划期限、规划日期、规划单位及其资质图签编号等内容,并强调图纸需在标准地形图上进行制图,以满足清晰辨识现状地形信息的目的(表1.4);规划说明书应分析现状,论证规划意图和目标,解释和说明规划内容;基础资料汇编应包括自然景源、人文景源、景区当地社会经济发展背景、旅游发展现状等基础性原始资料,资料索引须标识清晰,以备引用与核实。

表1.4 风景名胜区总体规划图纸规定

图纸资料名称	比例尺				制图选择			图纸特征
	风景区面积/km²				综合型	复合型	单一型	
	20 以下	20～100	100～500	500 以上				
1.区位关系图	—	—	—	—	▲	▲	▲	示意图
2.现状图(包括综合现状图)	1:5 000	1:10 000	1:25 000	1:50 000	▲	▲	▲	标准地形图上制图
3.景源评价与现状分析图	1:5 000	1:10 000	1:25 000	1:50 000	▲	△	△	标准地形图上制图
4.规划总图	1:5 000	1:10 000	1:25 000	1:50 000	▲	▲	▲	标准地形图上制图
5.风景区和核心景区界限坐标图	1:25 000	1:50 000	1:100 000	1:200 000	▲	▲	▲	可以简化制图
6.分级保护规划图	1:10 000	1:25 000	1:50 000	1:100 000	▲	▲	▲	可以简化制图
7.游赏规划图	1:5 000	1:10 000	1:25 000	1:50 000	▲	▲	▲	标准地形图上制图
8.道路交通规划图	1:10 000	1:25 000	1:50 000	1:100 000	▲	▲	▲	可以简化制图

续表

图纸资料名称	比例尺				制图选择			图纸特征
	风景区面积/km²				综合型	复合型	单一型	
	20以下	20~100	100~500	500以上				
9.旅游服务设施规划图	1:5 000	1:10 000	1:25 000	1:50 000	▲	▲	▲	标准地形图上制图
10.居民点协调发展规划图	1:5 000	1:10 000	1:25 000	1:50 000	▲	▲	▲	标准地形图上制图
11.城市发展协调规划图	1:10 000	1:25 000	1:50 000	1:100 000	△	△	△	可以简化制图
12.土地利用规划图	1:10 000	1:25 000	1:50 000	1:100 000	▲	▲	▲	标准地形图上制图
13.基础工程规划图	1:1 000	1:25 000	1:50 000	1:100 000	▲	△	△	可以简化制图
14.近期发展规划图	1:10 000	1:25 000	1:50 000	1:100 000	▲	△	△	标准地形图上制图

注：1."▲"表示应单独出图，"△"表示可作图纸，"—"表示不适用。

　　2.13可与4或9合并,14可与4合并。

　　3.资料来自《风景名胜区总体规划标准》(GB/T 50298—2018)。

思考题

风景名胜区规划的核心内容是什么?

参考文献

[1] 中华人民共和国住房和城乡建设部、国家市场监督管理总局.风景名胜区总体规划标准：GB/T 50298—2018[S].北京:中国建筑工业出版社,2019.

[2] 许克福.风景名胜区规划课程创新教学研究[J].安徽农业科学,2019,47(10):280-282.

[3] 李卫东,钟闻博.理解与认识风景名胜区规划[J].现代园艺,2019(02):82.

[4] 翟洪雯.正确理解与认识风景名胜区规划研究[J].旅游纵览:下半月刊,2018(14):189.

[5] 刘康林.人文景观在风景名胜区规划中的作用构架和实践[J].现代园艺,2015(24):92.

[6] 陈果.山地风景名胜区规划国内外研究综述[J].科技风,2016(22):67.

[7] 罗文.国土空间规划与风景名胜区规划衔接问题思考[J].中国土地,2022(05):29-31.

2 风景名胜区调查与分析

本章导读 本章主要讲述风景名胜区调查的内容、程序和方法,以及风景名胜区风景资源评价的内容和方法等。

2.1 风景名胜区范围确定

风景名胜区从根本上来说是以土地为载体而存在的,所以风景名胜区的规划、建设、管理等各项工作都需要对风景名胜区的空间范围加以限定。风景名胜区范围分为规划范围和外围保护地带,其中规划范围属强制性内容,是风景名胜区规划非常重要的方面。确定风景名胜区范围,不仅能够使规划在明确的空间框架内进行,还能使风景名胜区今后的建设和管理有地域依据。

2.1.1 划定风景名胜区范围的原则

各级风景名胜区都应当划定风景名胜区范围及其外围保护地带。风景名胜区范围应根据景观完整性、自然和历史风貌的维持度、生态和旅游环境保护度等方面进行划分,从而使其形成一定的规模,便于组织游览和管理等需要,并需要在规划中具体划定,待总体规划批准后生效。在确定风景名胜区范围及其外围保护地带时,应遵循以下原则:

①应确保景源特征与生态环境的完整性。
②应保持历史文化与社会发展的连续性。
③应满足地域单元的相对独立性。
④应有利于保护、利用、管理的必要性与可行性。

2.1.2 划定风景名胜区范围界限的计算要求

①风景名胜区范围界定必须以明确的地形标志物为依托,既能在地形图上标出,又能在现

场立桩标界。

②地形图上的标界范围,应是风景名胜区面积的计量依据。

③规划阶段的所有面积计量,均应以同精度的地形图的投影面积为准。

2.1.3 风景名胜区毗邻城镇处范围的界定

1)风景名胜区景、城毗连处的划界因素

景、城毗连地段的风景名胜区划界要考虑的因素很多,大致可归纳为景源保护、风景利用、城景发展、协调管理等几个方面。

首先,应从风景资源的保护方面考虑风景区界线的划设。特别是针对一些风景名胜区的核心风景资源与城镇同在一个视域范围内,彼此又相距较近,其风景名胜区线的划设应有效地保护核心风景资源不会受城镇不利因素的破坏,应保留出城景之间的过渡地带,形成一个城、景协调的缓冲区。

其次,应注重对风景资源及其景观环境的有效利用。当前城市的发展建设十分重视景观风貌,在拥有风景名胜区的城市中较好地把握城景关系、划界时考虑有效扩大城景界面,可形成风景映衬,城景交融的风景城市特色风貌,同时也避免出现千城一面的问题。

再次,应能积极促进风景名胜区及毗邻城镇的经济社会发展,既要保护风景名胜区的核心资源和相应的风景环境,又要促进当地经济社会的发展,在风景名胜区的边缘适当地扩大风景名胜区的旅游服务基地及建设用地是十分必要的。一是可以缓解风景名胜区核心地带的建设压力。二是可以提高旅游服务城镇建设水平,使风景名胜区的边缘地区形成具有良好环境风貌的服务城镇,使风景与城镇、保护与利用、环境与效益较好地结合。

最后,风景名胜区边界划设应有利于协调规划管理。风景名胜区范围应归入风景名胜区的规划管理体系,进行相应的风景名胜区规划编制,并依据其对风景名胜区中的城市、城镇、乡、村进行规划管理,同时还要编制各自的城镇规划,还要纳入相应的城乡规划编制管理体系之中。由于两类规划的出发点往往不尽相同,特别是在城镇地带针对同一地区往往产生不一致的规定,不利于统一规划管理。因此,在风景名胜区范围内,对城镇地区应处理好规划协调的关系。

2)风景名胜区边缘地带毗邻城镇地区的界线划定

首先,应将位于风景名胜区包围之内的城镇划入风景名胜区,其景、城协调地带应通过风景名胜区内部的分级保护区或功能区划进行解决。其次,对于风景名胜区边缘地带毗邻城镇地区的界线划设可视景、城的关系而定,大致分为城景交融类型的景区边界、景城毗连相伴的景区边界和依托景区的旅游城镇边界。

城景交融类型的城市风景类的景区边界应将城市中的风景资源要素,以及构成风景城市的空间要素一并考虑,合理划入风景名胜区,对区内的城市街区及建设进行严格景观管控。此外,还应在风景环境与城市景观的影响范围划设风景名胜区外围保护地带,作为城景协调区处理。

与城市毗邻的景区边界划设,最好以道路为界,道路一侧尽量不安排建筑物、构筑物,以便较好地展露风景名胜区,形成"露山见水"的风景效果,道路另一侧可作为城市街区。不能全线以路为界时,至少应在景区的出入口及重要风景点的视廊对景区或城市景观节点划界,以尽量扩大风景对城市的景观渗透。此外,还应在城市一定范围内划设外围保护带,作为景城协调区。

依托风景名胜区发展的旅游城镇应全部划入风景名胜区。归入风景名胜区可更有效地协调景、城关系,突出风景城镇特色与旅游服务职能。在有用地条件时应适当根据旅游人口、旅游服务设施及旅游城镇风貌建设要求,扩大相应的建设用地,从而提高城镇的环境建设品质。

2.2 风景名胜区调查

风景名胜区调查,是正确认识资源情况,审定风景名胜区等级,做好规划和管理的第一步工作。风景名胜区资源调查是风景名胜区规划的基础。应通过系统全面的资源调查,为风景资源评价提供直观翔实的资料,为风景名胜区的可持续发展提供决策依据。

2.2.1 风景名胜区调查程序

风景名胜区调查基本分为调查准备阶段、资料和数据采集及编辑调查成果 3 个阶段。

1)调查准备阶段

(1)成立调查组

由于风景资源规划涉及的管理部门很多,涉及的相关学科也很广,因此调查组成员应包括不同学科方向的专家、管理部门领导与工作人员和当地居民代表。调查成员应具备多学科的知识,要求具有旅游管理、规划、生态学、地学、建筑园林学、历史文化、社会学等方面的知识。调查成员必要时需进行野外考察的基本功培训,如野外方向辨别、样品的采集、野外素描、野外伤病急救等。调查组由多个调查小组组成,每个调查小组分别负责相应调查领域,调查小组之间要经常交流和补充,使总体的调查计划能够顺利完成。

(2)仪器设备准备

全球导航卫星系统(GNSS)、航测与数码影像设备为调查提供了支持系统。GNSS 包括中国的北斗卫星导航系统(BDS)、美国的全球定位系统(GPS)、俄罗斯的格洛纳斯卫星导航系统(GLONASS)和欧盟的伽利略卫星导航系统(GALILEO)。例如,GPS 系统能够瞬间采集方位、高程、气压、温度、空间坐标等信息。GNSS 所依赖的遥感卫星能够实时提供卫星图像,对于大面积调查具有优势。航测能够在小范围内实现精准测量和调查。数码影像技术则使视觉信息的采集更加全面和丰富。

①基本用具:绘图用具、一般测量仪器(卷尺、罗盘等)、安全用品、生活用品等。
②仪器设备:GPS、普通或数码相机、摄像机、笔记本电脑、小型录音机等。
③交通设备:越野汽车、手机、对讲机等。

（3）技术准备

①制订工作计划：在风景资源调查时，应明确工作思路，分析不同需求，考虑从规划和开发者的专业角度组织进行调查；并结合调查要求与现有资料制订工作计划。工作计划涉及调查范围、调查对象、调查方式、调查任务完成的时间、投入人力和财力的多少、调查的精度要求、成果的表达方式等内容。

②制订调查标准：在对已有资料分析的基础上，制订出各类调查单体的调查表格。表格应包括总序号、名称、基本类型、地理坐标、性质与特征、区位条件、保护和开发现状等。通过对调查人员的培训，统一表格填写标准及调查成果的表达方式。对于第二手资料中已介绍详尽的资源，可直接填入风景资源调查表，便于野外核实，查缺补漏。

2）资料和数据采集阶段

（1）资料准备

资料准备包括文字资料、图纸资料及影像资料。

①文字资料：收集一切与风景名胜区相关的文字资料，如已有的自然状况调查材料，社会经济方面的文献报告，风景资源方面的文字资料，有关调查区的地质、地貌、水文、气象、土壤生物以及社会经济状况等调查统计资料；地方志、游记文章、乡土教材等；各种书籍、报刊、宣传资料上的有关调查区域内风景资源的资料；有关主管部门保留的前期调查的文字资料；当地现代和历史英雄、文化名人的传记等资料；规划与专题报告等。

②图纸资料：风景名胜区规划要求必须在相应比例的地形图上完成，因此要收集相关图纸。根据不同规划范围，需要准备不同比例尺的地形图，一般范围大的可选取较小比例尺地形图，范围小的可选取较大比例尺地形图（主要为1∶25 000，最好是1∶1 000或更大比例尺地形图）。此外，还应收集调查区的规划图、名胜古迹分布图、植被分布图、水文图、地方交通图、图底利用图、坡度图等。

③影像资料：通过网络、书刊和相册收集有关的黑白、彩色照片，有关调查区的摄像资料、光盘资料、声音资料、航空照片和卫星照片等。

第二手资料广泛存在于各种书籍、报刊、宣传材料及前期相关规划与专项研究中。在收集资料时，应尽量保持材料的原始性，这样既可以保留更多信息，又可以为后阶段规划人员提供直接参考。另外，应对这些资料进行初步的系统整理，对其权威性、准确性、精确性以及可利用程度进行综合分析、评价和比较，以此了解某些风景资源的成因及保护利用现状。

（2）调查方式

依据调查的范围、阶段和目的的不同，调查方式可分为概查、普查和详查3种。

①概查：全国性或大区域性的旅游资源调查，是在对二手资料分析整理的基础上进行的一般性状况调查。

- 范围：全国性或大区域性的风景资源调查。
- 比例尺：小比例尺，通常采用比例尺小于1∶500 000的地理底图。
- 方法：填制调查表格或调查卡片，并适当地进行现场核实。
- 结果：风景资源分布图。
- 目的：对已开发或未开发的已知点进行现场核查和校正，全面了解区域内的风景资源类型及其分布情况和目前开发程度，为宏观管理和综合开发提供依据。

● 特点:周期短、收效快,但信息量丢失较大,容易对区域内风景资源的评价造成偏差。

②普查:对一个风景区的各种资源进行综合性调查。

● 范围:对一个风景名胜区的各种资源进行综合性调查。

● 比例尺:大、中比例尺,一般采用1:50 000~1:20 000的地理底图或地形图。

● 方法:第一,以路线调查为主,对风景资源单体逐一进行现场勘察。第二,利用素描、摄像、摄影等手段,记录可供开发的景观特征。第三,将所有风景资源单体统一编号,翔实记录,并标在地理底图上。

● 结果:风景资源图、调查报告、摄影集和录像带。

● 目的:为风景名胜区提供翔实的风景资源分布和景观特征的资料,为风景资源开发评价和决策做准备。

● 特点:周期长,耗资高,技术水平高,尚未在我国大范围、大规模进行。

③详查:针对普查所发现的景观资源,经过筛选确定一定数量的高质量、高品质的景观作为开发对象。

● 范围:带有研究目的或规划任务的调查,通常调查范围较小。

● 比例尺:大比例尺,一般采用1:5 000~1:50 000的地形图。

● 方法:确定调查区内的调查小区和调查线路,选定调查对象,填写《风景资源单体调查表》。

● 结果:景观的详查图或实际材料图、详查报告、相关图件和录像资料。详查图上除标明景观位置外,还应标明建议的最佳观景点、旅游线路和服务设施点。

● 目的:全面系统地掌握调查区风景资源的数量、分布、规模、组合状况、成因、类型、功能和特征等,为风景资源评价和风景名胜区总体规划提供具体而翔实的第一手资料。

● 特点:目标明确、调查深入,但应以概查和普查的成果为基础,避免脱离区域下的单一景点的静态描述。

(3)调查方法

实地调查阶段是在前期各项准备工作的基础上,进行实地考察和勘察,获取大量第一手资料的过程。下面介绍这一阶段的5种调查方法。

①野外实地勘察:最基本的调查方法是,通过调查人员直接接触风景资源,从而获取对风景资源的第一手资料和感性认识,其调查结果翔实可靠。实地勘察包括观察、勘探、测量、登记、摄影等工作过程。

②遥感调查法:通过遥感卫星获取调查区的卫星图像,运用遥感图像处理的方法,对风景名胜区进行调查和分析。对于较大区域的或地势险峻地区的风景资源调查工作,应用遥感技术可以提高效率,并能够保证调查者的安全。遥感图可以帮助规划者掌握调查区的全局情况、风景资源分布状况、各类资源的组合关系,发现野外调查中不易发现的潜在风景资源。在人烟稀少、山高林密、常人无法穿越的地带,遥感手段更能显示出其优势。不过由于受拍摄时间等方面的限制,遥感调查也有一些局限性,应作为一种辅助调查方法,结合历史文献进行野外实地调查。

③现场资料收集:现场资料收集是通过到各行政管理部门走访,收集丰富的现状统计数据,以及相关地域的相关计划,使现场数据的收集更加具体化,它是对资料准备阶段时资料收集的补充,具有即时性和翔实性。

④访问座谈:访问座谈是风景资源调查的一种辅助方法,可为实地勘察提供重要线索,提高实地勘察的效率和质量。

访问座谈包括走访和开座谈会两种方式。其对象具有代表性,如行政人员、当地专家、专业人员等。访问座谈方式改变了传统的由规划者单独进行规划的模式,更加强调公众的参与,更尊重当地居民利益、调查者和被调查者的平等,并充分正视当地传统知识和技术的价值。

⑤问卷调查:是一种风景资源调查的重要方法,通过发放和回收问卷,获取相关信息。这种调查方法可以在短时间收集大量信息,同时可以对收集信息进行分析,并将分析结果运用到规划决策中。问卷的问题设计、提问方式、问卷填写人员的背景等都需要进行精心设计、筛选和推敲,以保证调查结果的可用性和有效性。

3)成果汇总阶段

实地调查完成后,应及时汇总收集到的各种资料,检查野外填写的各种表格,整理各种图表、野外记录以及各种音像资料,并进行统计汇总,再进行全面检查总结。对于调查工作中的缺漏应及时进行补充调整,对图表、记录中不准确不清晰的问题要补充修正,必要时也需进行补充调整。

①编写风景名胜区基础资料汇编。风景名胜区基础资料汇编是风景名胜区规划成果的附件之一,资料汇编的过程是对风景名胜区现状资料调查整理的过程。资料汇编强调"编"的形式,因此在资料收集和整理过程中不要对原文进行修改,应保持资料信息的真实性和原始性,并对资料来源、时间等内容加以标注。

②编写现状调查报告。现状调查报告是调查工作综合性成果,是认识风景名胜区域内风景资源的总体特征,并从中获取各种专门资料和数据的重要文件,是规划的重要依据。报告主要包括3个部分:一是真实反映风景资源保护与利用现状,总结风景资源的自然和历史人文特点,并对各种资源类型、特征、分布及其多重性加以分析;二是明确风景名胜区现状存在的问题,全面总结风景名胜区存在的优势和劣势;三是在深入分析现状问题及现状矛盾与制约因素的同时,提出相应的解决问题的对策及规划重点。报告语言应简洁、明确、论据充分,尽量图文并茂。

③完成风景资源图的汇编。汇编的方法是以地形图和调查区政区地图为底图,比例尺大小视调查区范围大小而定,较大面积的调查区为1:50 000~1:200 000,较小面积的调查区为1:5 000~1:25 000,特殊情况下为更大比例尺或更小比例尺。经过资料与现场数据的收集与整理,将各种调查结果转化为可视信息,通过图纸表达出来,主要包括风景资源分布、旅游服务设施现状、土地利用现状、道路系统现状、居民社会现状等,以充分反映系统中各子系统及各要素之间的关系及存在特征。

2.2.2　风景名胜区调查内容

风景名胜区调查内容大致可分为风景名胜区资源调查、环境质量调查、开发利用条件调查与居民社会经济状况4个部分,涉及测量资料、自然与资源条件、人文与经济条件、设施与基础工程条件及土地与其他资料方面的内容。

1）基础资料调查类别

基础资料调查类别见表2.1。

表2.1　基础资料调查类别

大　类	中　类	小　类
一、测量资料	1. 地形图	小型风景名胜区图纸比例为1:2 000~1:100 000； 中型风景名胜区图纸比例为1:10 000~1:25 000； 大型风景名胜区图纸比例为1:25 000~1:50 000； 特大型风景名胜区图纸比例为1:50 000~1:200 000
	2. 专业图	航片、卫片、遥感影像图、地下岩洞与河流测图、地下工程与管网等专业测图
二、自然与资源条件	1. 气象资料	温度、湿度、降水、蒸发、风向、风速、日照、冰冻等
	2. 水文资料	江河湖海的水位、流量、流速、流向、水量、水温、洪水淹没线；江河区的流域情况、流域规划、河道整治规划、防洪设施；海滨区的潮汐、海流、浪涛；山区的山洪、泥石流、水土流失等
	3. 地质资料	地质、地貌、土层、建设地段承载力；地震或重要地质灾害的评估；地下水存在形式、储量、水质、开采及补给条件
	4. 自然资源资料	景源、生物资源、水资源、土地资源、农林牧副渔资源、能源、矿产资源、国有林、集体林、古树名木、植被类型等的分布、数量、开发利用价值等资料；自然保护对象及地段
三、人文与经济条件	1. 历史与文化	历史沿革及变迁，文物、胜迹、风物，历史与文化保护对象及地段
	2. 人口资料	历年常住人口的数量、年龄构成、劳动力构成、教育状况、自然增长和机械增长；服务人口和暂住人口及其结构变化；游人及结构变化；居民、服务人口、游人分布状况
	3. 行政区划	行政建制及区划、各类居民点及分布，城镇辖区、村界、乡界及其他相关地界
	4. 经济社会	有关经济社会发展状况、计划及发展战略；风景名胜区范围的生产总值，财政、产业产值状况
	5. 企事业单位	主要农林牧副渔和教科文卫军与工矿企事业单位的现状及发展资料；风景区管理现状
四、设施与基础工程条件	1. 交通运输	风景名胜区及其可依托的城镇的对外交通运输和内部交通运输的现状、规划及发展资料
	2. 旅游设施	风景名胜区及其可以依托的城镇的旅行、游览、餐饮、住宿、购物、娱乐、文化、休养等设施的现状及发展资料
	3. 基础工程	水电气热、环保、环卫、防灾等基础工程的现状及发展资料

续表

大　类	中　类	小　类
五、土地与其他资料	1.土地利用	规划区内各类用地分布状况,历史上土地利用重大变更资料,用地权属、土地流转情况,永久性基本农田资料,土地资源分析评价资料
	2.建筑工程	各类主要建(构)筑物、园景、场馆场地等项目的分布状况、用地面积、建筑面积、体量、质量、特点等资料
	3.环境资料	环境监测成果,三废排放的数量和危害情况;垃圾、灾变和其他影响环境的有害因素的分布及危害情况;地方病及其他有害公民健康的环境的资料

注:资料来自《风景名胜区总体规划标准》(GB/T 50298—2018)。

2)风景资源调查内容

(1)风景名胜区资源调查

自然景物资源包括地理地貌、水文景物、造型地貌、动植物、天文、气象、地质和其他自然景观。

①地理地貌景观:

a.岩性的调查。自然景观类型和特性的不同常常取决于其组成物质的不同。例如,同是山体,花岗岩的自然形象质朴、浑厚、线条简洁,石灰岩经流水溶蚀风化,则以线条曲褶为特色,而砂页岩组成的山体,由于岩层抗风化能力的差异,会形成棱角锋利、线条清晰、变化多姿的奇丽景色。

b.地质构造的调查,如水平层理、地壳抬升等内容。调查地质构造对于掌握自然景观类型及发展规律,了解自然景观的成因,预测地下景观分布是十分必要的,并对后期基础设施建设的选址以及游客安全管理有着重要的指导意义。

c.还要调查如奇峰、怪石、悬崖、峭壁、幽涧的形态、质地、观赏效果,山岳、山地、峡谷、丘陵、沙滩、海滨、溶洞、火山口等景观的分布、形态、面积等。

②水文景观:调查区的地表水和地下水构成风景资源,如可供观赏和游乐的江河、涧溪、山泉、飞瀑、碧潭及湖泊、水库、池塘等水域位置、形状、面积、宽度、水质等,以及海岸岩礁及海岸的旅游适宜状况等都是需要调查的方面。另外还包括地表水和地下水类型、分布和水位,季节性的水量变化,可供开采的水资源,已发生的由降水引起的灾害事件等。

③动植物特征:如森林的类型、组成树种及景观特点,植物的种类、数量、分布及花期等,特别是古树名木的树种、分布、数量、年龄、姿态;动物的种类、分布、习性、食性,特别是珍稀野生动物、国家保护动物的活动区域及生存环境要求等。

④天文气象:如云海、雾海、日出、佛光、冰雪等气象景观出现的季节、时间、规模、形态等。

人文景物资源的调查内容包括文物古迹,革命纪念地,现代经济、技术、文化、艺术科学活动成就所形成的景观,地区和民族的特殊人文景观。具体有以下方面:调查现存的、有具体形态的物质实体;调查历史上有影响但已毁掉的人文遗迹;调查不具有具体物质形态的文化因素,如民情风俗、民间传说和民族文化;调查当地人口,居民的文化素养和艺术积淀,如建筑艺术、雕塑、绘画、石刻及影响范围;调查民族生活习惯、村寨建筑风格、传统服饰、传统食品;调查居民宗教信仰,当地婚丧嫁娶习俗,各种风俗习惯、礼仪禁忌等;调查各种纪念活动、节庆活动、庆典活动等。对于不复存在的文物古迹和不具物质形态的文化因素,要进行反复调查和访问,全面收集资料,广泛听取意见,坚持资料调查的准确性和客观性原则。

风景名胜区的人文景物资源调查不仅要重点查风景名胜区范围内的资源,还不能忽视对周边景区景点的了解。风景名胜区的建设会和周边景区发展产生相应的竞争与互补关系,了解周边景区的发展现状对风景名胜区的规划定位和目标的确定具有重要的参考和借鉴价值。

(2)环境质量调查

环境质量调查的内容主要包括水文、土壤植被、大气和水体的质量、自然和人为灾害、地方病情况等环境质量的综合评定。

①地质特征:断层、火山、滑坡、泥石流、水土流失等。

②气候类型特征:温度、湿度、降水量、风向、风速、寒暑季时段等。

③水域类型特征:水位、水温、潮汐、洪汛、泥沙含量、水质污染程度和污染状况等。

④灾害特征:自然灾害、人为灾害、地方病、有害动植物等。

⑤污染状况:工矿企业、科研机构、医疗机构、仓库堆物、生活服务、交通运输等方面的污染情况。

另外,还应查明是否有放射性环境、易燃易爆环境或物品、电磁辐射环境等情况。

(3)开发利用条件调查

风景名胜区开发利用条件调查,主要是查明区内外交通、食宿、购物、文娱、医疗、邮政、银行、厕所等公用服务设施等的状况,人口、民族、生产、物资供应、群众生活水平、文化教育等关系到客源市场和保障供给问题等社会经济文化状况,风景名胜区管理体制、机构设置和立法工作等状况。

(4)居民社会经济状况调查

我国大部分风景名胜区内都有常住人口,这些居民长年居住在风景名胜区内部及周边地区,他们的生活、工作与风景资源的保护与利用有着千丝万缕的联系,可以说当地居民及社会与风景名胜区已经融为难以割裂的综合体。因此,风景名胜区的规划并非单纯的资源规划、空间规划或旅游规划,而需要提升到更广泛的社会系统规划的高度来理解。所以,对当地居民社会经济发展的调查是必不可少的,主要包括风景名胜区及周边城镇的经济状况、接待条件、社会治安、民族团结、风土人情、宗教礼仪、物产情况等的调查。这些社会背景,都直接影响着风景名胜区的资源保护与利用的前景、深度、力度及获取整体效益的情况。

2.3 风景名胜区风景资源评价

2.3.1 风景资源的分类

我国的风景资源十分丰富,由于地理、气候、气象、文化等因素的影响,风景资源包括多种

要素,所以对其进行分类不能采取硬性分割的做法,只能按照风景资源中占主导地位的要素的属性来进行分类(表2.2)。即在分类时应确定影响该风景资源构成的主导要素并从3个方面进行考虑:第一,地质地貌特点以及其他自然条件(如植被、水文、气候、天象等);第二,观赏的视觉效果和审美特色;第三,人文因素的特点及其在该风景资源中的地位和作用。

表2.2　风景资源分类简表

大 类	中 类	小 类
一、自然景源	1.天景	(1)日月星光;(2)虹霞蜃景;(3)风雨阴晴;(4)气候景象;(5)自然声像;(6)云雾景观;(7)冰雪霜露;(8)其他天候
	2.地景	(1)大尺度山地;(2)山景;(3)奇峰;(4)峡谷;(5)洞府;(6)石林石景;(7)沙景沙漠;(8)火山熔岩;(9)土林雅丹;(10)洲岛屿礁;(11)海岸景观;(12)海底地形;(13)地质珍迹;(14)其他地景
	3.水景	(1)泉井;(2)溪流;(3)江河;(4)湖泊;(5)潭池;(6)瀑布跌水;(7)沼泽滩涂;(8)海湾海域;(9)冰雪冰川;(10)其他水景
	4.生景	(1)森林;(2)草地草原;(3)古树名木;(4)珍稀生物;(5)植物生态类群;(6)动物群栖息地;(7)物候季相景观;(8)其他生物景观
二、人文景源	1.园景	(1)历史名园;(2)现代公园;(3)植物园;(4)动物园;(5)庭宅花园;(6)专类游园;(7)陵坛墓园;(8)游娱文体园区;(9)其他园景
	2.建筑	(1)风景建筑;(2)民居宗祠;(3)宗教建筑;(4)宫殿衙署;(5)纪念建筑;(6)文娱建筑;(7)商业建筑;(8)工交建筑;(9)工程构筑物;(10)特色村寨;(11)特色街区;(12)其他建筑
	3.胜迹	(1)遗址遗迹;(2)摩崖题刻;(3)石窟;(4)雕塑;(5)纪念地;(6)科技工程;(7)古墓葬;(8)其他胜迹
	4.风物	(1)节假庆典;(2)民族民俗;(3)宗教礼仪;(4)神话传说;(5)民间文艺;(6)地方人物;(7)地方物产;(8)民间技艺;(9)其他风物

注:资料来自《风景名胜区总体规划标准》(GB/T 50298—2018)。

2.3.2　风景资源评价

　　风景资源评价的对象是一个风景名胜区或某个特定区域(行政区和自然区)由自然、经济、社会三大资源组成的复杂系统。开展风景资源评价的目的是,对风景名胜区内各种景观资源的类型、数量、质量、规模、结构、功能和分布以及保护与利用方面进行评价,从强化景观整体功能出发,梳理风景资源的美学价值、科学价值、历史价值和综合价值,明确所规划地域风景资源的整体优势与劣势、特有景观在风景名胜区中的占有量以及稀缺程度,揭示各种构景成分在景观结构和时空配置中的关系,为规划提供全面、科学的依据。

1）风景资源评价原则

①风景资源评价必须在真实资料的基础上,把现场踏查与资料分析相结合,实事求是地进行。

②风景资源评价应采取景源等级评价和综合价值评价相结合的方法,综合确定风景名胜区的价值与特征。

③景源等级评价应采取定性概括与定量分析相结合的方法。

2）风景资源评价步骤

①景源分类筛选;

②景源等级评价;

③评价指标与分级标准;

④综合价值评价;

⑤评价结论。

3）风景资源评价指标

风景资源评价单元应以景源现状分布图为基础,根据规划范围大小和景源规模、内容、结构及游赏方式等特征,划分为若干层次的评价单元,并作出等级评价。

在省域、市域的风景名胜区体系规划中,应对风景名胜区、景区或景点作出等级评价。

在风景区的总体、分区、详细规划中,就对景点或景物作出等级评价。

风景资源评价需要对评价指标进行分层,并对所选评价指标进行权重分析,评价指标的选择应符合规范的规定,同时应符合下列规定:

①对风景名胜区或部分较大景区进行评价时,宜选用综合评价层指标。

②对景点或景群进行评价时,宜选用项目评价层指标。

③对景物进行评价时,宜在因子评价层指标中选择。

具体的风景资源评价指标层次表,见表2.3。

表2.3 风景资源评价指标层次表

综合评价层	赋　值	项目评价层	因子评价层
1. 景源价值	60～70	(1)美学价值 (2)科学价值 (3)文化价值 (4)保健价值 (5)游憩价值	①景感度;②奇特度;③完整度 ①科研值;②科普值;③科教值 ①年代值;②知名度;③人文值;④特殊度 ①生理值;②心理值;③应用值 ①功利性;②舒适度;③承受力
2. 环境水平	10～20	(1)生态特征 (2)保护状态 (3)环境质量 (4)监护管理	①种类值;②结构值;③功能值;④贡献度 ①整度;②真实度;③受威胁程度 ①要素值;②等级值;③灾变率 ①监测功能;②法规配套;③机构设置

综合评价层	赋　值	项目评价层	因子评价层
3.利用条件	5	(1)交通通信 (2)食宿接待 (3)其他设施 (4)客源市场 (5)运营管理	①便捷性;②可靠性;③效能 ①能力;②标准;③规模 ①工程设施;②环保设施;③安全设施 ①分布;②结构;③消费 ①职能体系;②经济结构;③居民社会
4.规模范围	5	(1)面积 (2)体量 (3)空间 (4)容量	

注:资料来自《风景名胜区总体规划标准》(GB/T 50298—2018)。

4)风景资源评价标准

风景资源分级标准,必须符合下列规定:

①景源评价分级应分为五级:特级、一级、二级、三级、四级。

②景源等级应根据景源特征,及其不同层次的评价指标分值和吸引力范围确定。

③特级景游、应具有珍贵、独特、世界遗产价值和意义,有世界奇迹般的吸引力。

④一级景源应具有名贵、罕见、国家级保护价值和国家代表性作用,在国内外著名和有国际吸引力。

⑤二级景源应具有重要、特殊、省级保护价值和地方代表性作用,在省内外闻名和有省际吸引力。

⑥三级景源应具有一定价值和游线辅助作用,有市县级保护价值和相关地区的吸引力。

⑦四级景源应具有一般价值和构景作用,有本风景区或当地的吸引力。

景源分级如下:

①特级风景资源,得分值域:90分;

②一级风景资源,得分值域:75~89分;

③二级风景资源,得分值域:60~74分;

④三级风景资源,得分值域:45~59分;

⑤四级风景资源,得分值域:30~44分;

⑥得分低于30分的风景资源列为未获等级风景资源。

5)风景资源评价结果

风景名胜资源评价结论应由评价分析、特征概括、价值评定等三部分组成。评价分析应表明主要评价指标的特征、横向比较分析或结果分析;特征概括应表明景源的类型特征、典型性和代表性特征、综合特征等;价值评定应表明景源的综合价值级别。

2.3.3　风景资源评价方法

风景资源评价所采用方法的科学性、公正性、客观性、实用性直接影响评价结果的准确性。

1)风景资源美学评价传统学派及其方法

(1)专家学派

专家学派的指导思想认为,凡是符合形式美的原则的风景都具有较高的风景质量。因此,风景评价工作主要由少数训练有素的专业人员来完成。它把风景用4个基本元素,即线条、形体、色彩和质地来分析,强调如多样性、奇特性、统一性等形式美原则在决定风景质量分级时的主导作用。另外,专家学派还常常将生态学原则作为风景质量评价的标准。因此,美国学者丹尼尔(Daniel)和韦宁(Vining)在1983年又把专家学派分为生态学派和形式美学派。

最早采用专家学派思想进行风景评价及规划工作的为美国学者刘易斯(Lewis)等人,而以美国学者利顿(Litton)对专家学派的形成和发展影响最大,该学派的主要思想和方法最典型地表现在利顿等人的研究中[利顿在1968、1974及1979年的研究;利顿和泰特洛(Tetlow)在1978年的研究;马吉尔(Magill)和利顿在1986年的研究等]。专家途径直接为土地规划、风景管理及有关法令的制定和实施提供依据,近几十年来在英、美的风景评价研究及实践中,一直占有统治地位,并已被许多官方机构所采用,如美国林务局的风景资源管理系统VMS(View Management System),美国土地管理局的风景资源管理VRM(Visual Resources Management),美国土壤保持局的风景资源管理LRM(Landscape Resources Management),联邦公路局的视觉污染评价VIA(Visual Impact Assessment),以及加拿大林务部门的有关风景评价和管理的系统。以上各管理系统都是专家学派的思想和研究方法的具体体现,但由于各个部门的性质及管理对象有所不同,各个风景评价及管理系统也各有特点。美国林务局的VMS系统和土地管理局的VRM系统主要适用于自然风景类型,主要目的是通过自然资源(包括森林、山川、水面等)的风景质量评价,制订出合理利用这些资源的措施;美国土壤保持局的LRM系统则主要以乡村、郊区风景为对象;而联邦公路局的VIA系统则适合更大范围的风景类型,主要目的是评价人的活动(建筑施工、道路交通等)对风景的破坏作用,以及如何最大限度地保护风景资源等。

(2)心理物理学派

心理物理学派的主要思想是把风景与风景审美的关系理解为刺激—反应的关系,于是,把心理物理学的信号检测方法应用到风景评价中来,通过测量公众对风景的审美态度,得到一个反映风景质量的量表,然后将该量表与各风景成分之间建立起数学关系。因此,心理物理学的风景评价模型实际上分两个部分:一是测量公众的平均审美态度,即风景美景度;二是对构成风景的各成分的测量,而这种测量是客观的。审美态度的测量方法有多种,目前公认为较好的有两种:一种是评分法,SBE法(Scenic Beauty Estimation Procedure),它由美国学者丹尼尔等人创立。该方法以美国学者托格森(Torgerson)于1958年总结的归类评判法(Law of Categorical Judgment)为依据,让被试者按照自己的标准,给每一风景(常以幻灯为媒介)进行评分(0~9分),各风景之间不经过充分的比较。另一种审美态度测量法则以美国学者瑟斯顿(Thurston)在1959年总结的比较评判法为基础,由美国学者布雅夫(Buhyoff)等人发展起来,被称作比较判断法(Law of Comparative Judgment)。该方法主要通过让被试者比较一组风景(照片或幻灯)

来得到一个美景度量表。从数学角度上看,评分法和比较判断法并没有根本区别。

心理物理学方法应用较为成熟的领域是森林风景,它通过对森林风景的评价,建立美景度量表与林分各自然因素之间的回归方程,直接为森林的风景管理服务。例如,施罗德(Shroeder)和丹尼尔于1981年采用阔叶草的数量、树木的胸径、朽木与倒木的数量、下层灌木的数量、地被植物的数量、采伐残遗物的数量及其他可能的因素(包括林木密度、多样性等)这7个因素来预测西黄松林地的风景质量(美景度):SBE(美景度估测值)= 0.20×(阔叶草,磅/英亩)+0.60×(胸径>16英寸的西黄松,株数/英亩)-0.10×(采伐残遗物,立方/英亩)+0.26×(灌木,磅/英亩)+0.04×(禾草,磅/英亩)-0.001×(胸径<5英寸的西黄松,株/英亩)-0.02×(胸径5～16英寸的西黄松,株/英亩)-3.87[①]。布朗(Brown)和丹尼尔更系统地讨论了这种林地风景评价模型的建立和具体问题,以及相应的森林经营管理的改进等。布拉什(Brush)注重分析各自然因素对森林空间的影响,由此分析人们的审美评判,这样,森林的采伐措施就显得非常重要。

作为评价模式中的自变量,应选用什么样的因素为好,美国学者亚瑟(Arthur)于1977年也作了系统的研究,他把各种因素归为三大类:自然成分、设计因素、林木勘查指标。其中,自然成分包括倒木、林木大小、密度、胸径、林木的郁闭度、朽木的数量和植被类型7个;设计因素则包括观景仰角、景深、多样性、地形起伏、地形对比、地形丰富性、地形变化、地形的协调性、植被的丰富性、植被的覆盖度、水体的布局、水体的形态、水体的大小、水体的清澈度、色彩的丰富性、色彩的协调性、色彩的明暗、设计元素的尺度、设计元素的形态、设计元素的质感共20个;而林木勘查指标有11个,包括了单位面积的林木数、林木的大小、郁蔽度、树高、树干直径(胸径)、林木生长速度、树种组成、林木的平均年龄、林分的平均高度、林分密度指数和林分的蓄积量。研究发现,林木勘查指标与自然成分之间的相关性很好,且这些因素都较容易定量和控制,特别具有实际应用价值;而设计因素虽然也能很好地用来预测风景质量($R^2 = 0.93$),但这些因素较抽象,不容易定量也不容易通过经营管理得到控制,故实用性就差一些。

(3)认知学派

认知学派将风景作为人的生存空间、认识空间来评价,强调风景对人的认识及情感反应上的意义,试图用人的进化过程及功能需要去解释人对风景的审美过程。该学派的源头一直可以追溯到18世纪英国政治理论家、哲学家埃德蒙·伯克(Edmund Burke),他认为"崇高"和"美"感是由人的两类不同情欲引起的,其中一类涉及人的"自身保存",另一类则涉及人的"社会生活"。前者在生命受到威胁时才表现出来,与痛苦、危险等紧密相关,是"崇高"感的来源;后者则表现为人的一般社会关系和繁衍后代的本能,这是"美"感的来源。但是,直到20世纪70年代中期,这种美学思想才在风景美学领域里得到系统的发展,并形成了较为成熟的理论体系——风景美学的认知学派。对该学派发展影响较大的首先是20世纪70年代中期英国地理学家杰伊·阿普尔顿(Jay Appleton)的"瞭望-庇护"理论,该理论在分析了大量风景画的基础上指出,人在风景审美过程中,总是以"猎人""猎物"的双重身份出现的:作为一个"猎人",他需看到别人;作为一个"猎物",他不希望别人看到自己。也就是说,人们总是用人的生存需要来解释、评价风景的。几乎在同时,美国学者卡普兰(Kaplan)也以进化论为前提,从人的生存需要出发,提出了风景信息的观点,相继提出并完善了他的风景审美理论模型。他认为,人为了生存的需要,为了生活得更安全、舒适,必须了解其生活的空间和该空间以外的存在,必须不

断地去获取各种信息,并根据这些信息去判断和预测面临着的和即将面临的危险,也正是凭借这些信息,去寻求更适合生存的环境。因此,在风景审美过程中,他既要风景具有可以被辨识和理解的特性——"可解性"(Making sense),又具有可以不断地被探索和包含无穷信息的特性——"可索性"(Involvement)。如果这两个特性都具备,则风景质量就高。

(4)经验学派

经验学派几乎把人的这种作用提到了绝对高度,把人对风景审美评判看成人的个性及其文化、历史背景,志向与情趣的表现。因此,经验学派的研究方法一般是考证文学艺术家们关于风景审美的文学、艺术作品,考察名人的日记等来分析人与风景的相互作用及某种审美评判所产生的背景。同时,经验学派也通过心理测量、调查、访问等方式,记述现代人对具体风景的感受和评价。经验学派的心理调查方法中,被试者不是简单给风景评出好劣,而要详细地描述他的个人经历、体会及关于某风景的感觉等。其目的也不是得到一个具有普遍意义的风景美景度量表,而是在于分析某种风景价值所产生的背景和环境。

经验学派的主要代表人物是德国学者利奥·洛文塔尔(Leo Lowenthal)。他曾精辟地分析了历史风景的重要意义,历史风景能使人产生一种连续的、持久的、淀积的感情,这种感情促使我们用历史的观点去认识和考察个人或团体,这实际上是把风景作为具体的个人或团体的一部分来认识。他还分析了美国城市居民对乡村风景的怀旧心理,从而导致了他们对风景的无比热爱,分析了这一现象的历史及背景等。

正如丹尼尔(Daniel)和维宁(Vining)所说的,经验学派的研究方法还不能算作对风景进行评价的方法,它并不研究风景本身的优劣,因而也很少能提供直接为风景规划及管理服务的信息。也正因如此,经验学派与其他3个学派比较起来,显得有些势单力薄。

2)风景资源定性评价

对于区域空间范围大、风景资源种类多、制约因素多的风景名胜区,一般采用定性评价的方法。

(1)风景资源的美学观赏价值评价

风景资源从美学角度讲,它是以具有美感的典型自然景观为基础的,渗透了人文景观美的地域空间综合体。

风景美是指自然美以及那些与自然环境融为一体的人工美,其表现形态多种多样,如山川湖泊、日月星辰、烟岚云霞、花草树木、江河湖海、雪山大漠及亭台楼阁等。

自然风景美的形式主要表现为:形象美、色彩美、动态美、意境美。

①形象美:风景之美,总是以一定的形式和形象表现出来的,形象也是风景美最显著的特征。黑格尔说:"美是形象的显现。"自然风景只有以其形象显现出来,审美主体才能感受到它的美。风景形象美的特征主要表现为:雄、秀、奇、险、幽。

● 雄——壮观、壮美、崇高。它表现为宏大的形状,巨大的体积,宽阔的面积,沉重的深度,滚滚的气势。雄伟所引起的审美感受特征是赞叹、震惊、崇敬、愉悦。例如,五岳之首泰山,位于齐鲁平原,与开阔的平地相比,显得高大雄伟,有"泰山天下雄"之赞。杜甫《望岳》"会当凌绝顶,一览众山小"的诗句中,指的就是泰山之顶。汉武帝游泰山赞其"高矣,极矣,大矣,特矣,

壮矣"。又如钱塘潮,惊涛巨澜、汹涌澎湃、排山倒海、雷霆万钧、声如金鼓,苏轼描写其"八月十八潮,壮观天下无"。还有长江第一湾、三江并流、壶口瀑布、雪涧大漠等,都是壮美风景。

- 秀——柔和、秀丽、优美。其可通过曲线线条、柔润质地、过渡色彩、袅袅之音、柔和对比、平静状态等来表现。苏轼《饮湖上初晴后雨》有"水光潋滟晴方好,山色空蒙雨亦奇。欲把西湖比西子,淡妆浓抹总相宜"。柳永有"杨柳岸,晓风残月"。这些都是表现优美、秀美之景色的诗句。秀美的景色给人平静、安逸、舒适的审美享受,使人情绪得到安慰。

- 奇——不常见,稀罕,变幻无穷。其所引起的审美感受是惊喜、兴奋、兴味盎然、妙趣横生。如黄山"四奇"(石、松、云、泉):奇峰怪石星罗棋布,松树盘结险峰,烟云似锦如缎、翻飞缥缈,泉水终年喷涌;又如峨眉佛光、海市蜃楼,等等。

- 险——往往表现为垂直、绝壁、千钧一发、万丈深渊、深窄、突兀嶙峋。险所引起的审美感受是惊心动魄、心悸万分、心惊胆战,可引发游客的好奇心,具有强烈吸引力。

- 幽——静谧、隐蔽、深远。如山谷间色彩青灰,云雾缭绕,可引起清净之感或幽深莫测的神秘感。

②色彩美:每种色彩都有自己的特性,可以在视觉上、感情上、意味上产生不同的审美效果。自然风景的色彩主要由树木花草、土地岩石、江河湖海、烟岚云霞、日月光辉等构成,其引起的审美感受可以是愉快、舒适、积极、振奋、平静、寂寥等。

③动态美:风景中的元素,有着千变万化的动态,如飘动、浮动、游动、流动、飞动、波动等。自然之美是动态的美,同样的山川景物,随着季节、时令及天气的变化,会呈现出不同的美感。例如,郭熙《林泉高致·山水训》所写:"春山烟云连绵人欣欣,夏山嘉木繁阴人坦坦,秋山明净摇落人肃肃,冬山昏霾翳塞人寂寂。"

④意境美:是意与境、情与景、心与物交融契合的审美境界,也是中国传统美学的基本范畴之一。上文所提及的诗词名句,大都融入了意境审美的理解。

⑤音响美:自然界中有丰富的声音,如鸟鸣深壑、蝉噪幽林、风起松涛、雨打芭蕉、泉泻清池、溪流山涧等。自然之音响参与美的营造,也成为美的要素。如峨眉山万年寺声如琴瑟的山蛙和鸣,大连老虎滩上老虎洞中清晰洪亮的海啸声,敦煌鸣沙山宛如管弦乐队合奏的沙鸣声等。

杭州西湖风景名胜区的自然风景美

(2)风景资源的历史文化价值评价

风景名胜区的历史价值是指风景名胜区内发生过重大历史事件或产生过相关历史人物,或具有悠久文化传承历史,由此所带来的精神文化价值。历史价值不仅广泛存在于自然景观资源中,也广泛存在于人文景观资源中。

①历史考古价值:主要了解和评定各种文化历史遗迹的历史年代、史迹内容、代表人物、意义和地位、社会影响等,以及其在当今考古、历史研究中的价值。历史遗迹、文化古迹往往越古老越稀少,其历史和考古价值也就越高。

②文化艺术继承价值:主要评价各种建筑、遗迹、纪念地和民族传统习俗、技艺,在文化艺术上的继承与发展,以及由此反映达到的成就和水平。此外,优秀神话传说、民间故事、诗歌、美术等,使景物内容的文化内涵更加丰厚充实,其文化价值也更高。如敦煌莫高窟是始建于十六国时期的以佛教故事为题材的壁画,有佛经故事画、经变画和佛教史迹画,也有神怪画和供

养人画像,还有各式佛像、飞天及各种精美装饰图案等,是集建筑、雕塑、绘画于一体的历史文化遗产。

(3)科学价值评价

科学价值评价主要是评价风景名胜区资源的自然科学或科学研究价值、科学普及与教育功能,以及科研工作者进行科研考察的价值。评价的内容主要是自然和人文景物的科学内涵,包括形成建造、分类区别、结构构造、工艺生产等方面广泛蕴含的科学内容及其在科学技术史上所具有的研究价值。如自然景观中存在的火山、冰川、海蚀、岩溶等地貌形态,以及各种特殊的地质、水文、气候、生物景象等,均包含广泛的自然科学知识和研究价值。人文景观中的各种文物古迹、建筑或园林艺术、民俗民情也蕴含着丰富的科技内容、科普知识及自然科学、社会学等多学科知识。例如,黄山七十二峰形成的年代、峰林结构、形态等,都需要评价者全面掌握特定景观多方面的知识,以便作出分析和判定。又如瘦西湖西岸的园林建筑,其建筑年代、材料、风格都是不同的,这就需要用历史学、建筑学等科学知识对它加以鉴定。

3)风景资源定量评价

(1)打分法

在清查风景资源的基础上,对景点进行筛选,按照资源价值、环境水平、旅游条件和规模设计计算分值,然后再分解每一项,以每个景点得分多少排序。按照风景资源评价指标层次表进行相对应的层次分析评价。

(2)德尔菲法

德尔菲法(专家调查法)最早出现在20世纪40年代末,1964年由美国兰德公司首次应用于科技预测中。它以问卷形式进行,其大致流程是在对所要预测的问题征得专家的意见之后,进行整理、归纳、统计,再匿名反馈给各专家,再次征求意见,再集中,再反馈,直至得到一致的意见。这种方法是一种利用函询形式进行的集体匿名思想交流过程。它具有匿名性、反馈性、统计性这三个基本特点。

(3)数学分析法

数学分析法的特点是在对复杂的决策问题的本质、影响因素及其内在关系等进行深入分析的基础上,利用较少的定量信息使决策的思维过程数学化,从而为多目标、多准则或无结构特性的复杂决策问题提供简便的决策方法。它尤其适合对决策结果难以直接准确计量的情况。

在现实世界中,往往会遇到决策的问题,在决策者作出最后的决定以前,必须考虑多方面的因素或者判断准则,最终通过这些准则作出选择。例如,选择一个旅游景点时,你可以从宁波、普陀山、浙西大峡谷、雁荡山和楠溪江中选择一个作为自己的旅游目的地。在进行选择时,你所考虑的因素有旅游的费用、旅游的景色、景点的居住条件和饮食状况以及交通状况等。这些因素是相互制约、相互影响的。我们将这些复杂系统称为决策系统。该决策系统中很多因素之间的比较往往无法用定量的方式描述,此时需要将半定性、半定量的问题转化为定量计算问题。层次分析法是解决这类问题的行之有效的方法。它将复杂的决策系统层次化,通过逐层比较各种关联因素的重要性来为分析以及最终决策提供定量的依据。

2.4 案例——玉华洞风景名胜区调查与分析

1) 风景资源

依据其分类标准,四川省玉华洞风景名胜区内的风景资源涵盖了两大类、8 中类、46 小类。具体分类表见表 2.4。

表 2.4　玉华洞风景名胜区风景资源分类表

序 号	分 类		
	大 类	中 类	小 类
1	自然景观	天景	气候现象、日月星光、冰雪霜露、云雾虹霞、风雨阴晴
2		地景	大尺度山地、山景、奇峰、峡谷、洞府、石景、蚀余景观、地质珍迹
3		水景	溪流、潭池、瀑布跌水、地下湖泊、泉井、其他水景
4		生景	森林、古树名木、珍稀生物、植物生态、动物群栖息地、物候季相景观
5	人文景观	园景	物园、陵园墓园、专类游园
6		建筑	风景建筑、宗教建筑、民居宗祠、文娱建筑
7		胜迹	摩崖题刻、石窟、雕塑、遗址遗迹、纪念地
8		风物	节假庆典、民俗、宗教礼仪、神话传说、民间文艺、地方人物、地方物产

玉华洞风景名胜区按照风景资源的分布与构成,分为五大景区和一个民俗风情区:玉华洞景区、龟山景区、曹溪景区、湖管景区、银华洞景区和漠源民俗风情区。

玉华洞景区包含了玉华洞、金华洞、天阶山、梅花井等主要景点,是整个风景名胜区的重点所在。其中尤以玉华洞的溶洞景观为代表,向世人展示了大自然的鬼斧神工。龟山景区以杨时墓园、理学大观园和龟山书院为整个风景名胜区人文景观之代表,反映了当地深厚的文化内涵;同时,这里还有白鹭栖息地等很有价值的自然景观资源。曹溪景区以极具碧潭秀木特色的五马峰观溪、青龙滩等为主要景点。湖管景区富有典型的亚热带动植物资源,充分体现了生态林优美的风光。银华洞景区以石灰山、雏鸡对虎口、贵妃出浴等具有特色的景点为主。

2) 景点及评价

玉华洞风景名胜区景点及景点评价分级见表 2.5 和表 2.6。

表 2.5　景点总表

序　号	景　区	景群名称	景点名称
1	玉华洞景区	玉华洞 （共有藏禾雷公、果子、黄泥、溪源、白云景群以及石泉、井泉、灵泉等三泉六个支洞）	一扇风　硕果累累　擎天玉柱　井泉　石瀑布　仙人田　龙宫　鹊桥　瑶池玉女　风动石　文豪肖像　雪山飞瀑（峨眉泻雪）　马良神笔　中国地图　钟吕传道　炼丹炉　十八罗汉　观音堂　洞口摩崖　洞内石刻　徐霞客青铜像　雄鸡报晓　极乐世界　广寒天宫　地下舞厅
		天阶山 （喀斯特地貌上的一片绿洲）	园洼地　薄姜木盆景　闻木犀香（岭）　明台寺　天然盆景园　林荫小道　比藤　星窟　悬空藤（龙藤）　柚木　野桂花树群（金桂）　双狮　吃猪头　削玉载云　望城亭　清官肚　破镜重圆　历史书画长廊　怪石云起　野生动物标本馆　嫦娥奔月　冲天树（山榉）　山杜英块状根（树包石）
		宝华洞	罗汉堂　普陀寺　地下暗河
		岩子洞 洞穴博物馆	省内最早动物化石　古代佛像群古人类文化遗址（壁画、化石等）　岩子山（蚀余景观）
		梅花村	梅花井　民俗文化点
		金华洞	佛门　倒插金钗　彩虹分工　姜尚卖碗　文王拉车观音送子　仙鹤指路　玉龙吐珠
		南华寺	南华洞
2	龟山景区	杨时墓园	杨时墓　龟山湖　九曲桥　程氏正宗　龟山书院白鹭栖息地
3	曹溪景区		曹溪漂流　五马峰观溪　青龙滩　碧潭　亚热带森林　毛竹林
4	湖滨景区		湖滨生态林　观音庙
5	银华洞景区	石灰山	望月台　卧龙岗　小将军　太子椅　冲天洞　藏宝洞　金龟守门　双龙出洞
		银华洞（龙马厅、流沙峡、锦鲤湖、南海仙境、新月宫）	雏鸡对虎口　玉屏　彩云追月　贵妃出浴　马嘶岩荔枝林　望月宫　秋月星空　石瀑群　飞狐

表2.6　景点评价分级表

数　目	等　级	景点名称（评分）					
3 个	特级景点	雄鸡报晓	95	星窟	92	杨时墓	94
14 个	一级景点	硕果累累	90	擎天玉柱	85	石瀑布	89
		闻木犀香	83	明台寺	81	龙藤	82
		动物化石	81	龟山书院	84	亚热带森林	81
		冲天洞	82	玉屏	90	五马峰观溪	83
		望月宫	85	白鹭栖息地	90	—	—
24 个	二级景点	一扇风	79	鹊桥	78	风动石	75
		文豪肖像	75	马良神笔	77	十八罗汉	78
		洞口摩崖	78	圆洼地	75	徐霞客铜像	80
		削玉载云	80	望城亭	78	历史书画长廊	71
		冲天树	73	梅花井	701	程氏正宗	80
		漠溪村	72	碧潭	71	青龙滩	76
		望月台	79	雏鸡对虎口	78	湖管生态林	75
		极乐世界	73	广寒天宫	75	飞狐	71
25 个	三级景点	井泉	68	仙人洞	61	龙宫	69
		瑶池玉女	68	峨眉泻雪	70	中国地图	65
		洞内石刻	64	柚木	68	怪石云起	69
		山杜英	65	岩子山	69	佛门	70
		倒插金钗	69	九曲桥	63	龟山湖	67
		毛竹林	68	观音庙	70	卧龙岗	62
		十将军	65	太子椅	65	彩云追月	63
		贵妃出浴	69	马嘶岩	62	石瀑群	61
		地下舞厅	65	—	—	—	—
24 个	四级景点	钟吕传道	55	炼丹炉	57	观音堂	51
		薄姜木盆	52	天然盆景园	53	林荫小道	53
		景比藤	57	野金桂树	51	双狮吃猪头	53
		清官肚	55	破镜重圆	56	标本馆	58
		嫦娥奔月	53	罗汉堂	59	普陀岩	51
		地下暗河	59	古代佛像群	60	古人类遗址	58
		民俗文化	58	彩虹分工	52	姜尚卖碗	57
		文王拉车	55	观音送子	53	仙鹤指路	54

续表

数 目	等 级	景点名称（评分）					
7 个	四级景点	玉龙吐珠	53	南华洞	52	藏宝洞	53
		金龟守门	52	双龙出洞	53	荔枝林	59
		秋月星空	60	—	—	—	—

3）景点评价结果

将玉华洞风景名胜区共计97个主要景点参评，根据所确定的评价因子、评价标准及分级标准进行逐项评定，得出评价结果如下：

①特级景点3处，占3.1%。
②一级景点14处，占14.4%。
③二级景点24处，占24.7%。
④三级景点25处，占25.8%。
⑤四级景点31处，占32.0%。

4）景区评价结果

①玉华洞景区：有号称"闽山第一洞"的玉华洞，以及令徐霞客感叹"山石骨棱厉，透露处层层有削玉裁云态"的天阶山。其自然景观价值很高，为整个风景名胜区的核心景区。

②龟山景区：有深厚的人文景观价值，其主要景点宋朝大理学家杨时墓为省级文物保护单位。墓上的风水树木也保护很好，同时白鹭栖息地也有较高的观赏价值和科研价值。

③曹溪景区：有碧潭和秀木构成的溪流景观，漠村溪不仅水质良好而且适合漂流，自然景观价值较高。

④湖滨景区：有保护良好的亚热带森林和种类众多的动植物资源，自然景观价值较高。

⑤银华洞景区：有以银华洞和石灰山为主体的岩溶景观，其中银华洞具有自身特色，岩溶景观和自然地质资源的价值不比玉华洞逊色。

思考题

1.风景名胜区调查方法有哪些？

2.风景资源调查内容包括哪几部分？

3.风景资源分类时，构成风景资源的主导景观要素的选择应考虑哪些方面？

4.在对风景资源评价指标进行分层时，需要注意哪些问题？

5.风景资源评价有定性和定量之分，它们的优缺点有哪些？

参考文献

［1］陈战是.生态文明背景下自然保护地和风景名胜区规划的传承和创新［J］.中国园林，2021，37（S1）：90.

［2］许克福.风景名胜区规划课程创新教学研究［J］.安徽农业科学，2019，47（10）：280-282.

［3］李卫东，钟闻博.理解与认识风景名胜区规划［J］.现代园艺，2019（2）：82.

［4］高一菲.风景名胜区详细规划编制方法研究［J］.城市建筑，2021，18（18）：46-49.

［5］沈员萍，黄萌，罗毅，等.国家公园体制背景下的自然保护地体系管理分类研究［J］.规划师，2019，35（17）：11-16.

［6］宋峰，周一慧，蒋丹凝，等.中国自然保护地规划的回顾与对比研究［J］.中国园林，2020，36（11）：6-13.

［7］盛方明.基于景源评价优化的风景区土地利用研究［D］.南京：南京林业大学，2020.

［8］邓武功，贾建中，束晨阳，等.从历史中走来的风景名胜区——自然保护地体系构建下的风景名胜区定位研究［J］.中国园林，2019，35（3）：9-15.

［9］中共中央办公厅、国务院办公厅.关于建立以国家公园为主体的自然保护地体系的指导意见［S］.北京：中国人民出版社，2019.

［10］优化完善自然保护地体系——风景名胜区与自然保护地会议建言［EB/OL］.［2018-12-26］.

［11］新华社.中共中央办公厅 国务院办公厅印发《建立国家公园体制总体方案》［EB/OL］.（2017.9.26）［2024.5.15］.

［12］宫旭东.风景区改造规划的设计探索与实践——武汉东湖落雁景区概念规划设计［J］.居舍，2018（15）：114-117.

［13］张天绚.城市型风景区发展问题及规划探索［C］//中国城市规划学会，东莞市人民政府.持续发展 理性规划——2017 中国城市规划年会论文集（13 风景环境规划）.长沙市规划勘测设计研究院，2017：11.

［14］邹帛成.风景区规划应注意的若干问题研究［J］.建材与装饰，2016（23）：135-136.

［15］张永欣.生态旅游风景区规划建设研究［J］.旅游纵览（下半月），2015（4）：232.

［16］罗文.国土空间规划与风景名胜区规划衔接问题思考［J］.中国土地，2022（05）：29-31.

［17］杨锐.国家公园与自然保护地研究［M］.北京：中国建筑工业出版社，2015.

3 风景名胜区保护与游赏规划

本章导读 本章主要介绍风景名胜区保护规划和风景游赏规划。在风景名胜区保护规划中,主要介绍保护规划的内容、原则、程序及分类保护、分级保护和专项保护的具体方法;在风景游赏规划中,主要介绍风景名胜区的主题定位和景区划分、游赏项目组织、游人容量的分析和调控、游线组织和游程安排的内容和方法。

3.1 风景名胜区保护规划

风景资源的不可替代性和不可再生性,要求风景名胜区规划和建设应坚定不移地把保护放在首位,在有效保护的前提下进行开发利用。

保护规划是风景资源能否有效保护的关键。在我国,对风景名胜区保护的必要性和综合性的认识,是一个逐步发展的过程。保护培育规划从无到有,逐渐被人们所重视,在资源保护的过程中起着越来越重要的作用。然而,随着时代的发展,风景名胜区保护面临的各种社会因素愈加纷繁芜杂,风景资源遭到的破坏力愈加强大与多样化,保护培育规划作为普通的专项规划,难以体现风景资源保护的重点和强制性。因此,应加强保护培育规划的科学理论研究,明确保护对象,制订科学的保护措施,把保护培育规划作为总体规划中的强制性内容,成为总体规划的核心。

3.1.1 保护培育规划的内容

风景名胜区的保护培育规划,是对需要保育的对象与因素实施系统控制和具体安排,使被保育的对象与因素能长期存在下去,或能在利用中得到保护,或在保护的前提下能被合理利用,或在保护培育中使其价值得到增强。

风景名胜区保护的内容包括自然景观资源保护、人文景观资源保护、动植物资源保护、地质资源保护、水域景观保护、生态系统保护、民族文化保护等。

根据《风景名胜区总体规划标准》(GB/T 50298—2018),风景名胜区保护培育规划应包括3个方面的基本内容。

1）查清保育资源，明确保育的具体对象和因素

在保育资源中，各类景观资源是首要对象，其他一些重要而又需要保护的资源也可被列入，还有若干相关的环境因素、旅游开发条件、建设条件也有可能成为被保护因素。

2）依据保育对象的特点和级别，划定保育范围，确定保育原则

对保育对象的特点和重要性进行分析评价，在此基础上，确定保护对象的级别，根据保护要求划定保护范围。例如，生物的再生性就需要保护其对象本体及其生存条件，水体的流动性和循环性就需要保护汇水区和流域因素。

3）依据保育原则制订保育措施，并建立保育体系

保育措施的制订要因时因地因境制宜，要有针对性、有效性和可操作性，应尽可能地形成保护培育体系。

3.1.2　保护培育规划的基本方法

风景名胜区保护培育规划应依据风景资源的特点和保护利用的要求，确定分类和分级保护区，分别规定相应的保护培育规定和措施要求，合理划定核心景区，将分类与分级保护规划中确定的重点保护区（如重要的景观保护区、生态保护区、史迹保护区）划定为核心景区，确定其规划范围界限，并对其保护措施和管理要求作出强制性规定。同时，应根据实际需要对当地的历史文化、民族文化、传统文化等非物质文化遗产的保护作出规定。

1）分类保护

保护培育规划中，分类保护是常见的规划和管理方法。它是依据保护对象的种类及其属性特征，并按土地利用的方式划分出相应类别的保护区。在同一个类型的保护区内，其保护原则和措施应基本一致，便于识别和管理，以及与其他规划分区衔接。风景保护的分类应包括生态保护区、自然景观保护区、史迹保护区、风景恢复区、风景游览区和发展控制区等。

2）分级保护

保护培育规划中，分级保护也是常用的规划和管理方法，它以保护对象的价值和级别特征为主要依据，结合土地利用方式而划分出相应级别的保护区。在同一级别保护区内，其保护原则和措施应基本一致。

风景区的分级保护同自然保护区系列或相关保护区划分方法容易衔接，一般应包括特级保护区、一级保护区、二级保护区、三级保护区。其中，特级保护区也称科学保护区，相当于我国自然保护区的核心区，也类似于分类保护中的生态保护区。

3）综合保护

在保护培育规划中,应针对风景名胜区的具体情况、保护对象的级别、风景名胜区所在地域的条件,择优选择分类或分级保护,或者以一种为主、另一种为辅的两者并用的方法,形成分类之中有分级、分级之中有分类、分层级的点线保护与分类级的分区保护相互交织的综合分区,使保护培育、开发利用、经营管理三者各得其所,并有机结合起来。综合保护的基本措施是在点、线、面上分别控制人口规模与活动、配套设施与级配、开发方式及其强度。

4）核心景区保护

核心景区是指风景名胜区范围内,自然景物、人文景物最集中、最具观赏价值、最需要严格保护的区域,包括规划中确定的生态保护区、自然景观保护区和史迹保护区。核心景区保护规划的内容包括科学划定核心区范围、确定保护重点和保护措施、落实保护责任等。

3.1.3 风景名胜区保护培育规划

1）查清保育资源,建立资源保护信息系统

资源调查方法包括实地调查、文献收集以及遥感调查等。我国的风景名胜区范围大、资源类型丰富、数量众多,调查是一项艰巨的基础性工作。GIS 技术的应用为资源调查提供了方便,其节省人力、物力,应积极采用。资料收集包括收集与各种资源相关的基本信息,如形成年代、历史变迁过程、内在价值等,了解资源的珍稀度、独特性和脆弱性等特征。资源调查与资料收集应具有指向性,其标准宜参照《风景名胜区规划规范》的景源分类标准。

资源保护信息系统是建立在风景名胜区基础数据、数据库技术、遥感技术、地理信息系统技术、全球定位技术基础之上的空间信息系统,其功能是对风景名胜区范围内及其周边的自然资源、人文资源按照空间位置、类型、重要性、敏感性等特征进行定量管理,包括资源的保护政策、保护类型、保护措施等。

2）从风景资源的保护要求出发,进行风景资源评价,确定保护重要性

从风景资源的保护要求出发,重点从以下方面进行评价:

(1)资源价值

资源价值主要是指景源的各种价值,包括科学价值、欣赏价值、历史价值、保健价值、游憩价值等的重要程度,主要指标可参照《风景名胜区总体规划标准》(GB/T 50298—2018)中的评价指标体系。

(2)资源敏感度

资源敏感度是指资源承受外界因素影响的能力。资源敏感度较高的区域或部位,即使是轻微的干扰,都将对景观造成较大的冲击。资源敏感度主要包括生态敏感度和视觉敏感度。

①生态敏感度:资源对外界干扰的抵抗能力和同化能力,以及资源遭到破坏后的自我恢复能力。主要相关因素为资源自身的形态、结构、规模、内涵等属性是否容易受外界影响和遭到

破坏,以及被破坏后是否能自我修复。这主要取决于气候、土壤及生物诸因素,包括雨量、积温、生物群落结构的复杂性、自我更新能力、土壤肥力及自净能力等。

②视觉敏感度:景观被观景者注意到的程度和被观看的概率,以及景观各构成部分的视觉特征及相互之间的对比度,植被及地貌对可能引入的人工景观的遮掩能力等。

除了资源价值和资源敏感度这两个最基本的评价项目,还可以根据各风景名胜区的实际情况再选择适合的评价项目。

应在评价的基础上,确定风景资源保护等级,作为保护规划的依据。

3)确定保护目标和原则

(1)保护目标

风景名胜区存在着一个理想状态,而风景名胜区保护培育规划的目标就是使用各种手段使规划区域从现实状态走向理想状态。

①终极目标:风景名胜区保护培育规划的终极目标体现在以下几个方面:风景名胜区自然资源、文化资源及其环境得到充分有效的保存、恢复、维持;其基础数据得到监测和科学研究;其自然资源、文化资源及其环境的保护或利用的决策都建立在充分的科学研究论证和环境影响评价的基础上;风景资源不仅是人们参观游览的对象,最终将成为人们启迪智慧的源泉,人们能充分理解风景名胜区的价值,珍惜风景资源,主动配合与参与风景资源的保护管理工作。

②长期目标:风景名胜区保护培育规划的长期目标是指在一个较长的时间段内,风景名胜区内各类资源及环境水平应该达到理想状态。

●自然资源保护目标:无人为干扰、破坏自然天景的形成和被欣赏;绝大部分被人为干扰的地质地貌资源恢复到天然状态,珍稀的地质资源得到严格保护,地质资源得到长期的定时监测以保证不受到非天然因素的破坏,并成为科研教育的对象;天然水体无人为污染,水质清洁,保持自然形态;各种水体的水质均应达到相关国家标准;水体得到长期的定时监测以保持良好水质;生态系统完整,运转良好,达到动态平衡,人类对其干扰受到严格限制;珍稀濒危物种及本地特有物种得到有效保护;生物资源及生态系统得到长期的定时或不定时的监测,成为科研教育的对象。

●人文资源保护目标:以《中华人民共和国文物保护法》为准绳,各类物质文化资源得到妥善保存维护和科学修缮。

●资源监测与科学研究目标:风景名胜区资源基础数据得到监测与持续完善,为风景区保护培育提供科学数据。

③近期目标:风景名胜区资源保护的近期目标是指依据风景名胜区资源保护现状提出近期重点保护培育对象,明确保育措施,使濒危的风景资源得到及时有效的保护和修复。

(2)基本原则

一般而言,风景名胜区的保护培育规划应遵循以下原则:

①原生性与真实性原则:体现风景资源的本质属性,不得在风景资源上任意添加人工构筑物,避免人工修饰和人为破坏。

②完整性原则:风景名胜区往往由一个或多个生态系统组成,生态系统内各组成要素及其生存环境相互依存、相互作用,形成一个完整的不断发展的系统,其中某一组成因素遭受破坏,将会引起其他因素的连锁反应,严重时会影响整个生态系统的功能甚至损毁整个系统。因此,

应尽量不去干扰风景名胜区特有的生态系统,保持其自身的完整性,保持其良性循环和平衡。

③多样性原则:生物多样性是生态系统健康持续发展的重要条件,生物多样性保护是风景区可持续发展的基础。因此,应保持和维护原有生物种群、结构功能及其生长环境,保护典型的自然综合体。

④依法保护原则:风景名胜区保护规划要遵循相关的法律、法规与政策,寻求各种保护措施的法律依据,使风景名胜区的发展既体现在政府的宏观调控中,又切实结合到日常的社会与生产活动中。

4)划分保护分区,制订保护措施

风景名胜区保护分区的划分是在空间上明确界定各类分区的用地范围,明确规定每一地块资源的保护措施和利用强度,统筹协调资源保护和资源利用的关系。

划分保护分区时应做到:同一分区内规划对象的特性及存在环境应基本一致;同一分区内的规划原则、措施及成效特点应一致;规划分区应尽量保持原有的自然、人文、现状等单元的完整性和自然生态过程的完整性。

(1)分类保护分区的划分

风景名胜区分类保护分区一般分为生态保护区、自然景观保护区、史迹保护区、风景恢复区、风景游览区和发展控制区等,详见表3.1。

表3.1　风景名胜区分类保护分区一览表

保护分区	保护对象	保护措施
生态保护区	有科学价值或其他保存价值的生物种群及其环境	应禁止游人进入,不得有任何建筑设施,严禁机动交通车及其设施进入
自然景观保护区	需要严格限制开发行为的特殊天然景源和景观	宜控制游人进入,不得安排与其无关的人为设施,严禁机动交通车及其设施进入
史迹保护区	各级文物和有价值的历代史迹遗址及其环境	宜控制游人进入,不得安排旅宿床位,严禁增设与其无关的人为设施,严禁机动交通车及其设施进入,严禁任何不利于保护的因素进入
风景恢复区	需要重点恢复、培育、抚育、涵养、保持的对象与地区	应分别限制游人和居民活动,不得安排与其无关的项目与设施,严禁对其不利的活动
风景游览区	景物、景点、景群等各级风景结构单元和风景游赏对象集中地	适宜安排各种游览欣赏项目,应分级限制机动交通及旅游设施的配置
发展控制区	对上述五类保育区以外的用地与水面及其他各项用地	准许原有土地利用方式与形态,可以安排同风景名胜区性质与容量一致的各项旅游设施及基地,可以安排有序的生产、经营管理等设施,应分别控制各项设施的规模与内容

(2)分级保护分区的划分

风景名胜区保护的分级保护同自然保护区系列或相关保护区划分方法容易衔接,一般应

包括特级保护区、一级保护区、二级保护区、三级保护区。其中,特级保护区也称科学保护区,相当于我国自然保护区的核心区,也类似分类保护中的生态保护区,具体见表3.2。

表3.2　风景名胜区分类保护分区一览表

保护分区	保护对象	保护措施
特级保护区	自然保护的核心区以及其他不应进入游人的区域	应以自然地形地物为分界线,其外围应有较好的缓冲条件,在区内不得有任何建筑设施
一级保护区	风景资源价值较高且集中分布的区域,生态价值较高的游览区域,其他需要特别保护的区域	除必需的直接为风景游赏服务的相关设施外,严禁建设与风景游赏和保护无关的设施,不得安排旅宿床位,减少居民点、居民数量与建设量;除必需的科研、监测和防护设施外,不得有任何建筑设施
二级保护区	风景资源较少的区域,有一定生态价值的区域。二级保护区是一级保护区周边的协调保护与缓冲区域,可通过改善游览条件和生态环境,提高其价值	可以安排直接为风景游赏服务的相关设施,应严格限制与风景游赏无关的建设,严格限制居民点的加建、扩建,应限制游览性交通以外的机动交通工具进入本区
三级保护区	风景资源很少、景观和生态价值皆较低的区域,游览设施集中区域,城乡建设区域	可安排旅宿设施和城乡建设内容,区内建设应控制建设功能、建设强度、建筑高度和形式等,与风景环境相协调

（3）综合分区

综合分区将分类保护和分级保护在点线面上结合起来并用,可采用先分类后分级、先分级后分类、分层级的点线保护和分类级分区保护相结合的方法。

5）编制专项保护规划

生物多样性保护规划:

生物多样性是人类赖以生存和经济可持续发展的物质基础。生物多样性专项保护,就是保护森林环境,保护动植物生活栖息环境与繁衍的环境免遭破坏。

①动物资源保护:做好动物资源普查,对风景名胜区野生动物的科、属、种登记造册,研究动物种群、食物链的构成等;了解动物的活动规律和活动区域,旅游开发利用时避免对动物形成干扰,制订保护措施,保护野生动物种源繁殖、生长、栖息的环境;严禁捕杀、贩卖野生动物,保护动物的生活环境;根据《濒危野生动植物种国际贸易公约》,对珍稀濒危物种制订严格的特殊的保护措施。

②植物资源保护:做好植物资源普查,对风景名胜区植物的科、属、种登记造册,研究植物种群构成等;根据《濒危野生动植物种国际贸易公约》,对珍稀濒危物种制订严格的特殊的保护措施;禁止滥垦滥伐,严格保护植被,并根据地带性植物和植物群落要求,做好植被恢复工作,采用本地物种进行森林培育、林相改造和生物繁育;做好森林防火、病虫害防治工作;严格论证外来物种的引入,尤其要防止引进入侵性物种,防止生物多样性的丧失;做好封山育林、退耕还林、植树绿化工作,保护植物种源繁殖、生长、栖息的环境。

③地质地貌景观保护：风景名胜区内千姿百态的地质地貌景观都是内外地质作用相互作用的结果。形成一个优美的地质地貌景观，需要千百万年的地质作用过程，并且绝大部分是不可再生的，因此在利用这些资源时，首先要做好保护工作。具体的保护措施有：保护风景名胜区内具有突出保护价值的地质结构，包括各类地质真迹、地质剖面和地质景观；保护代表地球演化历史主要阶段的突出模式的岩群，并促进其相关研究的开展；维护地质结构周边环境的完整，保护风景名胜区内地质结构与风景名胜区周边的地质结构；保护各类地质地貌景观的完整性，风景点的建设必须与自然环境相协调，防止破坏性建设，对一些地质地貌景观价值极高的景点，除修建少量必要的人工防护设施外，尽量保持其自然原貌。

④水域景观保护：水域指河流、溪涧、湖泊、水库、坑塘及水源地。风景名胜区水域是风景区生态系统的重要组成部分。具体保护措施包括：提高风景名胜区林木覆盖率，涵养水源，保持水土；严格擅自截留，生活污水应集中处理，严禁向山体、水体排放；服务设施和居民点实行集中供水，集中解决生产、生活污水，严禁向溪内排放污水，倾倒垃圾；加强风景名胜区内耕地、园地、林地化肥、农药使用的管理，防止污染水域；水源地周围严禁一切人为建设活动，保护其良好的生态环境；风景名胜区内修建水库、水坝等工程设施必须经过专家论证，避免对下游水系产生影响。

⑤文物建筑保护：根据文物建筑的级别划定保护范围和外围保护地带，建立标志；文物建筑不得随意拆除、移动、复建、加建，对文物建筑的任何改动都要报相关部门审查同意；文物建筑的修复、修缮和日常维护必须保证文物的真实性，对于修复、修缮必须要有详细的规划设计，并在文物专家指导下进行；禁止与文物保护无关的一切利用，如文物建筑作为宾馆、餐厅等；落实消防措施，杜绝安全隐患。

⑥古树名木保护：建立完善的古树名木档案，明确位置、树龄、立地条件，并且配有照片，定期检查，更新档案资料，实现动态管理；所有古树名木都需挂牌保护，严禁游人攀爬、划刻、折采、砍伐；加强古树名木周边的小环境治理，加强防雷和养护管理工作，为其提供良好的生长条件；对于衰老的古树名木，应在专家指导下进行古树复壮；加强护林防火和病虫害防治工作。

3.1.4 案例——美国国家公园保护规划

美国国家公园管理局在管理政策中规定，国家公园应该按照资源保护程度和可开发利用强度划分为自然区(natural zone)、文化区(culture zone)、公园发展区(park developmental zone)和特别使用区(special use zone)四大区域，并将每个区域再划分为若干次区，每个区域皆有严格的管理政策，区内的资源利用、开发和管理都必须依照管理政策来实行。其管理政策包括多个方面，主要包括公园系统规划、土地保护、自然资源管理、文化资源管理、原野地保留和管理、解说和教育、公园利用、公园设施及特别使用等各个方面的各项管理政策，政策制定十分详细，使管理有法可依。

1)自然区

设立自然区的主要目标是保护自然资源和自然价值，以满足正当的观光游憩需要，同时要确保它们也能为子孙后代所享用。自然区范围包括用以保存自然资源和生态资源的陆地、水域，区域内允许自然资源的欣赏和与自然资源关系密切的游憩活动存在，但不应影响风景性质

和自然成长过程。自然区的设施发展限于分散的游憩设施和基本的管理设施,如小径、标牌、便于行走的道路及庇荫处、小船码头,还有水文观测设备、气象台等。自然区包括矿业区、环境保护区、特别自然景观区、研究自然区等。

自然区的基本管理思想为:管理自然资源时不仅要关心个别的物种和特征,也将致力于维护自然演变的公园生态系统中的所有因素和过程,包括自然的丰富性和多样性以及动植物的生态完善性等。保护自然区内自然系统的指导思想并不是设法使之冻结在某一个特定的时间点上,只有在如下情况出现时,才允许对公园自然区的自然过程进行干预:国会下达命令、出现非常情况,人们的生命与财产处于危机之中;旨在恢复古往今来被人类活动所破坏的当地的生态系统等。

2)文化区

设立文化区的主要目标是保存文化资源和培养人们对文化资源的鉴赏能力。文化分区包括受管理的土地、得到保护的文化资源及解说设施用地。公园至关重要的文化资源、已列入或者有资格列入国家历史场所注册名单的财产、无资格注册但值得保护的文化资源也包括在此区域内。文化区的主要类型有保存区、保护与适度使用区、纪念区。

文化区的基本管理思想为:加强研究,建立系统的、能满足需要的信息库,鉴定、评估文化资源,为国家历史场所注册提名;采用保存、修复、整修、重建,对考古资源、文化景观、历史建筑等文化资源进行处理;任何可能影响文化资源的活动必须符合国家公园管理局的政策方针并有相关文化专家参与计划。

3)公园发展区

设立发展区的主要目标是吸引游客,满足公众的户外游憩需求。该分区范围包括受管理的土地、提供游客游憩利用以及公园管理的设施用地。公园发展区主要包括公园内可以更改的自然环境和在文化上具有一定意义的资源,区内主要有车道、步行道、建筑及供游客和管理人员使用的设施,公园发展区类型主要为管理发展区、解说教育区、游憩发展区、景观管理区。

公园发展区的基本管理思想为:限制公园发展区的规模,以最小的地区满足公园必要的发展与使用要求;只有在考察了可替换的土地(包括公园外场所),有意义的自然、文化资源的可替代使用之后,才建立新的公园发展区等。

4)特殊使用区

特殊使用区是指经过预测不适合其他分区活动的陆地和地域。特殊使用区的类型有商业用地、采矿用地、工业用地、畜牧用地、农业用地、林业用地等。

特殊使用区的基本管理思想为:允许有助于实现公园既定目标的活动的存在;将特殊使用区对公园的其余部分所造成的不利影响降低到最低程度。

3.1.5　案例——峨眉山风景名胜区保护规划

峨眉山风景名胜区是世界自然和文化遗产,以"雄、秀、神、奇"的天然地质博物馆、动植物王国和佛教圣地驰名中外,其珍贵价值无法替代和再生。因此,分级分类保护风景资源是风景名胜区管理的首要任务。

1)资源分级保护范围和措施

将峨眉山风景名胜区划分为一级、二级、三级保护区三个层次,实施分级保护控制,并对一、二级保护区实施重点保护控制(图3.1)。

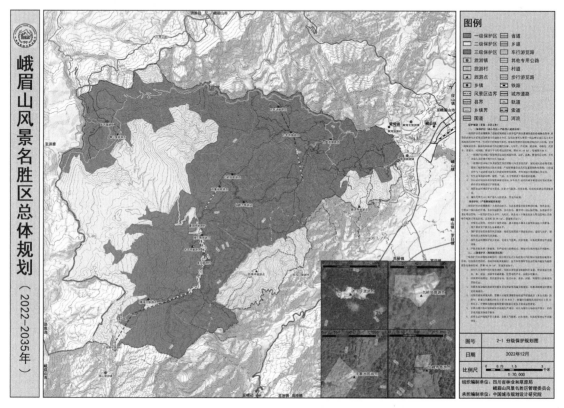

图3.1　峨眉山风景名胜区总体规划(2022—2035)图
(图片来源:中国城市规划设计研究院)

(1)一级保护区(核心景区——严格禁止建设范围)

该区域包括金顶一线山峰以西以及中高海拔区的针叶林、针阔混交林和阔叶林区,沿南北两传统中山区域,金顶一线断崖以东、偏桥沟和徐麻子沟两侧的区域,新开寺遗址和伏虎寺周边的区域,总面积117.9 km²。管理要求如下:

①除与风景资源保护、游览相关的必需设施、基础工程和防火防灾设施外,严格限制建设各类其他建筑物和构筑物;已经建设的,应逐步迁出。

②对生态系统的动物、植物、气象、水文等要素开展必要的监测。

③允许进行适度的低环境影响游览活动,但应对游客数量和行为进行严格管理。

④按照生态环境保护有关要求,完善大气监测、污水处理、垃圾收集清运等设施设备。

(2)二级保护区(严格限制建设范围)

该区域包括峨眉河一线以南居民点分布较集中的区域以及游线、游览设施集中区域,总面

积 30.13 km²。管理要求如下：

①保护管理好有价值的风景资源，根据发展需要开展游览活动，建设与保护、游览和防火防灾相关的设施。

②控制人口规模和村庄建设规模，编制与景区容量和环境相融的村庄发展规划，依据规划完善水、电、通信、道路等基础设施，发展相关产业，实施乡村振兴。

③按照生态环境保护有关要求，完善大气监测、污水处理、垃圾收集清运等设施设备。

④严格控制各种工程建设、生产活动与游憩活动，降低对自然环境的不利影响。

（3）三级保护区（限制建设范围）

该区域包括东部报国社区、天景社区和西部龙洞村等规划为旅游镇的区域，面积 6.11 km²。管理要求如下：

①应统筹用地规划，优化建设布局，保持山体余脉、河流水系、田园绿地自然要素。

②应依据详细规划进行游览设施建设和村庄建设。

③应保持建筑传统风貌，原则上新建公共建筑高度控制在 4 层 16 m 以下，新建农房建筑高度控制在 3 层 12 m 以下。有特殊功能的建筑设施可根据行业技术要求适度放宽。

④不得安排污染环境和破坏景观的生产项目，对区内现有污染的生产项目、有碍景观的建筑物进行整治。

⑤按照生态环境保护有关要求，完善大气监测、污水处理、垃圾收集清运等设施设备。

2）资源分类保护措施

（1）生物多样性和生态系统保护

①开展生物多样性本底调查，根据调查结果制定相应的保护管理措施。

②依法开展生物多样性和生态系统保护工作，健全生物多样性监测体系。

③建立科研平台，开展生物多样性的科学研究，建设陆生野生动植物生物样本库、极小种群野生植物种质资源库（圃），拯救珍稀濒危物种。同时，加强对动植物栖息地的保护。

④加强巡护和对游客管理，禁止非法采集珍稀物种的行为。

⑤开展林业有害生物的监测预警和森林病虫害的防控，提升林业有害生物防治能力，保持自然生态系统健康稳定。以地带性植物群落为基础，培育必要的建群树种，加快自然群落演替；适地设立苗圃基地，培育本土树种，进行局部林相更新改造，优化风景环境。

（2）地质遗迹保护

①完善监测设备，补充专业监测人员，加强对风景区的地质景点、地质历史、地质演化、整体地貌成因的研究和监测。

②对旅游服务基地、基础工程等进行科学规划选址、建设和管理，避免相关设施建设对地质遗迹、地质景观等造成破坏。

③加强对地质游览和研学活动的规范和管理，避免对地质遗迹、地质景观等造成破坏。

④加强关于地质地貌、人文历史资源价值保护的宣传，提升公众保护意识。

（3）文物古迹保护

①应对寺院文物保护单位的保护范围进行划界立桩，明确保护范围，严格按照《中华人民共和国文物保护法》的有关规定进行保护。

②对报国寺等有条件的寺院文物保护单位,适当扩大寺院,将寺院空间按文物古迹核心展示区、宗教文化辅助展示区、僧众修行居住区、管理服务区进行分离,并加强文物建筑的修缮管理。

③保护千佛禅院、会灯寺等24座寺院遗址,对周边环境进行清理整顿,恢复重建需遵守相关法律法规并履行相关程序。

④合理展示、利用不可移动文物。依托峨眉山博物馆,做好可移动文物的预防性保护、修复、数字化、陈列展览等保护和展示利用工作。

⑤禁止在不可移动文物周边兴建有损文物本体和景观环境风貌的建筑或构筑物,并根据历史风貌和文物性质对其周边环境进行规划和整治。

⑥控制游览开发活动,避免游览行为对文物产生破坏后果,并加强对文化遗址的保护管理,完善防火等安全措施。

(4)非物质文化遗产保护

①通过多种形式展示佛教文化,开展佛事活动,继承佛文化传统。

②加强非物质文化遗产的挖掘和研究,推进峨眉武术等非物质文化遗产代表性传承人和传承人群的培养。

③开展常态化的非物质文化遗产相关培训、展览、讲座、学术交流等活动,合理利用非物质文化遗产资源进行文艺创作和文创设计。

(5)美学价值保护

①峨眉山市主城区及峨山街道、高桥镇、龙池镇等景区相邻居区域的城镇规划和建设应与峨眉山山形地貌、山脊线等相匹配,连接风景区的交通主干道及两侧建筑应严格控制高度和风貌,形成景城相融的天际线。

②风景区内的建筑物、构筑物风貌应以传统川西民居风格为主,建筑材料应以本地材料为主,外观应融入周边环境之中。

③应做好对构成峨眉山五类自然景观的峨眉山山峰、佛光、云海、圣灯、日出等景观的保护,严禁建设对上述自然景观有破坏的设施。

3.2 风景游赏规划

风景游览欣赏对象是风景区存在的基础,它的属性、数量、质量、时间、空间等因素决定着游览欣赏规划是各类各级风景区规划中的主体内容。风景游赏规划通常包括以下5个方面的内容:游赏系统结构分析与游赏主题构思;游赏项目组织;风景结构单元组织;景点建设;游线组织与游程安排等。

风景名胜区游赏规划的实质性工作就是通过综合分析,确定景区主题定位,进行景区划分。在此基础上,结合游客需求,设计各有特色的游览项目、游览路线和游程,配置相应的服务设施,让游客获得最佳的游赏体验,提高游赏质量。

3.2.1 主题定位与景区划分

1) 主题定位

主题是景区建设的灵魂,应包括景区承载的基本特征、规划期望确立的形象定位等。

风景名胜区的主题应突出景区特征,景区特征是由诸多因素决定的,自然因素决定着景区的基本地域特征,社会因素决定着景区的人文精神特征,经济因素决定着景区的物质和空间特征,并可以转化成构景要素。

风景名胜区主题需依据风景名胜区的典型景观特征、游览欣赏特点、资源类型、区位因素以及发展对策与功能选择综合确定,应明确表述风景特征、主要功能、游赏活动等方面的内容,定性用词应突出重点、准确精练。

2) 景区划分

景区划分是在对景观资源调查分析和评价的基础上,从资源保护、旅游欣赏、结构布局等要求出发,组织形成具有一定特色,达到一定规模、格局的景点和观赏环境体系。景观特征分析和景象展示构思是景区规划的基础。

(1)景观特征分析和景象展示构思

景观特征分析和景象展示构思,是运用审美能力对景物、景象、景观实施具体的鉴赏和理性分析,并探讨与之相适应的人为展示措施和具体处理手法,包括对景物素材的属性分析、对景物组合的审美或艺术形成分析、对景观特征的意趣分析、对景象构思的多方案分析、对展示方法和观赏点的分析等。

①景观特征主要从以下3个方面进行分析:

第一,景观的自然特征。景观的自然特征是指景观在现实世界表现出来的自然属性,通过对景观自然特征的分析,将有助于确定风景名胜区游赏客体的主要内容,利于确定景区的景观定位和基本发展方向。

第二,景观的文化特征。中华民族悠久的发展历史,使中国风景名胜区积淀了深厚的历史文化遗产并成为其重要的特色之一。在景观特征分析中,除了关注风景名胜区的自然景观特征外,更需要深入分析其文化内涵。除了对历史遗迹的考察、相关文献的查阅,还可从当地人的口中寻找相关的文化特征。

第三,景观的空间特征。它包括空间的类型、空间的尺度、空间的境界等。不同的空间类型适应不同的需求,通过划分空间的类型安排相应的赏景方式和活动类型。

可以概括地将空间划分为开放空间、半开放空间、半开放半私密空间、半私密空间、私密空间5个类型。不同的空间尺度给人的感受是不一样的,空间尺度的大小对景观的视觉效果有一定影响,也决定了空间中的活动。在大尺度空间容易感受雄伟恢宏,大空间中的景观尺度感会相应缩小,而感受到大自然的伟大和人的渺小,景观在展示上应重点体现大气磅礴,其内部活动应以群体参与的活动为主。反之,小尺度空间应将重点放在景物的细节展示上。

②景象展示构思应遵循景观多样化和突出自然美的原则,主要内容如下:

第一,景物素材的种类、数量、审美属性及其组合特点的分析与区划。

第二,景观种类、结构、特征及其画境的分析与处理。

第三,景感类型、欣赏方式、意趣显现的调度、调节与控制。

第四,景象空间展现构思及其意境表达。

第五,赏景点选择,以及其视点、视角、视距、视线、视域与景深层次的优化组合。

(2)景区的划分

①景区划分的依据和原则。

第一,统一性。同一景区内的景观属性、特征、地理分布及其存在环境应基本一致。

第二,完整性。景区内的景观资源应具有完整性,景点相对集中。景区划分应维护原有的自然单元、人文资源相对完整,现状地域单元应相对独立。

第三,特色性。各景区的主题必须鲜明,具有特色,且主题之间应互为烘托与联系。

第四,可操作性。景区划分应合理解决各分区之间的分隔、过渡与联络关系。景区之间应有利于游览线路组织,便于游览、保护和管理。

②分区模式。

第一,单一分区模式:一般适用于规模较小或功能单一、用地简单的风景名胜区。由于景观特色突出而具有垄断性,风景名胜区一般均以风景游览区为主划分景区,而其他诸如接待区、商业区、外围保护区等辅助区域只是作为功能区存在,不参与景区规划。大多数传统的风景名胜区都采用单一分区模式,如九寨沟风景名胜区划分为树正景区、诺日朗景区、剑岩景区、长海景区、扎如景区,黄果树风景名胜区划分为大瀑布景区、天星景区、滴水滩景区、坝陵河访古景区、石头寨景区、郎弓景区等。

第二,综合分区模式:一般适用于规模较大或功能多样、用地复杂的风景名胜区,是一种与风景名胜区用地结构整合的分区模式。综合分区将模式以往的功能区、景区、保护区等整合并用,景区被分别组织在不同层次和不同类型的用地单元中,可以使景区在整个风景名胜区的结构规模下得到清晰明确的定位。

3.2.2 游赏项目规划

1)游赏项目组织的原则

在风景名胜区中,常常先有良好的风景环境或景源素材,甚至本来就是山水胜地,然后才由此引发多样的游览欣赏活动项目和相应的功能技术设施配备。因此,游赏项目组织是因景产生、富于变化的,景源越丰富,游赏项目越多样。景源特点、用地条件、社会生活需求、功能技术条件和地域文化观念都是影响游赏项目组织的因素。规划时要根据这些因素,遵循保持景观特色并符合相关法规的原则,选择与其协调适宜的游赏活动项目,使活动性质与意境特征相协调,使相关技术设施与景物景观相协调。例如,体育技能运动、宗教礼仪活动、野游休闲和考察探险活动所需的用地条件、环境气氛及其与景源的关系等差异较大,组织这些项目时,既应保证游赏活动能正常进行,又要保持景物景观不受破坏。因此,游赏项目组织应包括项目筛

选、游赏方式、时间和空间、场地和游人活动安排等内容,并遵循以下原则:

①在与景观特色协调、与规划目标一致的基础上,组织经典或具有创意的游赏项目。游赏项目的组织应与风景名胜区景观特色相适应,符合风景名胜区总体性质、开发定位;应对现状条件和资源禀赋进行分析和挖掘,充分考虑时代发展和旅游者不断发展的旅游需求,汲取现代元素,组织丰富多彩而又新颖奇特的游赏项目,增强对游客的吸引力。

②权衡风景资源与环境的承受力,保持风景资源永续利用。在风景名胜区中,最重要的是保护,规划项目要求符合环境和资源保护要求,尤其要重视对自然、历史文化资源及其周围环境的保护。

③符合当地用地条件、经济状况及设施水平。游赏项目的设置要充分考虑当地的用地条件和设施水平,要考虑当地能否承担这样的项目,项目要具有可行性。

风景名胜区多元的游赏活动

④尊重当地文化习俗、生活方式和道德规范。游赏项目的设置要充分考虑当地的文化习俗、生活方式和道德规范,尤其要注意尊重当地的习俗,不破坏当地居民的生活方式,在此前提下某些游赏项目可以加入对当地文化习俗的体验。

2)游赏项目的组织

游赏项目的组织是建立在对用地条件、市场需求及项目相关性的分析基础上的,对项目进行综合考评,最终规划风景名胜区适宜的游赏项目。游赏项目组织时应考虑以下因素:

(1)环境条件分析

环境是游赏活动发生的空间基础,游赏活动与环境的关系是人地系统中的关系之一。地质地貌、水文气象、动植物,以及生态系统的结构与稳定性等都影响游赏活动的选择和开展。为了可持续发展,游赏项目规划必须以保护环境系统稳定为准则。从节约投资与保护环境两方面出发,游赏项目适地性是游赏规划的原则之一。不同的地形坡度、环境条件宜开展不同的游赏活动(表3.3)。

表3.3 游赏活动与环境条件的适应性

项 目	立地依存性			用地条件	气象条件	其 他	备 注
	观光资源	游憩资源	设施				
观光索道	◆		◇	选择适宜地段,避开主体景观	风速15 m/s以下	有眺望条件,不能破坏景观	从严控制,严格审查
观光瞭望塔	◆		◇			有眺望条件	
高尔夫球场			◆	除沙地、湿地、街道、裸地、岩石以外的地表	年可用日200天以上		从严控制,严格审查

续表

项目	立地依存性			用地条件	气象条件	其　他	备　注
	观光资源	游憩资源	设施				
滑雪场	◆	◇		坡度 6%～30%,有草地,积雪 50 cm,有防风树林高差 100～150 m	积雪 1 m 以上有 90～100 天/年	视野良好	风速 15 m/s 以上停止使用
滑冰场	◆	◇		有平坦部分	天然的,冰雪厚度 7 cm 以上,冰面温度 -20～3 ℃,少雨雪		
快艇、汽船、滑水	◆	◇		陆上设施部分坡度 0～5%,水深 3 m,水岸坚固,湾形良好,静水面	潮位:最大 1.5 m 波高:平均最高 0.3 m 潮流:最大约 3.7 m/h 风速:5 m/s		
海水浴场	◆			沙滩坡度 2%～10%,岸线 500 m 以上,岸上有树林,无有害生物	水温 23 ℃ 以上,气温 24 ℃ 以上,多晴日	水质:一般应在 1 000 MPN/100 mL COD:2×10^{-8} 以下,不经常有油膜,能见度不小于 30 cm	
球场、运动场		◆		坡度 5% 以下,平坦,有一定排水坡度	降雪少	植被良好,并有防风树林	绿地多,或公园附近
射箭场	◇	◆		地形富于起伏,坡度 40% 以下			无悬崖
自行车旅行、骑马	◇	◇	◆	坡度最不超过 8%,长距离连续坡度不大于 3%		周围景观及眺望景观良好	基准以下的树林、草地水面变化丰富
观光农业、狩猎		◇	◆	地表较平坦,有森林、草地、果园,不宜在北坡			

续表

项 目	立地依存性			用地条件	气象条件	其 他	备 注
	观光资源	游憩资源	设施				
自然探险	◇			坡度 15% 以下,地表有森林、草地、岩岸等		眺望景观良好	
郊游地	◇		◆	坡度 20% ~ 40%,地表有森林、草地		向阳,有眺望景观,自然环境良好	
野营		◆	◇	坡度 5% 以下,有一定水面,地表有森林、草地等	气候温暖,湿度 80% 以下	眺望景观良好	有给水水源
避暑、疗养		◆	◇	海拔 800 ~ 1 000 m,坡度 20% 以下,地表有森林、草地	8 月气温在 15 ~ 25 ℃		
避寒		◆	◇	坡度 20% 以下,地表有森林、草地、果园等			

注:①◆表示有强依存性;◇表示有依存性。
②资料来源:《观光旅游地区及观光设施的标准调查研究》,1974,日本观光协会,有改动。

(2)游赏需求分析

游赏需求是一个综合概念,包括活动需求、环境需求、体验需求、收获需求和满意需求 5 个方面,满意是终极目标。按照弗洛伊德意识层次理论,潜意识层孕育着人的原始需要与情感,是生命的原动力。它总是按照"快乐原则"去获得满足,决定人的全部有意识的生活。潜意识包括生物性潜意识和社会性潜意识。前者是在长期的自然进化中形成的,决定了人不可能离开自然而生存;后者是人类社会历史文明在人类潜意识中的积淀,表现为人的文化传统、生活方式、文化背景不同,闲暇使用方式不同,而且随着经济社会的不断变化,二者在游赏形态上也有明显的反应。前者决定了人类回归自然的普遍游憩需求,后者使游赏活动、设施和环境具有很大的地域差异性。

游赏需求的把握主要通过调查途径,根据游赏地市场结构的一般特征,对特定的市场进行调查、分析评价和预测需求,一般游赏需求分为 8 类:回归自然;休息放松;增进与亲友的关系;远离人群,享受孤独;强身健体;获得新知识;体验新经验;购物。这些需求可以通过参加某些游赏活动来实现(表 3.4),此外需求还需引导和刺激。

表 3.4　游憩活动与游憩需求之间的一般关系表

游憩需求	游憩活动																
	观赏风景	爬山登高	野营露营	观赏动植物	打高尔夫球	赛马	赛车	游艺活动	自行车越野	打网球、羽毛球	射击狩猎	跳伞	滑水	游泳	漂流	划船	垂钓	饮食购物	探亲访友
回归自然	R	R	R	R							R					R	R		
休息放松	R	R	R	R	R			R						R	R	R	R		
远离人群，享受孤独		R	R					R			R					R			
强身健体		R			R				R	R	R		R	R		R			
获得新知识	R			R				R			R								
体验新体验					R	R	R		R			R	R		R				
饮食购物																		R	R
增进与亲友关系	R	R	R	R		R	R	R				R	R	R	R	R	R	R	R

注：①R 表示相关；空白格表示不直接相关。

②资料来源：吴承照.旅游区游憩活动地域组合研究[J].地理科学,1999,19(5):436-441.

（3）项目相关性分析

同一游赏地可以开展各种游赏活动,各项活动之间的相互关系主要有以下几类：

①连锁关系：一项活动的发生会带动其他活动的发生,如海滨游泳对太阳浴、沙浴的连锁性。

②冲突关系：两项活动在同一空间发生相互冲突,如钓鱼与划船、狩猎与攀岩。

③观赏关系：一项活动成为被观赏的对象引发出另一项活动,如滑雪与风景观赏。

④相互无关：两项活动可以在同一空间发生,互不影响,如钓鱼与散步。

相互冲突的游赏活动不得规划于同一空间。具有连锁关系、观赏关系的游赏活动在规划中应充分利用其空间上的关联性,相互借景,合理布局。在游赏地规划中首先就要根据其功能定位,列出各项游赏活动,分析各项活动之间的相互关系(表3.5)。

表 3.5　水上游憩活动的相互关系示例

活动项目	游泳	钓鱼	划船	游艇	帆板	潜水	滑水	冲浪	水上跳伞	漂流
游泳		C	C	C	C	R	C	C	R	R
钓鱼			C	C	C	C	C	C	C	C
划船				R	C	R	C	N	R	R
游艇					R	R	R	R	R	R

续表

活动项目	游泳	钓鱼	划船	游艇	帆板	潜水	滑水	冲浪	水上跳伞	漂流
帆板						R	R	R	R	N
潜水							R	R	R	N
滑水								R	R	N
冲浪									R	N
水上跳伞										N
漂流										

注:①R 表示兼容(相关);N 表示无关;C 表示冲突(不兼容)。
　　②资料来源:吴承照. 旅游区游憩活动地域组合研究[J]. 地理科学,1999,19(5):436-441.

3)游赏项目的类型

在以上分析的基础上,可在表 3.6 中择优选取游赏项目。表中所列的活动,包括"古今中外"适宜在风景名胜区内"因地因时因景制宜"安排的主要项目类别,以利于择优组织。

表 3.6 游赏项目类别表

游赏类别	游赏项目
1. 审美欣赏	①览胜;②摄影;③写生;④寻幽;⑤访古;⑥寄情;⑦鉴赏;⑧品评;⑨写作;⑩创作
2. 野外游憩	①消闲散步;②郊游;③徒步野游;④登山攀岩;⑤野营露营;⑥探胜探险;⑦自驾游;⑧空中游;⑨骑驭
3. 科技教育	①考察;②观测研究;③科普;④学习教育;⑤采集;⑥寻根回归;⑦文博展览;⑧纪念;⑨宣传
4. 文化体验	①民俗生活;②特色文化;③节庆活动;④宗教礼仪;⑤劳作体验;⑥社交聚会
5. 娱乐休闲	①游戏娱乐;②拓展训练;③演艺;④水上水下活动;⑤垂钓;⑥冰雪活动;⑦沙地活动;⑧草地活动
6. 户外运动	①健身;②体育运动;③特色赛事;④其他体智技能运动
7. 康体度假	①避暑;②避寒;③休养;④疗养;⑤温泉浴;⑥海水浴;⑦泥沙浴;⑧日光浴;⑨空气浴;⑩森林浴
8. 其他	①情景演绎;②歌舞互动;③购物商贸

注:资料来自《风景名胜区总体规划标准》(GB/T 50298—2018)。

3.2.3　游人容量分析与调控

1)游人容量的概念体系

游人容量的研究是风景名胜区规划建设和管理中一个非常重要的问题。对于风景名胜区来说,过多的游客会产生大量的垃圾、污染物,直接影响景区的自然生态环境;游客的践踏、攀折等行为会使植被遭受破坏、土壤发生变化、野生动物生存受到干扰;无论是自然景区还是人文景区,风景资源在一定时间内能够接纳的游客数是有限的,超过一定限度,就会产生拥挤等影响游客兴致的问题;旅游地的住宿、饮食、交通等往往会制约到达的游客数量;由于游客给旅游地带来经济利益的同时,往往也干扰了当地的正常生活,游客过多时,当地居民可能会对旅游业的发展由欢迎转变为抵制。因此,控制游人容量、加强景观资源保护,是风景名胜区可持续发展和游人获得良好旅游体验的重要途径。

游人容量是指在保持景观稳定性、保障游人游赏质量和舒适安全,以及合理利用资源的限度内,单位时间、一定规划单元内所允许容纳的游人数量,是限制某时、某地游人过量积聚的警戒值。

游人容量涉及生态、经济、社会等诸多方面,常分为空间容量、设施容量、生态容量、社会容量等,具体见表3.7。

表 3.7　游人容量概念体系一览表

游人容量	空间容量	可游览区域在空间上对旅游及其相关活动的承受能力
		可游览线路在空间上对旅游及其相关活动的承受能力
		必须游览的景区景点在空间上对旅游及其相关活动的承受能力
	设施容量	市政基础设施容量
		供水设施对旅游及其相关活动的承受能力
		排水设施对旅游及其相关活动的承受能力
		供电设施对旅游及其相关活动的承受能力
		供气设施对旅游及其相关活动的承受能力
		通信设施对旅游及其相关活动的承受能力
		道路交通设施容量
		道路、停车场及机场、码头等对旅游及其相关活动的承载力
		旅游服务设施容量
		住宿设施对旅游及其相关活动的承受能力
		商业、服务业对旅游及其相关活动的承受能力
		文体、娱乐设施对旅游及其相关活动的承受能力
		其他服务设施对旅游及其相关活动的承受能力
	生态容量	水质及大气质量对旅游及其相关活动的承受能力
		土壤、生物等对旅游及其相关活动的承受能力
		旅游及其相关活动对滑坡、泥石流等自然灾害产生的影响的承受能力
		景观生态格局对旅游及其相关活动的承受能力
		自然景观资源对旅游及其相关活动的承受能力
	社会容量	人文环境容量
		文化习俗、人文景观等对旅游及其相关活动的承受能力
		经济环境容量
		就业及经济背景对旅游及其相关活动的承受能力
		心理环境容量
		游客审美体验对旅游及其相关活动的承受能力
		当地居民对环境及生活方式改变的承受能力
		管理环境容量
		风景名胜区管理水平对旅游及其相关活动的承受能力

2)游人容量的量测

（1）空间容量

空间容量是指在保持景观稳定性、保障游人游赏质量和舒适安全，以及合理利用资源的限度内，一定空间和时间范围内所能容纳游客的数量。日容量计算方法包括面积测算法、游道计算法和卡口法（瓶颈容量法）3种。

①面积测算法：以每个游人所占平均游览面积计。

面积测算法适用于景区面积小、游人可以进入景区每个角落进行游览情况下的环境容量计算。其公式为

$$C_{面} = \frac{S}{E} \times P$$

式中　$C_{面}$——用面积测算法计算的环境日容量，人；

　　　S——风景名胜区面积，m^2；

　　　E——单位规模指标，$m^2/$人；

　　　P——周转率，即公园每日接待游客的批数，$P = T/t$，其中，T为每日游览开放时间，h；t为游人平均逗留的时间，h。

风景名胜区面积有3种计算可能：一是以整个风景名胜区面积来计算，适用于风景体系规划和范围内各景区战略或概念规划；二是以"可游面积"计算，但"可游面积"难以准确确定，有一定主观成分，并且与其他专项规划难以衔接，可用性不强；三是以景点景区面积计算，适用于规划的各个层次，并可以同各专项规划协调，适应性较强。

单位规模指标是指在风景游览的同一时间内，每个游人活动所必需的最小面积，一般为$m^2/$人。因为这个指标的确定有较大的经验成分，所以应具体问题具体分析。同时，指标也是一个综合变量，受游览心理因素、生态环境因素、功能技术因素等多方面的影响。

《风景名胜区总体规划标准》（GB/T 50298—2018）中的风景名胜区游览空间标准为：

● 主要景点：50～100 $m^2/$人；

● 一般景点：100～400 $m^2/$人；

● 浴场海滩：10～20 $m^2/$人（海拔0～−2 m以内水面）；

● 浴场沙滩：5～10 $m^2/$人（海拔0～−2 m以内沙滩）。

②游道计算法：适用于地势险要、游人只能沿山路游览的情况下的环境容量计算。有两种类型：

完全游道计算法：完全游道是指进出口不在同一位置上，游人游览不走回头路。

$$C = \frac{A}{B} \times D$$

式中　C——环境日容量，人次；

　　　A——游道全长，m；

　　　B——游客占用合理的游道长度，m；

　　　D——周转率，即景区每日接待游客的批数。

不完全游道计算方法：不完全游道是指进出口在同一位置的游道。

$$C = \frac{A}{\left(B + B \times \dfrac{E}{F}\right) \times D}$$

式中　C——不完全游道计算的环境日容量,人次;

　　　A——游道全长,m;

　　　B——游客占用合理的游道长度,m;

　　　E——沿游道返回所需的时间,min;

　　　F——完全游道所需的时间,min;

　　　D——周转率。

用此式计算时,以 min 为单位,不足 30 s 舍去,大于 30 s 算作 1 min。

③卡口法(瓶颈容量法):此方法适用于坐竹筏或坐轿等条件下计算的环境日容量。例如,武夷山风景名胜区的九曲溪景区已成为游人必去之处,在溪上泛筏也成为游人必然尝试的项目。但乘筏受到河道、气候等条件限制,其容量是有限的。于是乘筏就成为一个卡口的因素,全山的容纳游人量要受其制约。

卡口法的公式如下:

$$C_卡 = \frac{L}{S} \times P$$

式中　$C_卡$——瞬时可容人数,人;

　　　L——游览路线长度,m;

　　　S——安全距离,m;

　　　P——乘坐人数,人。

(2)设施容量

设施容量包括供水、供电、交通运输等基础设施容量,以及住宿、商业、文化娱乐等旅游设施容量。

①旅游设施容量=旅游设施数(如床位数)÷使用率。

②基础设施容量=基础设施数÷每人标准。

③设施总容量=某种瓶颈设施容量。

设施容量用于管理或规划用途时,一般不将其作为确定游人容量的主要制约性因素,因为设施容量弹性大,易于建设,消除瓶颈的难度小,而且季节性变化也较大。例如,大多数旅游区在旺季时严重超载运行,而淡季时又严重弱载,这种情况可通过临时设施等手段进行调整。

(3)生态容量

生态容量是指在一定时间内风景名胜区的生态环境不致退化或短时自行恢复的前提下,可容纳的游人量。

①生态容量的量测方法。该测量常采用以下 3 种方法:

●事实分析法。在旅游活动与环境影响已达平衡的景区,选择不同游客量产生的压力调查其容量,所得数据用于测算相似地区游人量。

●模拟实验法。模拟不同的人工破坏强度,观察其对生态的影响程度,根据模拟实验结果测算相似地区游人量。

●长期监测法。从旅游活动开始阶段做长期调查,分析使用强度逐年增加所引起的改变,

或在游客压力突增时,随时做短期调查,所得数据用于测算相似地区游人量。

②生态容量的计算公式。依靠生态环境的自我恢复能力,生态环境对旅游活动能承受一定压力,以此可以计算风景名胜区的生态容量:生态容量=风景名胜区生态分区面积÷生态指标。

生态指标的确定是一个复杂的问题,往往通过多年的观察实验得到,由于生态环境不同,观察实验时间、方法也不同,因此所得数据会有差距。《风景名胜区总体规划标准》(GB/T 50298—2018)收集了游憩用地的一些生态容量经验指标,可供计算时参考(表3.8)。

表3.8　游憩用地生态容量

用地类型	允许游人量和用地指标		用地类型	允许游人量和用地指标	
	人/hm²	m²/人		人/hm²	m²/人
1.针叶林地	2~3	5000~3 300	6.城镇公园	30~200	330~50
2.阔叶林地	4~8	2 500~1 250	7.专用浴场	<500	>20
3.森林公园	<15~20	>660~500	8.浴场海域	1000~2 000	20~10
4.疏林草地	20~25	500~400	9.浴场沙滩	1 000~2 000	10~5
5.草地公园	<70	>140			

注:资料来自《风景名胜区总体规划标准》(GB/T 50298—2018)。

净化能力公式为

$$生态容量=\frac{自然环境能够吸纳的污染物之和+人工处理掉的污染物质之和}{游客每人每天产生的污染物}$$

同生态指标一样,自然环境能够吸纳的污染物数量的确定也是一个比较复杂的问题,往往通过多年的观察实验得来,观察实验时间、方法不同,数据也会有差距,并且随着时间、季节等外界因素的变化,这个数据也会出现较大的变化。人工处理掉的污染物质主要是指固体垃圾处理设施、污水处理设施对固体垃圾、污水等的处理能力,这个数据相对而言容易确定。

(4)社会容量

社会容量是指旅游者和当地居民所能承受的因旅游业带来的环境、文化、社会经济影响的程度。

社会容量涉及旅游者、当地居民两类人群,这两类人群的社会背景、旅游动机、生活习惯、行为类型、个人喜好等都会对游人容量产生影响,而旅游者和当地居民在这些方面都存在着个性差异,因此,社会容量难以量化和建立函数对应关系。

目前国内外对社会容量的研究应用最广的方法是问卷调查法,该方法是了解游客满意度、当地居民对旅游活动接受度的有效方法,问卷中的指标选择是实际应用的最大难点。

在下列情况下,风景名胜区社会容量会有所增大:风景名胜区开发的成熟度提高;人群的种族形态接近;风景名胜区用途单一;服务设施质量提高;环境自我恢复能力强;植被覆盖度高。

(5)游人容量的确定

由上所述,游人容量的计算,由于出发点不同、计算方法不同,得出的容量值势必会产生差异,以哪个值作为风景名胜区游人容量的阈值则需要采用综合分析的方法。

测算游人容量的极限值重点应考虑空间容量和设施容量,测算最佳值则应重点考虑社会容量。与此同时,也要注意生态容量和旅游社区的极限和最佳的经济效益。

综合游人容量的阈值表现为:超出上限,造成"超载负荷";低于下限,会造成相关资源的浪费和闲置。一般来说,下限为经济效益,不得低于旅游开发的门槛容量,上限为环境效益,不能大于生态容量。

3)游人容量的管理

(1)国外的管理探索

游人容量的研究不仅需要探讨相关的概念及阈值,同样重要的是管理理念的改变。国外在国家公园和自然保护区的管理中尝试了一些成功的管理模式,其中具有代表性的是 Stankey 等人于 1984 年提出的 LAC 理论(Limits of Acceptable Change,可接受的改变极限理论)。

LAC 理论的研究重点和基本假设是:只要有游憩使用,就有游憩冲击的存在,自然会产生环境改变和社会改变,这是不可避免的。即使经营者希望将整个地区保持其原始状态,而事实是一旦该地区开发使用,资源状况就开始改变,关键是改变在什么范围内才是可以被接受的。

LAC 理论最大的进步在于,环境容量体系不再被看成科学理论本身,而是在科学理论支持下的一系列管理工具。环境容量控制指标追求的"数字极限"虽是必需的,但不再是唯一标准,而是融合了生态、游客、社区、管理者等各种利益相关者的利益诉求之后形成的一套指标体系。容量管理的核心已经转移为设计出一些具体的行动和措施,引入完善的公众参与机制,通过检测并控制某些关键指标,实现自然资源的可持续利用。

LAC 的 9 个步骤为:

①确定规划地区的课题与关注点。

②界定并描述旅游机会种类。

③选择有关资源状况和社会状况的监测指标。

④调查现状资源状况和社会状况。

⑤确定每一个旅游机会类别的资源状况标准和社会状况标准。

⑥根据步骤①所确定的课题、关注点和步骤④所确定的现状,制订旅游机会类别替选方案。

⑦为每一个替选方案制订管理行动计划。

⑧评价替选方案并选出一个最佳方案。

⑨实施行动计划并监测资源与社会状况。

LAC 理论的诞生,带来了国家公园与保护区规划和管理方面革命性的变革,美国国家公园管理局(National Park Service,NPS)根据 LAC 理论的基本框架,制订了"游客体验与资源保护"技术方法(Visitor Experience and Resource Protection,VERP);美国国家公园管理局制订了"游客影响管理"的方法(Visitor Impact Management,VIM);加拿大公园管理局制订了"游客活动管理规划"方法(Visitor Activity Management Plan,VAMP);澳大利亚制订了"旅游管理最佳模型"(Tourism Optimization Management Model,TOMM)。这些技术方法和模型在上述国家的规划和管理实践中,尤其是在解决资源保护和旅游利用之间的矛盾上取得了很大的成功。

(2)国内游人容量的调控

国内游人容量的调控常采用以下 3 种方法:

①游客调控。

a.游客数量与时空分布调控。旅游活动具有明显的季节性和地域差异性,不同类型、不同级别、不同区位旅游地之间的游客数量差异往往十分显著;同一旅游地在一年中不同的季节,一天中的不同时段游客数量的差异也十分明显,这是旅游环境容量超载问题的最主要直接原因。为此,常用的调控方法为:利用价格杠杆调节,即通过对旅游景点的门票价格实行浮动制度,旅行社旅游路线的价格变动,以抑制旅游旺季的旅游需求,刺激旅游淡季的旅游消费,让价格杠杆发挥其在市场经济中应有的职能,同时考虑在拥挤或生态脆弱地区单独售票,提高日内高峰时刻的价位或降低客流低谷时期的票价等措施。

b.实行灵活的休假制度。推行"弹性假期制度",改善"十一"、春节等黄金周期间人们纷纷外出,人满为患的局面。

②旅游活动管理:严格控制游客活动强度,建立并完善景区内部的疏散机制;通过对游客的进出数量进行动态监控,对景区内的瞬时容量进行控制,并相应采取控制措施,如设计不同的游览活动线路(从不同出入口进出、调节旅游活动的内容顺序)、控制游客分时段进入景区、延长开放时间、加大可能导致高峰期的班车时间间隔、开辟新的景区景点、减少热点景区游人的停留时间等。

③环境调控:人工环境调控,即通过增加旅游设施、提高废弃物、污水处理能力、改善交通条件等措施,提高游人容量。自然环境调控,即通过对空间结构、生态系统的改造,提高游人容量,如按时封闭景区让生态自然恢复、提高森林覆盖率、丰富生物多样性、提高生态系统自净能力等。

3.2.4　游线组织与游程规划

1)游线组织规划

风景资源的感染力要通过游人进入其中直接感受才能获得。要使人们对风景名胜区有一个完整而有节奏的游赏效果,精心组织游览路线和游程是非常必要的。游览线路的盲目和随便颠倒,会使具有强烈时间艺术效果的观赏失败。在游线上,游人对景象的感受和体验主要表现在人的直观能力、感觉能力、想象能力等景感类型的变换过程中。

(1)游线组织的主要功能

①将各景区、景点、景物等相互串联成完整的风景游览体系。

②引导游人至最佳观赏点和观景面。

③组织游览程序——入景、展开、酝酿、高潮、尾声。

④构成景象的时空艺术。

规划中常要调动各种手段来突出景象高潮和主题区段的感染力,如空间上的层层进深、穿插贯通,景象上的主次景设置、借景配置,时间速度上的景点疏密、节奏展现,景感上的色彩与明暗、比拟与联想,手法上的掩藏与显露、呼应与衬托等。

(2)游线规划的主要内容

游赏规划应能使各个景区以自己独特的魅力而存在。同时通过游览路线的串联又可以极大地发挥各个景观的"潜力",充分展现每个景点的特点。组织游览的原则应是旅行的途中方便、迅速,景区要丰富迷人,使人从容观赏。为此,游线组织应依据景观特征、游赏方式、游人结构、游人体力与游兴规律等因素,精心组织主要游线和多种专项游线,并应包括下列内容:

①游线的级别、类型、长度、容量和序列结构。

②不同游线的特点差异和多种游线间的关系。

③游线与游路及交通的关系。

景区划分和游览路线的组织中,好的规划应使各个景区能以自己独特的魅力而存在。同时游览路线又最大限度地发挥原有景观的"潜力",使每个景点的作用和价值都得到显示。

(3)游线规划应考虑的因素

游线规划时应考虑以下因素:旅游流的影响,地形、地貌等条件的影响,资源保护的影响,景观特色的影响等。

在游线上,游人对景象的感受和体验主要表现在人的直观能力、感觉能力、想象能力等景感类型的变换过程中。因而,风景名胜区游线组织,实质上是景象空间展示、时间速度进程、景感类型转换的艺术综合。游线安排既能创造高于景象实体的诗画境界,也可能损伤景象实体所应有的风景效果,因此必须精心组织。在具体的游线组织中,根据游赏特点和方式的不同,可划分出下列几种方式:

①根据交通类型,可分为步行游线、车行游线、水上游线等常规游线,条件成熟后甚至还可以有潜艇游览、直升机游览等路线。

②根据游赏范围,可分为景点游线、景区游线。

③根据游线形式,可分为环形游线、尽端式游线和单程游线。

④根据游线沿途主要经过的景点、景区的景观类型,可分为以自然景观为主的游线、人文景观为主的游线、人文与自然景观结合的游线等,甚至还可根据该风景区内的特有的文化或者自然景观的类型细分为地质景观线游、生态观光游、佛教朝圣游、运动休养游等。

⑤特色游线,根据当地的文化风俗特点、历代名人的遗迹或者名画、诗词歌赋中所描述的景色组织特色游线。但是需要注意的是,考虑到游人会存在景感疲劳,游线的组织应具有综合性,各游线之间可以适当地交叉或并行。

对于游客而言,"意犹未尽"和"应接不暇"都不是最好的,在进行游线组织时一定要考虑游客游兴的承受力。具体来说需注意:游线的趣味性要丰富,游线中的信息量要有一定控制,并且要安排得有"情节"(即有叙事性),起承转折、跌宕起伏;游线的长度要控制,特别是步行的游线长度最好控制在 1 km 左右,以 4 km 为限。

【案例3.1】仙都风景名胜区游线规划

仙都风景名胜区位于浙江省丽水市。其自然景观多分布于练溪两岸,九曲练溪贯穿了 4 个景区和 1 个入口区,自然形成了带状串珠状结构。游线总体规划顺其自然,充分加强和发展练溪在总体布局中的主轴线作用,将山、水、田园风光融为一体,组成一条完整的"九曲练溪,十里画廊"风景游览线。风景名胜区由序景—前景—主景—结景构成,即起、承、转、合四节奏。周村为入口序景区,是游览的前奏,规划以大范围的树林、水面与外界分隔,形成环境过渡,并以饕城山、姑妇岩、松州、柳州为标志,初步呈现风景名胜区的风貌特色,引人入胜。第二层次为前景区,规划将小赤壁、倪翁洞两个相衔接的景区,以精细而又多彩的自然和人文景观有节奏地连续展开,逐步引发游兴。第三层次为鼎湖峰主景区,是游览的高潮处,景观以等级高、规模大、游览活动内容多的特点,得到游人的赞赏并激发出高亢的游兴。第四层次为和缓的结尾,芙蓉峡景区如后花园,有诸多形若鸟兽的奇巧岩石,形成繁花似锦、"百兽"齐舞的奇妙景象,穿梭的游道,荡漾的游船,令人迷恋和陶醉(图3.2)。

图 3.2 仙都风景名胜区总体规划图(图片来源:互联网)

2)游程规划

游程安排,是由游览时间、游览距离、游览欣赏内容所限定的。在游程中,一日游因当日往返不需住宿,所需配套设施自然十分简单;两日以上的游程就需要住宿,由此需要相应配套设施。

因此,游程安排受游赏内容、游览时间、游览距离限定。游程的确定宜符合下列规定:一日游:不需住宿,当日往返;二日游:住宿一夜;多日游:住宿两夜以上。

以往的游览日程安排主要侧重在时间的限定上,主要是为了与游线结合,然而却与游客主体的影响要素脱节,在实施过程中导致游览日程往往流于形式。因为在真正游览的过程中,游客往往不会按照安排的游览日程进行游赏,而那些按照游览日程安排的游览也存在较多问题,通常游客在还没有充分体验游赏经历时就结束了游览,或者是在刚开始游赏某一景区时因前面的大量游赏活动导致了游赏疲劳进而没有足够的精力充分体验接下来的游赏。造成这些问题的最主要因素就是时间的安排与游览信息量的接收之间的矛盾没有处理好。通过对游客一系列的调查和访谈可以发现,在通常情况下,游客在刚接触到景观信息时出于好奇和期待的心理,对信息的接收量是随时间的增长而增加的,此时对游客来说,安排更多的停留时间会更利于景观信息的增加。然而这个过程也并不是持续的,通常会到达一个极值,此后游客就会出现审美疲劳、身体疲劳等现象,从而影响信息量的接收,这时游客对信息量的接收就与停留时间成反比。

此外,除了需要根据游客的生理条件和心理因素进行游览日程的安排,还需要根据景观的特殊性来安排游览的时间。例如,一些瞬时性气象景观就需要根据景观展示时间的特殊性来安排游览日程,从而增加游赏的趣味性和丰富性。而对一些偏向于度假疗养的风景名胜区,则可以再单独地考虑长时间的游览日程,让游客在放松中游览。在具体的风景游赏规划中,游览日程的安排可以根据游客的类型、景区特点等各种因素进行分类安排。

3)旅游方式的选择

游览方式以最好地发挥景物特点为主,并结合游赏要求来统筹考虑。游赏方式可以是静赏、动观、登山、涉水、探洞,可以是步行、乘车、坐船、骑马等,可空游、陆游、水游或地下游览。游览方式的规划应针对户外游赏环境,通过对游客需求的分析、经营管理者的判断和公众的参与,营造适当的游赏环境,建立一系列的游赏机会,以使游客追求到所期望的体验。

游赏方式选择的不同或者选择不当,都会影响游人的游赏体验。综合起来,风景名胜区的游赏方式可归纳为以下 4 种。

①空游:空游可乘直升机或缆车游览,主要用于一些大型风景名胜区,具有在地面游览时难以达到各种视觉奇观效果。登空俯视远观,气势磅礴,蔚为壮观。

②陆游:陆游可乘车或步行。它既是很好的户外活动,又经济简便。游者置身于各种景象环境中,在游览的同时,也可进行文娱活动,了解风土人情。陆游形式较为自由,适应性强,接收的信息量也大。陆游通常是景区内的主要游览方式。

③水游:水游利用自然或人工水体,乘船游览。人在水面上,视点低而视野开阔,碧波倒影,景物成双,空间加倍,这是其他游览方式享受不到的。

④地下游览:在一些岩溶地段,可利用天然溶洞进行地下游览,溶洞中石笋林立,怪石嶙峋,加上灯光的烘托,意境丰满;也可利用地下人防工事设立地下游乐场、地下公园等。有条件的海滨风景名胜区也可在水下设立游览项目,组织潜水活动等。

思考题

1.风景名胜区保护规划包括哪些内容?

2.结合具体案例,试述风景名胜区分类保护及分级保护的具体方法。

3.风景名胜区游赏项目规划的功能有哪些? 规划时应考虑哪些因素?

4.在风景游赏规划中,为何要进行游线规划? 规划内容应包括哪些?

5.以某一风景区为例,对其旅游容量及其调控进行分析研究,在此基础上完成 3 000 字以上的研究论文。

参考文献

[1] 李金路. 风景名胜区是最具中国特色的自然保护地[J]. 中国园林, 2019, 35(3):21-24.

[2] 王国玉, 白伟岚. 风景名胜区生态敏感性评价研究与实践进展[J]. 中国园林, 2019, 35(2):87-91.

[3] 刘东榕. 湖泊型风景名胜区风景资源调查、评价与保护研究[D]. 泰安:山东农业大学, 2017.

[4] 赵烨, 高翅. 英国国家公园风景特质评价体系及其启示[J]. 中国园林, 2018, 34(7): 29-35.

[5] 刘敏. 泰山风景名胜区景观资源评价和景观营造研究[D]. 泰安:山东农业大学, 2012.

[6] 张沛, 徐云龙, 杨露. 风景名胜区总体规划实施评估指标体系建构初探[J]. 建筑与文化, 2017(2):93-95.

[7] 许克福. 风景名胜区规划课程创新教学研究[J]. 安徽农业科学, 2019, 47(10):280-282.

[8] 杨锐. 国家公园与自然保护地研究[M]. 北京:中国建筑工业出版社, 2015.

[9] 李文, 吴妍. 风景区规划[M]. 北京:中国林业出版社, 2018.

4 典型景观与景点规划

本章导读 本章主要介绍各个典型景观类型的构成以及规划说明,包括山地、高原、森林、河川、湖沼、海岸、田园等典型景观。在自然地理学、地质学、地貌学、植物学、水文学、气象学等学科的支持下,从人工对自然干扰影响的方面去分析典型景观的形成要素、原因以及保护难点,获取典型景观如何进行保护的科学依据,从利用和保护两个视点进行发展规划上的平衡。

4.1 概念和意义

4.1.1 典型景观

典型景观规划是结合特色景观进行植物、水体、地质、建筑、史迹等典型景观的规划。什么是典型景观呢?

典型意味着有代表性、有特色。中华人民共和国住房和城乡建设部、国家市场监督管理总局联合发布了《风景名胜区总体规划标准》(GB/T 50298—2018),废止原《风景名胜区规划规范》(GB 50298—1999)。新标准自 2019 年 3 月 1 日起实施,下面简称《标准》。其中第 5 章游赏规划含 5.2 节典型景观规划。《标准》中指出:可以引起视觉感受的某种景象,或一定区域内具有特征的景象为景观。典型景观是最能代表风景名胜区景观特征和价值的风景资源。所以典型景观就是该区域有代表性的景观,在风景名胜区中是较为突出的有特色的风景,如黄山的奇峰怪石与云海的风景,或桂林的奇峰与漓江的风景,或者是敦煌鸣沙山的沙丘和大漠的风景。

典型景观的构成特征如下:

①能够提供给旅游者较多的美感种类以及较强的美感强度,富有明显的特征。

②自身所具有深厚的文化内涵,能深刻地体现出某种文化的特征和精髓。

③在大自然变迁或人类科学文化发展中具有科学研究价值、历史文化价值等。

4.1.2　景　点

《标准》指出:景点是由若干相互关联的景物所构成的,具有相对的独立性和完整性,并具有审美特征的基本境域单位。通俗地讲,典型景点就是该风景区中具有突出意义的、有特色的、有代表性的一处景观。景点通常同旅游景点的含义相当,具有游赏性。

4.1.3　典型景观与景点的规划意义

典型景观与景点性质是风景名胜区性质的决定因素,是风景名胜区的重要组成部分。所以首先典型景观与景点的保护是很重要的,规划是为了更好地保护,使景观在利用中不被破坏,可以更长期而持续地利用。

典型景观规划需要按其显现的规律和景观特征规划出相应的赏景点(或称观景点)。规划的意义《标准》的要求中有体现,如《标准》所要求的有(摘录自标准):

第5.2.1条　典型景观规划应包括:典型景观的特征与作用分析(风景的构成);规划原则与目标;规划内容、项目、设施与组织(规划);典型景观与风景名胜区整体的关系等内容。

第5.2.2条　典型景观规划必须保护景观本体、景观空间及其环境,保持典型景观的稳定与永续利用;应充分挖掘与合理利用典型景观的特征及价值,彰显特色,组织适宜的游赏项目与活动;应妥善处理典型景观与其他景观的关系。

典型景观以及景点规划必须给出典型景观以及景点构成上的特殊要求,保证典型景观只是被游人所欣赏而不是被破坏。

下面就一些典型的景观(风景)来解剖其景观构成,进一步分析要素的特点,详细说明规划的原则。

4.2　典型景观的构成(即风景的构成)

风景是可视的现象主体,虽然同个人的感觉和经验息息相关,但不限于在欣赏风景和保护风景方面,或者是在对风景进行附加上的操作方面。对风景实行规划时,对风景构成的考察变得很重要,包括其中最具有影响力的要素,以及对要素之间相互关系的分析。

景观包括近景、中景、远景。景点从这个意义上说,是指游人到达某一点,此处具有相对独立的审美特征,则这个点可称为景点。这里的景点可以是观景点,可以是被观点,景点的区域范围大小比较难确定,可能是一个较小的洞窟,可能是一块突出的飞岩,也可能是一个相对范围较大的山谷,或者是观赏广阔大海的海岸线。

风景资源也称景源、景观资源、风景名胜资源、风景旅游资源,是指能引起审美与欣赏活动,可以作为风景游览对象和风景开发利用的事物与因素的总称。它是构成风景环境的基本要素,是风景名胜区产生环境效益、社会效益、经济效益的物质基础。

景物是指具有独立欣赏价值的风景素材的个体,是风景名胜区构景的基本单元。

景观是指可以引起视觉感受的某种景象,或一定区域内具有特征的景象。

景点是由若干相互关联的景物所构成,具有相对独立性和完整性,并具有审美特征的基本境域单位。

景群是由若干相关景点所构成的景点群落或群体。

4.3　典型景观规划的详细说明

典型景观可分为典型自然景观和典型人文景观两大类。这里主要讨论山地、高原、森林、河川、湖沼、海岸、田园等典型景观的构成和规划。

4.3.1　山地景观

对山岳风景进行规划时,要注意以下 3 点:眺望的位置;植被的保护处理;利用设施的安放位置。但这并不是山岳风景独有的规划思路,几乎所有的风景名胜区都合适。

1)眺望地点的设定

根据眺望点位置的不同,眺望山岳得到的感受是不一样的,要考虑眺望点与山的距离、所处高度、眺望方向。正如古诗所说"横看成岭侧成峰,远近高低各不同"。

要得到山岳景观的全貌,要有一定的距离。从眺望点到眺望对象,如果有连续的可以接近的构造,可以让人有一种亲近感,但如果是被深谷等隔断,那么亲近感会消失。如果对象覆盖雪体,其环境同身处之眺望点有很大不同,则可产生一种不可接近的崇高感。如果山体合在一起(如从山中向山顶眺望),山岳风景的高度降低,山体表现为大块的块垒,有时还会产生强烈的压迫感。

2)植被的保护处理

对于山岳风景来说,在容易受到破坏的湿原地带和山棱地带的操作一定要谨慎。因为山棱地带气候严峻,植被生长扎根困难的地区很多;而湿原的植被群特别弱小,如有人踏入这样微小的影响都可能使湿原裸地化。这些很难再生的具有重要价值的植被地,也非常影响风景的价值,所以从风景保护的角度来说,自然的管理育成是非常必要的。

3)设施和风景的协调

(1)配置和设计

山岳中规划的观光休闲设施,应作为风景的构成要素,是风景规划的重要对象。在自然性很高的地域设置设施,基本原则是应尽量选择在醒目的场地构建。利用基地的开发方式主要有两种:设置集中的大基地和分散的小基地。在利用基地内的建筑物或者其他设施时应尽量紧凑。每个设计都应详细讨论形体、色彩、规模等不同环境以及风景的协调性。

(2)回避灾害

在山岳风景名胜区中,滑坡、泥石流、雪崩、山崩等不可预见的灾害时有发生,有必要在规

划期间进行预测,可以根据地形、植被的状况进行一定程度的预测。地形破碎的地段,说明曾多发山崩等灾害。如坡面植被,特别是阳坡的植被范围有的地方出现了裸地,那就可能是发生过地质灾害。在山岳陡峭地区修建公路,有可能引发山体滑坡。

4.3.2　高原风景

　　高原风景与现代风景具有一致性,可以展开很积极的休闲活动。高原风景区可开发青少年喜爱的旅游活动,如登山、探险、滑雪等。高原风景中这些游览设施非常引人注目,在风景规划中,相关设施的设计要成为重要的讨论内容。设施的设置同其他风景规划一样,对于自然性很高的风景,展望地点应尽量设置在不显眼的地方。

　　如果难以避免人工的痕迹,则可将设施设计得引人注目,可以给风景以活力,而且也给人以引导。在平坦的地方设置设施比较难以得到安定感,最好是在小丘或者是有岩石可以依靠的地点设置立脚点。但是游客中心的设置,要考虑可眺望景色的位置,如日本那须高原游客中心(图4.1)。

　　瓦屋山服务区也是一个典型的案例。瓦屋山服务区是位于四川省瓦屋山山腰的一处独特的旅游服务区,以其2 800~3 000 m的海拔高度成为高原上的一道亮丽风景线。服务区设置在这样的海拔高度,让游客能够在相对舒适的环境中休息,同时也能帮助游客在短时间内适应高原环境,减小高原反应对旅游体验的影响。此外,瓦屋山服务区还提供了一些特别的旅游体验,如冬季的冰雪嘉年华活动,让游客在享受自然风光的同时感受冰雪带来的乐趣。

图4.1　日本那须高原游客中心

图4.2　瓦屋山服务区

4.3.3　森林风景

　　森林风景按不同的林带进行不同的规划施工,如除病虫害、灾害防治等。可用以下方法来区分林带:

　　①特别优秀的景观,或者对形成景观具有重要作用的地带。

　　②从重要的眺望地点眺望对象的地带。在风景的构造上,需要注意区分近景、中景及远景。

　　③从主要观光道路的沿线(如林道、机动车道、游步道)区分。

④特别容易看到天际线的地区,或者是作为地域标志的树林、树丛和周边。

⑤在海拔及地质原因上,人工造林比较困难,要作为保护林地保存的地区。

⑥水景的周围,观光设施基地及其周边、林内的休闲活动场地。

⑦其他自然恢复、重点保护的地方。

⑧有学术价值的地方,如保护群落、种类、自然植被推移以及分布上有重要意义的地方。

4.3.4 河川风景(瀑布)

①沿岸的保护和利用。尽量让河川是公共的,而不被某些饭店、宾馆占领观赏动线。可将河川所在的公共地区规划成公园或者绿地,让一般的观光游览者也能欣赏河川的风景。

②河川附近车道和人行道分别设置,应注意亲水性。

③各种水利设施的景观要从一体的设计上加以考虑。

④河川的净化和维护风景的质量。河岸民居及观光设施排出的污水,必须严禁直接向河川排放。如果因为大坝而使水量变小,则要择时进行观光放流。

黄果树风景
名胜区

⑤瀑布的处理。一般来说瀑布是风景的一个高潮点。眺望瀑布一般在其高度的 1.5～2 倍的地方;就近处,则不能观赏到瀑布的全部。所以对待这样高度的物体要注意整体观看和就近观赏的效果不一样。如加拿大的尼亚加拉瀑布的就近观赏平台在瀑布的水帘下部位置,这是通过挖出的岩石内部的通道才可以到达的位置;在高远处另有观赏瀑布的长长的山脊平台。

4.3.5 湖沼风景

在湖泊风景规划中,要注意以下几个方面:

①静为主调的风景的调和:山中的湖泊,山形倒映在湖中,成为静寂的风景。对于这样的湖泊景观,尽量不要举办喧闹的休闲活动。

②亲水空间的保护:尽可能地不让企业单位独占湖岸的空间,而让更多的人可以亲水,欣赏湖泊的风景。

③水质和水边空间的保护:对湖岸城市及其工业的污染排放要作严格的限制和规定。而湖边的林地、草地、湿地等也要作为保护地区划分出来。特别是人工的水库性的湖泊,在水位调节时因为水位过多降低而露出没有植被的湖岸,非常影响湖泊的风景。在这方面应拿出合适的研究对策。

4.3.6 海岸风景

在海岸风景规划中,首先要注意的是目前海岸风景较之前的自然状态已经有了极大的变化,人工化很严重。

既存植被的保护保育很重要。海岸的气候条件和土地条件育成新的植被比较困难,因为海岸开发损坏严重,且通常都是以牺牲海岸林为代价的。而海滨游憩活动更易造成植被的根和杆的损伤,这就是海岸林衰退的原因。

注意海流使沿岸的沙丘等引起堤坝的移动,从而影响建造物甚至比较远的地方。因此事先的详细调查是非常必要的。另外也要防止海水的污染。

4.3.7　田园风景

（1）地域特性的发挥

充分利用该地域生长良好的乡土植物,避免使用外来的珍贵树种或者还没有很好适应该地的植物。

（2）给予平地田园风景以丰富的变化

为了给予平面地形以立体感或者增加变化,可种植一些添景的树木或者行道树。而行道树也不必像都市的一样整齐。树种的选择和配置适当的话,也不会给农业生产带来不利。

（3）水景的保护和育成

流淌的小河是乡村风景最大的魅力所在,应尽量保护。特别是河边、树林带以及散步道等,给予水边空间更多的怡人性。

（4）建筑物的风景化

田园地带的建筑物尽量要修建得小巧,即使比较困难,也要采取合适的遮掩措施或者从视觉上使其变小的一些方法。如采取植树遮挡的方式,弱化建筑物的体量并使其与周边的自然融合。

另外,对桥、路标等都可以进行合适的风格设计。

（5）古建筑物、标志性树林等的保护

田园风景的规划同地域的配合是非常关键的。为了使保护运动扩大影响,使整个地域行动起来,德国的乡村保护方法可供我们借鉴。德国的乡村保护方法涉及多个层面,包括政策支持、公众参与、生态保护、文化价值挖掘等。德国政府实施了乡村振兴策略,通过一系列的法律制度对乡村规划的具体内容予以明确,以实现乡村的可持续发展。同时,强调公众参与,乡村居民、城市居民和专家学者共同参与乡村规划的制定,确保规划符合乡村居民的生产和生活需要,同时吸引外来人口。《德国空间规划法》要求乡村规划必须坚持"城乡等值化"的原则,保证居民无论是在城市还是农村工作和居住,都可以享受到均等化的公共服务。其乡村规划强调保护自然资源和农村自然风景,并根据实际需要打造新的农村风景,同时强调基本农田和生态资源保护的原则。乡村建设注重对文化价值的挖掘和功能改善,提升乡村的文化价值、休闲价值和生态价值。通过"村庄更新"的概念,保留村庄的地方特色和传统优势,并在20世纪90年代融入可持续发展的概念,关注生态保护。德国乡村经历了功能重构,通过落实内生型发展理念,提升乡村空间质量,改善居民生活品质,减少土地消耗,确保乡村发展的可持续性。德国对于保护乡村地区历史文化景观的关注持续增长,保护力量来自学界、国家机构及其促进项目、私人协会与倡议组织。

我国也有许多典型的乡村保护案例,例如贵州安顺致力于构建乡镇高质量发展考评体系,推动乡村振兴"加速度"。浙江温州市苍南县中魁村践行"绿水青山就是金山银山"的发展理念,成为样板村。以及新疆和田巴什吐格曼村打造特色产业带动一地发展,如"鸽子笼飞出金凤凰"等。

4.4 典型景点规划

4.4.1 景点评价

典型景点的规划实际类同于典型景观规划,在规划中要更注重游览性质以及到达的可能性。它是一个游览景点评价和景点串联起游线组织的过程,典型景点中既有历史上认可的景点,也有在风景资源调查上确定的新景点。

景点评价主要包括以下几个因素:

①景点价值:风景名胜区景点的价值主要包括美学、科学、历史文化价值,游憩、保健价值等几个方面,它是进行景点评价的最基本依据。

②环境水平:主要包括景点的生态特征、环境质量、设施状况、监护管理等几个方面。

③利用条件:主要包括景点的交通通信、食宿接待、客源市场、运营管理等方面。对于具有保护意义的景点,这一点不作要求。

④规模范围:主要包括面积、体量、空间、容量等几个因素。

⑤对于有代表意义的典型景观,还包括对景点代表性的评价,主要指景点体现本风景名胜区景观特征的典型性。

在景点评价中,要根据风景资源评价指标对景点进行打分(满分为100分)。

4.4.2 景点规划要点

在景点评价的基础上进行景点规划。

①在景区入口醒目处设立重要景点宣传标识牌和宣传横幅等,实现重要景点的到达,完成预期游览量。

②清除景点周围有碍景观质量的建筑,设置帮助游人游览景点的眺望台和安全设施等。

③保护并规范原有景点范围,完善可达性游步道,使景点真正具有可游性。

④整治环境,提高该地域植被恢复度,还原景点历史自然风貌,提高风景质量。

应根据景点分布和特色内容,在游览时间、游览目的、审美趣味及服务设施等条件的约束下,争取在有限的时间内使游人获得尽可能多的景观信息,合理紧凑地安排游人的行、吃、住、游、购等活动,并使游线具有丰富多变的效果。

在风景名胜区规划的将来,将更注重风景名胜区科学的细分研究和严格保护,而游客的旅游行为也将随时代发展而发生变化。这些都对风景名胜区规划提出了更高的要求。风景规划过程中必须时刻注重社会的变革和进步,时刻调整,做好动态的规划和规划的动态,即把握动态的风景名胜区全部的社会动态来进行规划,规划本身也在不停地进行调整和变革,适应变化的社会和风景名胜区。特别是在生活生产方式的变化、旅游行为模式的变化等社会学方面的内容上,在全球环境问题加剧的情况下,自然生态环境面临了新的问题和新的挑战,使风景区规划需要更加科学、更加客观的实际调查以及需要针对风景区的新问题的新的解决思路。

4.5 延伸资料

资料1

《风景名胜区总体规划标准》引文以及评论

下面引用 2019 年 3 月 1 日开始执行的《风景名胜区总体规划标准》(GBT 50298—2018)的典型规划中关于植被、建筑、新的人文景观、溶洞和水体岸线的规定,进行分别评论,供读者参考。

5.2.3　植物景观规划应符合下列规定:

1.应维护原生种群和区系,保护古树名木和现有大树,培育地带性树种和特有植物群落,提高生物多样性的丰富程度。

2.应恢复和提高植被覆盖率,以适地适树的原则扩大林地,发挥植物的多种功能优势,改善风景区的生态和环境。

3.应利用和营造类型丰富的植物景观或景点,突出特色植物景观,重视植物的科学意义,组织专题游览活动。

4.对各类植物景观的植被覆盖率、林木郁闭度、植物结构、季相变化、主要树种、地被与攀缘植物、特有植物群落、特殊意义植物等,应有明确的分区分级的控制性指标及要求。

5.植物景观分布应同其他内容的规划分区相互协调;在旅游服务设施和居民社会用地范围内,应保持一定比例的高绿地率或高覆盖率控制区。

点评:为创造多种类型的植物景观和景点,容易导致引进珍贵林木,而忽视本地乡土植物以及乡野植物,造成人造植物景点景观味浓。因此在创造植物景观的前期,要做好生态恢复研究。

5.2.4　建筑景观规划应符合下列规定:

1.应维护一切有价值的历史建筑及其环境,严格保护文物类建筑,保护有特点的民居、村寨和乡土建筑及其风貌。

2.各类新建筑应遵循局部服从整体风景、建筑服从自然环境的总体原则,在人工与自然协调融合的基础上创造建筑景观和景点。

3.建筑布局与相地立基,均应因地制宜,充分顺应和利用原有地形,尽量减少对原有地物与环境的损伤或改造。

4.对各类建筑的性质与功能、内容与规模、标准与档次、位置与高度、体量与体形、色彩与风格等,均应有明确的分区分级控制措施。

点评:基于未来将提高游人素质的要求,风景名胜区内的各类建筑应有严格的风貌设计以及风景名胜区内的环境容量研究才合适,如访客中心、相关博物馆等。而大型建筑一般不准通过审批,特别是某处占据风景欣赏点的非公共设施。

5.2.5　人文景观规划应符合下列规定:

1.应保护物质文化遗产,保护当地特有的民俗风物等非物质文化遗产,延续和传承地域文化特色。

2. 新建人文景观应综合考虑自然条件、社会状况、历史传承、经济条件、文化背景等因素确定。

3. 可恢复、利用和创造特有的人文景观或景点,组织文化活动和专题游览。

点评:这是标准新增加的一个典型景观的方面,表明新建人文景观也有可取之处,而且在功能方面也是很有必要的,如桥梁、道路等。新建人文景观应结合当地的地域特色、地理条件作出符合典型景观要求,不冲突典型景观风貌的新建人文景观,切勿追求奇特招摇的效果,要严格认证与地域文化特色的协调,并与当地现有的人的活动进行配合,做到可持续发展性。这是新建人文规划的难点。

5.2.6 溶洞景观规划应符合下列规定:

1. 必须维护岩溶地貌、洞穴体系及其形成条件,保护溶洞的各种景物及其形成因素,保护珍稀、独特的景物及其存在环境。

2. 溶洞的功能选择与游人容量控制、游赏对象确定与景象意趣展示、景点组织与景区划分、游赏方式与游线组织、导览与观赏点组织等,均应遵循自然与科学规律及其成景原理,兼顾溶洞的景观、科学、历史、保健等价值,有度有序地利用与发挥洞景潜力,组织适合本溶洞特征的景观特色。

3. 应统筹安排洞内与洞外景观,培育洞顶植被,禁止对溶洞自然景物过度人工干预和建设。

4. 溶洞的石景与土石方工程、水景与给水排水工程、交通与道桥工程、电源与电缆工程、防洪与安全设备工程等,均应服从风景整体需求,并同步规划设计。

5. 对溶洞的灯光与灯具配置、导缆与电器控制,以及光象、音响、卫生等因素,均应有明确的分区分级控制要求及配套措施。

点评:注意溶洞的游人安全,提供游人旅游舒适度的防溶洞滴漏等措施。日渐上升的旅游服务设施同相应的溶洞自然景观的保护需要更为严密的规划和协调。

5.2.7 水体岸线规划应符合下列规定:

1. 应保护水体岸线的自然形态、自然植被与生态群落,不宜建设硬化驳岸。

2. 加强水体污染治理和水质监测,改善水质和岸线水体景观。

3. 利用和营造多种类型的水体岸线景观或景点,合理组织游赏活动。

点评:新的《标准》放弃了原《规范》中关于竖向地形的典型景观的阐述,正好应对了上一版《风景区规划》竖向地形的提法不合适的意见。竖向地形是风景形成的重要因素,但是竖向地形这样的称呼是工程用语。在典型风景规划中如果不采用有特色的风景类型来进行称呼和分类,风景的自然美的本质和特点将被忽视,容易简单地进行改造而配合其他专项规划,从而增加水体岸线规划,也是应对了生态文明的大方向。在硬化驳岸,水体污染和水体规划忽视的总的局面下,这是一个新的挑战。在水体规划时要更加强调水际生态原生系统的研究,以恢复和模拟原生生态系统为主导方向。

总的来说,未来的风景区规划将更加科学、细致和规范。而提供这个统一标准的《风景名胜区总体规划标准》(GB/T 50298—2018)达到富有严明的逻辑和精确的学科性质的高度,以促成风景名胜区真正的保护和利用。作为风景区中最有特色的典型景观景点的规划将更加严格、科学、严密和细致。

资料2

浣江-五泄风景名胜区的植被典型规划（2013年修订版）

浣江-五泄风景名胜区地处中亚热带季风气候区,具有温和湿润、多雨的特点。年均温略低于诸暨0.5~1 ℃。年降水量为1 500 mm,比诸暨多200 mm。地貌属于浙东低山丘陵地带中的构造——低山区。地带性土壤以黄、红壤亚类和黄壤亚类为主。景区内生物资源丰富多样,共有木本植物70科328种,草本植物600余种(表4.1)。由于多年的保护保育,五泄景区森林覆盖率接近80%。自然植被类型属于中亚热带常绿阔叶落叶林,由于区内自然条件优越,林木种类丰富,生态环境相对协调,因而病虫害稀少,林木长势旺盛,接近地带性植被。

林相、珍稀树种和古树名木:半天然的马尾松林与毛竹林镶嵌在常绿阔叶林内,林相较好。区内林下灌木层覆盖度较大。其中杜鹃种类很多,每到春季,竞相开放,山花烂漫,黄紫粉红点缀在青绿山水之中,景色尤佳。西源的薄叶润楠群落分布广泛、树姿秀丽挺拔,不但是五泄景区植被景观的一大特色,而且在华东地区也较为罕见,具有相当高的科学价值。作为珍稀树种被列入国家二级保护植物的有七子花,仅见于本省及皖南的狭长地带,是我国的特有树种;香果树是我国的古老孑遗树种。三级保护植物有华东特有的珍稀种天目木兰;水生的古代孑遗蕨类华水韭。此外还有省内极稀有珍贵种膀胱果。古树名木中多见古银杏。

植被组成种类主要有松科、杉科、壳斗科、樟科、山茶科、蔷薇科、豆科等。建群树种主要是松科、杉科、壳斗科、樟科、冬青科、槭树科、山矾科等乔木。林下植被以杜鹃花科、豆科、虎耳草科、卫矛科、蔷薇科、鼠李科、报春花科等为主。森林植被类型有:

①针叶林:主要分布在海拔800 m以下的山地,是境内主要森林植被类型,为人工或天然飞籽成林的马尾松,属原生植被破坏后形成的次生植被。

②常绿阔叶林:主要分布在海拔600 m以下的山地,五泄景区有成片生长。林中最常见的有香樟、紫楠、红楠、木荷、豹皮樟、苦槠、甜槠、杨梅、青冈、石楠等建群树种。

③针阔混交林:主要分布在海拔600~800 m的山地。建群树种有马尾松、杉木、香果树、大叶冬青、树参、青冈、棉槠、石栎、岩青冈等。

④落叶阔叶林:主要分布在海拔800~1 000 m的山地。建群树种有化香、大穗鹅耳枥、青榨槭、中华槭、华东野核桃、四照花、尖叶四照花、鄂椴、异色泡花树、云山青冈、褐叶青冈、亮叶水青冈等。

⑤竹林:分毛竹和杂竹两类。毛竹主要分布在紫云乡。杂竹有斑竹、黄金竹、碧玉竹、孵鸡竹、江南竹、早竹、雷竹、鳗竹等。1972年起,从外地引种青皮竹和角竹。杂竹多分布在丘陵地带。

⑥"四旁"植被:分布在200 m以下的丘陵、平原。植被类型属天然次生植被或人工植被。其主要树种有马尾松、湿地松、杉木、桑、茶、梧桐、榔榆、乌桕及杨柳科树种等。

表4.1 浣江-五泄风景名胜区遥感植被分类表

类　别	名　称	面积/km²	百分比/%
1	阔叶林	11.77	15.94
2	松林	8.94	12.11
3	杉林	14.43	19.54

续表

类别	名称	面积/km²	百分比/%
4	其他针叶林	3.89	5.27
5	果园	2.3	3.11
6	茶园	3.89	5.27
7	灌木林	5.66	7.66
8	竹林	3	4.06
9	草地	7.99	10.82
10	非林地	9.94	13.46
11	水体	2.04	2.76
总　计		73.85	100

规划原则如下：

①以总体规划、保护规划为依据。

②保护古树名木,绿化规划宜逐步恢复地带性中亚热带常绿阔叶林和针阔混交林,形成风景区植被生态景观的基础。只有大面积培育地带性植被,才能反映本风景名胜区的科学价值、生态价值和景观特色。树种选择以地方树种、适宜生长的为主。

③在景点周围和主要游线附近,在原有植被和地带性植被的基础上,结合景物的特点和环境氛围,适当营造季相变化丰富的混交林或某一树种的单纯林,丰富风景名胜区的植被景观。

④在以欣赏天然裸岩、陡崖、瀑布、奇石等自然景观为主的地段,植被应留有足够的观景空间和视线廊道,所选树种要适宜衬托主景。

⑤绿化规划与生态环境保护、景观培育、水源涵养、水土保持及农民的经济利益相结合。

规划要点如下：

①五泄湖是景区的一个组成部分,进口处夹岩和水库两旁的山峰植被由于连年樵采而退化成目前的残次灌丛。建议先从封山育林入手,逐步恢复次生林,并在原有植被稀疏但土层较厚的平缓丘地栽培有地方特色的花果树,如黄花梨、红心李、花红、杨梅、方柿、枇杷等品种,这样既增收益,又添景色。

②东源系五泄主景。源头紫阆与西源(即西龙潭)源头大吉竹岭西麓周围山林砍伐严重,覆盖率甚低,亟待有计划地营造水源林,以含蓄水源,保证两溪水流常年正常流动,改变雨季水涨流急、干季水少流缓的局面。

③景区植被覆盖率虽高,森林密度虽大,但缺乏季相演替,色彩单调。建议作如下抚育演替:

a.整个林子采取分年有步骤地施行,伐去林内遭受病虫害与其他自然灾害而造成的树姿不整毫无保留价值的被压木与严重枯损木;要注意有不少的老桩,姿态苍老奇特的枯根与半配木具有高度观赏价值的,应提出保护措施,严禁砍伐。

b.对林内原有色叶植物与观果植物,如毛黄栌、盐肤木、木蜡树、野漆树、枫香、野鸦椿、肉花卫矛、全缘叶栾树、无患子、厚皮香、蓝果树、尖叶四照花、老鸦柿、紫珠等种类(表4.2)应注

意保留。

c. 林内隙地采用自然式补栽一些色叶树和花灌木,如槭树类、银杏、金钱松、乌桕等色叶树种及紫薇、浙江紫薇、山茶花、杜鹃花、石榴、野樱花、早樱、玉兰、天目木兰、黄山木兰等花木类,使其尽量保持自然景色。

表4.2 生态保育规划面积表

类 别	名 称	面积/km²	百分比/%
1	阔叶林	46.81	63.39
2	松林	4.34	5.88
3	果园茶园	4.78	6.47
4	灌木林	1.5	2.03
5	竹林	1.18	1.60
6	水体	2.96	4.01
7	农田与村镇建设用地	12.28	16.63
总 计		73.85	100

④已营造的杉木林,将届中龄林的,可施行小片状采伐,作为中径级木材利用,迹地改造为混交林。对树种的选择,以本地乡土树种具有观赏价值的乔灌木为主,因地制宜地配植,使其和周围自然景色相协调;原在铁崖坪营造的马尾松林,通过保育采伐,逐步改造为针、阔混交林和复层林,不仅能增添风景林景观,还能更好地协调自然生态。具体措施如下:

a. 在生态保育区,以及特殊景观区、一般控制区、游憩区中的宜林荒地、耕地,进行封山育林或导向性改造林相,使它在中远期形成地带性常绿阔叶林。

b. 五泄溪东西源两侧海拔较低的缓坡地上,可以退耕还林,或者种植果树或竹子,以维护小流域的生态环境,保持水土。

c. 五泄水库北面的芦花湾保持一片芦苇荡风光,岸边种植果树,形成参与性的采摘果园。

d. 在会龙桥与五泄禅寺之间、刘龙坪上形成疏林草地,利于游人休息。疏林草地上增植银杏、花灌木丰富季相与色彩。其他的游憩区内也应该有成片的疏林草地或竹林草地。

e. 汤江岩景区安华水库边缘,因为受水位变化影响,在可淹没范围内种植水草滩或短期作物,边缘种植水杉、枫杨、乌桕等固岸植物,防止水土流失。

f. 为了做好绿化工作,在洋湖坪、桃源等地可以建设苗圃,培育植株。同时将风景名胜区内珍贵树种、观赏树种(如九节兰、杜鹃等)、药用植物等进行人工培育,集中展示给游人。

思考题

如何解决典型景观的自然属性和游客观赏游览的矛盾?

参考文献

[1] 中华人民共和国中央人民政府. 风景名胜区条例[Z]. 2016-2-6.

[2] 中华人民共和国住房和城乡建设部. 风景名胜区详细规划标准:GB/T 51294—2018:147 [S]. 北京:中国建筑工业出版社,2018.

[3] 刘紫微,吴妍,王峥鉴. 生态文明视角下我国风景区规划设计缺失环节探讨[J]. 北方园艺, 2019(11):164-169.

[4] 中国风景园林学会. 风景名胜区术语标准 T/CHSLA 50007—2020[S]. 北京:中国建筑工业 出版社,2020.

[5] 中华人民共和国住房和城乡建设部、国家市场监督管理总局. 风景名胜区总体规划标准: GB/T 50298—2018[S]. 北京:中国建筑工业出版社,2019.

5 风景名胜区旅游服务设施规划

本章导读 风景名胜区服务设施规划是本门课程的重要内容之一。风景名胜区的游客数量、性质、区位条件和主要功能将决定风景名胜区服务设施的规模和数量，服务设施的规模和数量又将决定风景名胜区能否可持续发展。本章内容包括风景名胜区服务基地的选择和分级、游人数量的预测、住宿床位的估算、旅宿建筑面积测算、餐位计算、标识系统和解说系统的设计等。通过本章的学习掌握合理开发和建设风景名胜区服务设施的方法，对旅游服务设施进行科学决策、合理规划，以期实现风景名胜区的可持续发展。

5.1 风景名胜区旅游服务设施规划概述

5.1.1 旅游服务设施的定义与类型

旅游服务设施是景区的有机组成部分，是风景名胜区为适应旅游者需要而建设的各项旅行游览设施的总称。在历史上，这些直接为游人服务的旅游设施项目，曾以民营、社团运营、宗教团体运营和官营等形式出现。经过近几十年的演变，现可按照其功能与行为习惯将旅游服务设施统一归纳为旅行、游览、餐饮、住宿、购物、娱乐、文化、休养和其他共九大类。

1）旅行类

旅行在典籍中多称行旅，即"陆行乘车，水行乘船，泥行乘橇，山行乘樏"，现指旅行所必需的交通运输和通信设施。旅行类设施项目，是满足游客方便旅游要求而建设的项目，并非游客的出游目的。因此，对旅行类设施项目的建设要求中并未规定一定要具有创新性。关于此方面的内容将在本书其他章节中详细介绍。

2）游览类

游览现指从容行走观看（名胜、风景），其在典籍中的应用与现在相似，多指游逛观赏，常用词语有游玩、观览、眺望、登高、探穴等。游览设施包括导游、休憩、咨询、环保、安全等设施。其中，环保和安全等设施，通常列入基础设施规划，对于有特殊环境质量要求的风景名胜区，其环保设施规划可以单独列出，并对其保护范围、方法、措施和目标做明确的规定和详细的说明，使其契合实际区域要求，具有可操作性。

3）饮食类

风景名胜区中，饮食类服务设施是一个很重要的组成部分，其等级标准比较明确，在规划设计中，应明确定位其服务对象、级别和餐饮类型与规模，计算出具体餐位数和配套停车场车位数。

4）住宿类

住宿类服务设施的等级标准比较明确。住宿床位反映风景名胜区的性质和游程，影响风景名胜区的结构和基础工程及配套管理设施，是一种重要的标志性调节控制指标，必须严格限定其规模和标准，应做到定性质、定数量、定位置、定用地面积和范围。

5）购物类

购物是具有风景名胜区特点的商贸型服务项目。在规划中，应根据风景名胜区可利用资源储量（对于可再生资源为年可利用量）、开发前景、稀有性和独立性特点等，确定购物设施的建设规模（其中包括购物点的分布与规模、购物加工点的位置与规模）。

6）娱乐类

娱乐类服务设施是指具有风景名胜区特点的文体娱乐或游娱文体设施。在一个风景名胜区内，存在着多种多样的实体旅游资源，如水文、森林、草原等，因此在规划时，应因地制宜地开发相应的娱乐活动项目。

7）文化类

文化类服务设施是指在风景名胜区用于提供公共文化服务的建筑物、场地和设施设备，如图书馆、博物馆、文化馆（站）、美术馆、科技馆等，以及为民俗、节庆活动等提供服务的相关设施。

8）休养类

休养类服务设施包括康复休疗养、度假等设施。还可利用风景名胜区的特殊资源，建设休疗养和度假等旅游项目。

9）其他类

其他类是一些难以归类、不便归类和演化中的项目合并。

5.1.2 旅游服务设施的分级

旅游服务设施要发挥应有的效能,就要有相应的级配结构和合理的单元组织及布局,并能与风景游赏和居民社会两个职能系统相互协调。旅游服务设施的布局应采用相对集中与适当分散相结合的原则,以方便游人,便于经营管理,减少干扰,利于发挥设施效益。旅游服务设施等级的划分不同于城镇或工矿企业居住区内公共建筑级别的划分,更不像居住区中心、小区中心和住宅组团三个层次那么有规律,而是要根据天然造化的风景名胜区类型、景区的划分、景点的品质、数量与地域分布状态和旅游线路与交通设施状况的不同,以及游客活动的内容、规律及客流聚会集中程度的不同,具体情况具体分析,因地就势,灵活布置。

1）服务设施归类

根据其设施内容、规模大小、等级标准的差异,通常可以组成6级旅游服务设施,分别为:

（1）服务部

服务部的规模最小,其标志性特点是没有住宿设施,其他设施也比较简单,可以根据需要而灵活配置。例如,在景区规划的小卖部、小吃店均属服务部。

（2）旅游点

旅游点的规模虽然也较小,但已开始有住宿设施,其床位常控制在数十个内,可以满足简易的宿食游购需求。

（3）旅游村

旅游村也称度假村,已有比较齐全的行游食宿购娱健等各项设施,其床位常以百计,可以达到规模经营的需要;同时,也需要比较齐全的基础工程与之相配套。旅游村可以独立设置,可以三五集聚而成旅游村群,也可以依托其他城市或城镇规划建设。例如,武陵源区锣鼓塔、松潘县佑所屯村、黄山温泉等区的旅游村群等。

（4）旅游镇

旅游镇已相当于建制镇的规模,有着比较健全的行游食宿购娱健等各类设施,其床位常在数千以内,并有比较健全的基础工程相配套,也含有相应的居民社会组织因素。旅游镇可以独立设置,也可以依托在其他城镇或为其中的一个镇区。例如,九寨沟的九寨沟旅游镇、黄山东部的谭家桥旅游镇、九华山的九华镇等。

（5）旅游城

旅游城已相当于县城的规模,有着比较完善的行游食宿购娱健等设施,其床位规模可以过万,并有比较完善的基础工程配套。其所包含的居民社会因素常自成系统,因此旅游城已很少独立设置,常与县城并联或合为一体,也可能成为大城市的卫星城或相对独立的一个区。例如,漓江与阳朔、井冈山与茨坪、苍山洱海与大理古城等。

（6）旅游市

在风景名胜区规划中,旅游市的服务级别已相当于省辖市的规模,有完善的旅游设施和完善的基础工程,其床位可以万计,并有健全的居民社会组织系统及其自我发展的经济实力。它同风景游览欣赏对象的关系也比较复杂,既相互依托,也相互制约。例如,桂林市与桂林山水、都江堰市与青城山—都江堰、三亚市与三亚海滨、厦门与鼓浪屿—万石山等。

在风景名胜区规划中,对于所需要的服务设施的数量和级配,均应提供合理的测算与安排。依据风景名胜区的性质、布局和条件不同,各项旅游服务设施既可配置在各级旅游基地中,也可配置在所依托的各级居民点中,其总量和级配关系均应符合风景区规划的需求。表5.1对风景名胜区服务设施的分级配置进行了规定。具体的量化控制指标可在其他条目的单项指标中规定,也可按照相关专业的量化指标进行规划。

表5.1　旅游服务设施与旅游服务基地分级配置表

设施类型	设施项目	服务部	旅游点	旅游村	旅游镇	旅游城	备注（举例、说明、补充）
一、旅行	1. 非机动交通	▲	▲	▲	▲	▲	步道、马道、自行车道,存车、修理
	2. 邮电通信	△	△	▲	▲	▲	话亭、邮亭、邮电所、邮电局
	3. 机动车船	×	△	△	▲	▲	车站、车场、码头、加油站、道班
	4. 火车站	×	×	×	△	△	对外交通,位于风景区外缘
	5. 机场	×	×	×	×	△	对外交通,位于风景区外缘
二、游览	1. 导游小品	▲	▲	▲	▲	▲	标示、标志、公告牌、解说图片
	2. 休憩庇护	△	▲	▲	▲	▲	座椅、桌几、风雨亭、避难屋、集散点
	3. 环境卫生	△	▲	▲	▲	▲	废弃物箱、公厕、盥洗处、垃圾站
	4. 宣讲咨询	×	△	△	▲	▲	宣讲设施、模型、影视、游人中心
	5. 公安设施	×	△	△	▲	▲	派出所、公安局、消防站、巡逻警务站

续表

设施类型	设施项目	服务部	旅游点	旅游村	旅游镇	旅游城	备注(举例、说明、补充)
三、饮食	1.饮食点	▲	▲	▲	▲	▲	冷热饮料、乳品、糕点、糖果
	2.饮食店	△	▲	▲	▲	▲	快餐、小吃
	3.一般餐厅	×	△	△	▲	▲	饭馆、饭铺、食堂
	4.中级餐厅	×	×	△	△	▲	有停车车位
	5.高级餐厅	×	×	△	△	▲	有停车车位
四、住宿	1.简易旅宿点	×	▲	▲	▲	▲	一级旅馆、家庭旅馆、帐篷营地、汽车营地
	2.一般旅馆	×	△	▲	▲	▲	二级旅馆、团体旅舍
	3.中级旅馆	×	×	▲	▲	▲	三级旅馆
	4.高级旅馆	×	×	△	△	△	四、五级旅馆
	5.豪华旅馆	×	×	△	△	△	五级以上旅馆
五、购物	1.小卖部、商亭	▲	▲	▲	▲	▲	—
	2.商摊集市墟场	×	△	△	▲	▲	集散有序、场地稳定
	3.商店	×	×	△	▲	▲	商业买卖街、步行街
	4.银行、金融	×	×	△	△	▲	储蓄所、银行
	5.大型综合商场	×	×	×	△	▲	—
六、娱乐	1.文博展览	×	△	△	▲	▲	文化馆、图书馆、博物馆、科技馆、展览馆等
	2.艺术表演	×	△	△	▲	▲	影剧院、音乐厅、表演场
	3.游戏娱乐	×	×	△	△	▲	游乐场、歌舞厅、俱乐部、活动中心
	4.体育运动	×	×	△	△	▲	室内外各类体育运动健身竞赛场地
	5.其他游娱文体	×	×	×	△	△	其他游娱文体台站团体训练基地
七、保健	1.门诊所	△	△	▲	▲	▲	无床位、卫生站
	2.医院	×	×	△	▲	▲	有床位
	3.救护站	×	×	△	△	▲	无床位
	4.休养度假	×	×	△	△	▲	有床位
	5.疗养	×	×	△	△	▲	有床位

续表

设施类型	设施项目	服务部	旅游点	旅游村	旅游镇	旅游城	备注(举例、说明、补充)
八、其他	1. 审美欣赏	▲	▲	▲	▲	▲	景观、寄情、鉴赏、小品类设施
	2. 科技教育	△	△	▲	▲	▲	观测、试验、科教、纪念设施
	3. 社会民俗	×	×	△	△	▲	民俗、节庆、乡土设施
	4. 宗教礼仪	×	×	△	△	△	宗教设施、坛庙堂祠、社交礼制设施
	5. 宜配新项目	×	×	△	△	△	演化中的德智体技能和功能设施

注:①本表摘自《风景名胜区总体规划标准》(GB/T 50298—2018)。
②限定说明:×表示禁止设置;△表示可以设置;▲表示应该设置。

2)根据游客活动内容和规律分类

一级旅游服务中心:包括交通运输设施、商业饮食、住宿接待、文化体育、金融等设施(旅游市、旅游城、旅游镇),兼风景名胜区总管理中心。

二级旅游服务中心:能综合满足游客的吃、住、行、游、购等旅游服务需求,兼景区级管理中心。

三级旅游服务中心:主要解决景点上游客饮食、游憩。包括风景名胜区内部交通、商业饮食设施、小型住宿接待处。

四级旅游服务中心:旅游线路途中的服务点、茶室、小卖部、小规模的饭馆等。在风景名胜区到景区、景区到景区、景点到景点之间的旅游线路上,通常每隔1 500 m左右设置一个。

5.1.3 旅游服务设施规划原则

旅游服务设施的盲目建设会对风景名胜区带来巨大的危害,如破坏风景资源、破坏视觉景观、破坏生态水文环境等。

以九寨沟国家地质公园为例,从1983年、1984年开始,随着入沟旅游者增多,在条件较好的村子中有民户开始办家庭旅店,搞旅游接待;之后,村民仿效,各户纷纷介入家庭旅馆的经营。因此,在20世纪90年代形成遍及全沟的、以家庭食宿接待服务为主的个体经营模式。到2000年,全沟家庭旅馆可接待6 000人。大量的游客进沟后从3个方面破坏了九寨沟的自然风景资源:第一,游客进入森林后,通过对林区土地的践踏和对树木的触摸等,造成对景区生态环境最直接的破坏影响;第二,大量的游客到达九寨沟后,不合理的服务设施建设导致游客的食、住、行所产生的废水、废气和生活垃圾严重污染了当地的水源;第三,当地居民为了接待游客而过度地消耗当地自然资源,并制造大量噪声等,对九寨沟的动植物正常生长带来了巨大的负面影响。

　　总之,风景名胜区内服务设施的盲目建设会直接降低游客旅游体验并影响风景名胜区的可持续性发展,也会缩短风景名胜区的生命周期。因此,应合理布局旅游服务设施,严格执行风景名胜区总体规划,对重点景区景点分别编制控制性详细规划和环境整治规划,核心景区禁止任何过夜接待服务设施的建设。需遵循的原则如下:

1)服务设施规划总则

　　①旅游服务设施的配置应根据景区的特征、功能、规模及游客结构来确定。此外,还应考虑用地与环境等因素。

　　②旅游服务设施的配备应与需求相对应,既要满足游客多层次的需求,还要适应景区设施管理的要求。此外,还要考虑必要的弹性和利用系数,合理地配备相应类型、级别规模的游览服务设施。

　　③旅游服务设施布局应采取相对集中与适当分散相结合的原则,以方便游客、充分发挥设施效益,也便于经营和管理。

2)服务设施地选择原则

　　①服务设施地应有一定的用地规模,既要接近游览对象并有可靠的隔离,又要符合风景保护的规定。严禁将住宿、购物、饮食、娱乐、保健和机动交通等设施布置在有效景观和影响环境质量的地段。

　　②服务设施地应具备水、电、能源、环保和抗灾等基础工程条件,应靠近交通便捷的地段,并尽可能地依托现有游览设施及城镇建设。

　　③服务设施地应避开易发生自然灾害和其他不利于建设的地段。

3)服务设施分级原则

　　①服务设施本身应有合理的级配结构,便于自我有序地发展。

　　②级配结构应能适应社会组织的多种需求,同依托城镇的级别相协调。

　　③各类服务设施的级配控制应与该设施的专业性质及其分级原则相协调。

4)服务设施布局原则

　　(1)资源保护与利用结合原则

　　服务设施布局要服从资源保护,因地制宜,灵活布设,不宜以破坏景观、资源及环境为代价扩大用地规模。

　　(2)服务设施与基础设施综合考虑原则

　　服务设施建设地的选择应充分考虑水、电、通信等基础设施的可达性和经济性,不得增加基础设施建设的难度和加大工程造价。

　　(3)服务设施布局应符合建设目的的原则

　　服务设计布局必须符合建设目的要求,包括位置的平面和竖向、外周资源和环境的选择,均应达到建设目的要求,否则会形成低效益运营。

（4）主要服务设施的节点布局原则

主要服务设施地一般也是风景名胜区的中心服务区,宜布局在节点附近,以便形成区域中心。

（5）总量控制,集中与分散相结合原则

按照游人规模计算的服务设施面积为规划区的服务设施总面积,在服务设施位置选择时可以集中布局也可以分散布局,但其总量应等于计算指标。

5.1.4 服务设施的现状分析及相关预测

在风景名胜区中,不仅有吸引游人的风景游览对象,还应有直接为游人服务的游览条件和相关服务设施。各项游览服务设施配备的直接依据是游人数量。因此服务设施系统规划的基本内容要从游人与设施现状分析入手,然后分析预测客源市场,并由此选择和确定游人发展规模,进而为相应的服务设施与服务人口的配备提供可靠依据。

1）游人现状分析

游人现状分析主要是掌握风景名胜区内的游人情况及其变化态势,为游人发展规模的确定提供内在依据,同时它也是影响风景名胜区发展对策和规划布局调控的重要因素。分析应包括游人的规模、结构、递增率、时间和空间分布及其消费状况。其中,年递增率积累的年代越久,数据越多,其综合参考价值也越高;时间分布主要反映淡旺季和游览高峰变化;空间分布主要反映风景名胜区内部的吸引力调控;消费状况对设施标准调控和经济效益评估有一定的参考价值。

2）游览服务设施现状分析

游览服务设施现状分析,主要是掌握风景名胜区内设施规模、类别、等级等状况,找出供需矛盾关系,掌握各项设施与风景及其环境的关系是否协调。它既为设施增减配套和更新换代提供现状依据,也是分析设施与游人关系的重要因素。游览服务设施现状分析,应说明供需状况、设施与景观及其环境的相互关系。

3）客源分析预测

不同性质的风景名胜区,因其特征、功能和级别的差异,游人来源地千差万别。在游人来源地中,又有主要客源地、重要客源地和潜在客源地等区别。准确地分析客源市场,能科学预测客源市场的发展方向和目标、选择确定游人的发展规模和结构。因此,客源预测包括以下内容:

①分析客源地的游人数量与结构以及时空分布,包括游人的年龄、性别、职业和文化程度等因素。

②分析客源地游人的出游规律或出游行为特点,包括游人的社会背景、文化背景、心理和爱好等因素。

③分析客源地游人的消费状况,包括收入状况、支出构成和消费习惯等因素。

【案例5.1】

岳麓山风景名胜区客源市场分析

岳麓山风景名胜区是中国湖南省长沙市的一处国家5A级旅游景区,以其深厚的历史文化底蕴和独特的自然景观而闻名。岳麓山风景名胜区具有丰富的旅游经济价值和历史文化价值,不仅丰富了人们的精神文化生活,也为保护和传承人类文化遗产作出了重要贡献。

(1)游客地域结构分析

岳麓山风景名胜区的客源市场分析显示,该景区在2021年上半年的游客人数达到了1 516.19万人次,2021年岳麓山风景名胜区的游客仍以省内游客为主。在2021年1月1日至5月5日的统计中,湖南省内游客达到340.48万人,占比59.16%。在省内游客中,长沙本地游客数量最多,达到261.66万人,占比76.85%。除此之外,邻近省份的游客数量也在逐渐增多,广东省、湖北省和江西省的游客数量也较多,分别占比10.17%、5.33%和4.79%。此外,浙江省游客和上海游客分别占比3.29%和2.65%,其他省市游客占比14.61%。这一现象一方面说明,随着经济的提高,湖南省居民省内出游率日益增加;另一方面也说明,随着旅游宣传力度的增大,岳麓山风景名胜区的旅游客源市场已经逐渐扩展到周边省份甚至边远地区。

(2)游客构成分析

游客性别和年龄特征分析:从游客性别上来看,岳麓山风景名胜区的女性游客略高于男性游客,女性游客占比为53.56%,男性游客占比为46.42%。从游客年龄上看,游客主要集中在18岁至35岁,该年龄段的游客占比超过70%。其中,18岁至25岁游客占比41.18%,26岁至35岁游客占比30.36%。18岁以下和35岁以上的游客相对较少。由此可见,岳麓山风景名胜区的游客主要是中青年人。游客来此风景名胜区的主要目的是欣赏岳麓山的自然风景以及岳麓山所承载的历史文化。游客职业特征分析:岳麓山风景名胜区的游客以学生群体为主。该风景名胜区因其丰富的文化和教育资源,特别是岳麓书院等历史遗迹,吸引了大量学生和教育相关的游客。由此可见,岳麓山风景名胜区特别受到年轻游客的欢迎,并且随着经济的发展,当代大学生正逐渐成为一个巨大的旅游群体。

(3)游客行为分析

游客出游动机分析:岳麓山风景名胜区的游客来此游览的主要目的首先是文化体验,岳麓山是儒、释、道三教合一的文化名山,拥有千年学府岳麓书院等丰富的文化资源,吸引了许多对历史文化感兴趣的游客。其次是自然景观欣赏,岳麓山以其优美的自然风光,如红枫、日出等自然美景吸引了大量游客,特别是"岳麓山观日出"成为现象级文旅产品。除此之外,岳麓山风景名胜区提供多样化的休闲和娱乐活动,如"一江两岸"夜景观赏、望月公园的樱花观赏等,满足了游客的休闲需求。还有一些教育工作者和学生群体为了学术研究或者教育活动而到此游赏。这些出游动机显示了岳麓山风景名胜区作为一个综合性旅游目的地,能够满足不同游客群体的多样化需求。

游客住宿地分析:岳麓山风景名胜区的游客的大部分游客选择在长沙市区繁华地段住宿,仅于白天在景区内游览完毕后就返回到其他地区,仅有少部分游客会选择在景区周围住宿。岳麓山风景名胜区周边除了酒店外,也有许多特色的民宿,它们或坐落于群山丛林中,或以艺术为主题,提供了与众不同的住宿体验。但选择在景区周围住宿的游客数量尚少的原因在于景区内的游览活动基本在半天内就可结束,游客在游览结束后会选择去其他地方游玩。景区可以根据现有的资源开发更多旅游活动,完善配套设施,以此吸引游客,使游客选择在景区周边住宿。

游客逗留时间和消费状况分析:游客停留时间和平均消费是衡量一个地区旅游业发展水平的重要标志,游客停留时间越长,平均消费越高,旅游业对当地经济的贡献也就越大。岳麓山风景名胜区游客停留时间较短,游客游览整个岳麓山大约需要半天时间,游客一般在游览结束后就离开景区。而停留时间又进一步决定了游客在景区内的消费水平。景区内的经济收入主要来源于索道、观光车、滑道以及岳麓书院的门票。

(资料来源:岳麓山风景名胜区管理局,岳麓山风景名胜区游客数据情况分析)

4) 游人发展规模预测

通过对风景名胜区环境容量和游客容量的计算,可以科学地估算出旅游的需求规模,以需求定供给。但是,所求得的环境容量和游客容量是一个确定数值,而来风景名胜区旅游的游客是一个不确定的数值,如果只依据所计算的容量规划供给的规模,很可能出现因游人不足,景区及设施不能充分利用,导致收益减少,又或者因游人过多,景区超负荷运转,游客得不到满意的体验,也不利于风景资源的保护。为此,在制订风景名胜区规划方案时,不仅要计算容量,而且要对游客增长规模进行预测,有计划地接待,才能做到供需平衡。

在客源分析的基础上,应依据本风景名胜区的吸引力、发展趋势和发展对策等因素,进而分析和选择客源市场的发展方向和目标,预测本地区游人、国内游人、海外游人递增率和旅游收入,确定主要、重要、潜在3种客源地,并预测三者相互转化、分期演替的条件和规律。当然,确定的年、日游人发展规模均不得大于相应的游人容量。

游人发展规模、结构的选择与确定,可采用统计分析法进行测算,并应符合表5.2的内容要求。

表5.2 风景名胜区游人统计与预测分析表

项目	年度	海外游人		国内游人		本地游人		三项合计		年游人规模 /(万人·年⁻¹)	年游人容量 /(万人·年⁻¹)	备注
		数量	增率	数量	增率	数量	增率	数量	增率			
统计												
预测												

注:资料来自《风景名胜区总体规划标准》(GB/50298—2018)。

(1)游人规模预测的计算指标

①游人抵达数:到达旅游地的游客数,不包括在机场、车站、码头逗留后即离的过境游客,可分为:

a.年抵达人数(人/年):通过年抵达游人数可大致决定游览设施的种类和规模,同各旅游地间进行比较,从历年抵达的人数统计中还可观察到某些地区的经济发展动向及游人增长方

向,有利于旅游地开发规模的决策。

b.月抵达人数(人/月):根据各月份游人量变动数,可以判断该旅游地的季节特性。通过它可以确定旅游高峰季节、全年的旅游时间、游览设施的规模以及确定劳动力和旅馆的经营管理方法。

c.日抵达人数(人/日):常用于确定游览设施规模。

②游人日数(或游人夜数):游人数乘以每个游人在旅游地度过的天数。游人日数是一种抽样调查确定的平均值,也可通过旅馆的平均住宿率统计而得,所以也称"游人平均逗留期(天)"。

③游人流动量:单位时间内各交通线的利用人数及往返的流向。游人流动量关系着交通路线、游览设施的标准与规模。并从中可以得到旅游地的主要客源是哪些,可以看出游人选择交通工具的倾向,因此也是交通规划的主要依据。

④游人开支总额:可为确定旅游需求提供信息,但计量困难。为此可通过税收测量,或利用日记账计量,也可从设计的"旅游开支模型"中获得。

(2)游客规模的预测方法(年抵达人数)

游客规模的预测分为长期(10年以上)、中期(5~10年)和短期(5年内)预测。预测方法多样,可分为定性和定量预测两类,主要有回归分析法(一元线性回归方程分析)、动态趋势外推法、指数预测法、神经网络反向传播算法、德尔菲法、市场份额分配法和市场分析预测法等,以下介绍常用的几种方法。

①德尔菲法:德尔菲法是专家调查法的一种,属于直观预测范畴的方法。它以专家为索取信息的对象,依靠专家的知识和经验,要求他们对调查的问题作出分析、判断和预测。因其本质是建立在诸多专家的专业知识、经验和主观判断能力的基础上的,因而特别适用于缺少信息资料和历史数据,而又较多地受到社会的、政治的、人为的因素影响的信息分析与课题预测。实践证明,采用德尔菲法进行信息分析与预测,可以较好地揭示出研究对象本身所固有的规律,并可据此对研究对象的未来发展作出概率估计。其主要过程如下:

a.明确预测主题,准备背景材料。

b.拟订意见征询表。其设计与问卷设计类似。

c.选择专家。一般以20~50人为宜。

d.轮番征询专家意见。一般在3~5轮后,各位专家意见基本趋于一致。

e.汇总专家意见,量化预测结果。

②市场分析预测法:此方法是测算游客规模,以客源地的人口、经济、出游率为依据,并以此测算游客量基数的方法。该方法适用于新建型风景旅游区规划时的游客量基数测算,具体方法如下:

a.统计客源地总人口数,并以此为计算依据。

b.调查了解各客源地的年出游人数,确定不同客源地的出游率。

c.调查了解各客源地出游人员的旅游方向,并与同类风景名胜区比较,确定不同客源地的出游率。

d.按照风景名胜区的增长规律,规定年旅游人数。

③自然增长率预测法:此方法是取多年的平均增长率来计算游人的增长量。例如,明年的旅游者人数等于今年的旅游者人数乘以过去 10 年的平均增长率。所取的年数要保证一定的数量,只有包括足够的年数,才足以抵消随波动变化的影响。其计算公式为:

$$y = x \times \left(1 + \frac{y_1 + y_2 + y_3 + \cdots + y_n}{n}\right) \tag{5.1}$$

式中　y——预测值;

x——今年游客人数;

$y_1 + y_2 + y_3 + \cdots + y_n$——历年游客增长率;

n——年数。

【案例 5.2】

喀纳斯湖风景名胜区游人规模预测

喀纳斯湖风景名胜区采用时间序列增长率推算法对旅游人次规模进行预测。根据景区合理环境容量、游人来源和数量分析、综合国际国内旅游业发展情况和喀纳斯湖风景区生态旅游规划确定的发展速度,以及喀纳斯湖风景区的实际情况,预测至 2025 年喀纳斯湖风景名胜区年游人增长率为 3% ~4%。2026 至 2030 年增长率为 5% ~6%,远期 2031 至 2035 年保持在一个比较平稳的增长速度之内,取增长率 6% ~8% 进行预测。

2020 年因受疫情影响,旅游人数增长率较低。但 2025 年预测年游人可达到 615 万人次,2030 年预测年游人规模可达到 1 200 万人次,2035 年预测年游人规模维持在 1 200 万人次左右,占风景名胜区游人年极限容量的 38.83%,不会对环境造成不良影响。以上旅游规模人次的测算小于喀纳斯湖风景名胜区环境容量允许的范围,因此是可行的。

(资料来源:毛冰玉.喀纳斯湖风景名胜区生态旅游规划研究[D].乌鲁木齐:新疆农业大学,2022.)

④加权平均数法:此方法适用于每年旅游者人数变化波动较大的风景名胜区。参与预测的一组历史数据中,一般远期数据影响小,近期数据影响大。为减少预测误差,加权平均数法按各个数据影响程度的大小赋予权数,并以加权算数平均数作为预测值的方法。其计算公式为:

$$y = \frac{y_1 w_1 + y_2 w_2 + \cdots + y_n w_n}{w_1 + w_2 + \cdots + w_n} \tag{5.2}$$

式中　y——预测值;

y_n——第 n 期的观察值;

w_n——第 n 期数据的权数。

【例 5.1】　根据表 5.3 中所列的某风景名胜区历年客流量,求 2025 年的游客数量。

表 5.3　某风景名胜区历年客流量表

年份/年	游客数量/万人	权数	年份/年	游客数量/万人	权数
2020	2	1	2023	3.5	1.2
2021	3	1.2	2024	4.2	1.4
2022	3.3	1.2			

则 2025 年该风景名胜区的游客量预测为：

$$y = \frac{2 \times 1 + 3 \times 1.2 + 3.3 \times 1.2 + 3.5 \times 1.2 + 4.2 \times 1.4}{1 + 1.2 + 1.2 + 1.2 + 1.4} 万人$$

$$= 3.27 \ 万人$$

⑤回归预测法：此方法是指根据预测的相关性原则，找出影响预测目标的各因素，并用数学方法找出这些因素与预测目标之间的函数关系的近似表达，再利用样本数据对其模型估计参数及对模型进行误差检验。一旦模型确定，就可利用模型，根据因素的变化值进行预测。回归分析预测法有多种类型，依据相关关系中自变量的个数不同分类，又可分为一元回归分析预测法和多元回归分析预测法。在一元回归分析预测法中，自变量只有一个，而在多元回归分析预测法中，自变量有两个以上。依据自变量和因变量之间的相关关系不同，又可分为线性回归预测和非线性回归预测。应用一元线性回归进行旅游市场预测的主要步骤如下：

第一步：确定预测目标和影响因素，收集历史统计资料数据。

第二步：分析各变量之间是否存在着相关关系，建立一元线性回归方程，即

$$y = a + bx \tag{5.3}$$

式中　y——旅游客流量预测值（因变量）；

　　　a——直线截距（回归参数）；

　　　b——趋势线斜线（回归参数）；

　　　x——时间变量（自变量）。

第三步：建立标准方程，求 a, b 直线回归参数，标准方程为：

$$\sum y = na + b \sum x$$

$$\sum xy = a \sum x + b \sum x^2 \tag{5.4}$$

其中，n 是历史数据个数，如果简化，可将时间序列原点移到数列中心，使 $\sum x = 0$，即

$$\sum y = na$$

$$\sum xy = b \sum x^2 \tag{5.5}$$

第四步：用回归方程进行预测，并且分析和研究预测结果的误差范围和精度。

$$y = a + bx + cx^2 \tag{5.6}$$

式中　y——旅游客流量预测值；

　　　a, b, c——系数；

　　　x——时间变量。

（3）风景名胜区旅游客源季节变动的预测（月抵达人数）

每月接待游客人数用下式计算（月抵达人数）：

$$Y_月 = P_月 \cdot Q \tag{5.7}$$

式中　$Y_月$——月接待游客量，人/月；

　　　$P_月$——月份指数；

　　　Q——每月平均接待游客量。

其中，月份指数 $P_月$ = 月份平均游人数/全年月份总平均数；全年月份总平均数 = 历年月份平均游人数之和/12；每月平均接待游客量 Q = 预测年游客总人数/12。

5）游人时间分布预测

游人时间分布是指风景名胜区一年内游客人数在各月和各日的分配情况。游客人数时间分布的不均衡性（不等性）对任何一个风景名胜区都是存在的，无一风景名胜区例外。一般而言，以人文景观为主的风景名胜区比以自然景观为主的风景名胜区的变化小；以娱乐为主的风景名胜区要比以观光为主的风景名胜区变化小。风景名胜区是以自然景观为主的旅游区，因此，在一年内的不同月份、不同风景名胜区的游客人数不同。这一规律不仅是必然的，而且也有相当的差异。

（1）月游人分布预测

月游人分布应根据风景名胜区的景观时效性、气候适宜性、游乐项目可利用性等进行预测。其确定方法如下：

第一步：统计分析并确定娱乐和观光两大类旅游方向的旅游人员比例。

第二步：依据限制条件，确定娱乐项目可开展活动的时间（月份）。

第三步：依据景观时效性和气候的适宜性，确定适宜的旅游等级。

第四步：计算娱乐和观光两大类旅游方向的活动百分率。娱乐型旅游项目可按平均活动率法计算；观光型可按最适宜、较适宜、可适宜和不适宜4个等级，并分别按80%～100%、60%～80%、10%～60%、0%～10%的活动率计算。

第五步：计算各月综合活动百分率及各日游人分布。

（2）日游人分布预测

日游人分布预测应依据日游人分布的规律性、游客出游的时间性进行预测计算，其方法如下：

第一步：确定日游人分布规律。

第二步：确定游客出游时间性百分率。

在目前情况下，只有按照国家相关规定进行预测（如大多数游客最有可能的出游时间为国庆节、春节和其他假日），并随假日时间的增加，出游的时间性百分率会越高。据此，在测算时，可按出游的时间允许条件分为最有可能出游、有可能出游、有出游时间和无出游时间4个等级，各等级的出游时间性百分率分别为50%～60%、25%～35%、15%～25%、0%～15%。

第三步：确定日游人分布，并最终计算出最大日游人规模。

5.2 风景名胜区旅游服务设施规划

旅游服务设施配备应根据风景名胜区、景区、景点的性质与功能，游人规模与结构，以及用地、淡水、环境等条件，配备相应种类、级别、规模的设施项目。其配备的原则，要与需求相对应，既满足游人的多层次需要，也适应设施自身管理的要求，并考虑必要的弹性或利用系数，合理协调地配备相应类型、相应级别、相应规模的旅游服务设施。在9类旅游服务设施中，餐饮服务是景区服务的重要组成部分，餐饮服务的质量水平和风格特色在很大程度上反映了景区经营的总体质量水平和风格特色；住宿床位反映着风景名胜区的性质和游程，影响着风景名胜区的结构和基础工程及配套管理设施，因而是一种标志性的重要调节控制指标，必须严格限定其规模和标准，应做到定性质、定数量、定位置、定用地面积或范围。

5.2.1 餐饮服务设施规划

1)餐饮设施的分类

餐饮是旅游活动中不可或缺的组成部分,餐饮设施是旅游景区不可缺少的服务设施之一,餐饮设施分为独立设置的与附属于宾馆酒店的两种类型。独立设置的餐饮设施布局一般设置于接待区、游览区或游览线路中间(5.4)。

表5.4 餐饮设施空间规划

设施项目	三级服务点	二级服务点	一级服务点	旅游接待中心	备注
饮食点	▲	▲	▲	▲	饮料、面包、糕点等
饮食店	△	△	▲	▲	快餐、小吃、野餐烧烤等
一般餐厅	×	△	▲	▲	饭馆、饭铺、食堂等
中级餐厅	×	×	△	▲	有停车位的饭店
高级餐厅	×	×	△	▲	有停车位的饭店

注:▲表示数量多,△表示数量少,×表示不设置。

2)餐饮设施的规划要点

第一,布局与服务功能要根据游程需要而安排,如起始点准备、顺路小憩、中途补给、活动中心、餐食供应等。

第二,作为景区的有机组成部分,餐饮设施应成为景区的景观一部分,同时也应成为景区中的观景场所。

第三,应使得容量上有一定的弹性,功能上具有多样性。旅游餐饮设施具有明显的使用上的不均匀性,淡旺季有波动,用餐时间集中,所以要求就餐时不拥挤,人少时不空荡。在实际估算过程中,一般用餐位数来反映旅游餐饮设施的数量,餐位数必须针对游客需求量最高的一餐(中餐或晚餐)来计算,并以椅子数来表述。

椅子数 =[(游客日平均数+日游客不均匀分布的均方差)×需求指数]/(周转率×利用率)

第四,旅游餐饮设施的设计应具有个性及突出地方特色,包括建筑外观、室内装潢、菜谱设计以及烹饪方式等。

3)餐饮设施的体验性趋势

在旅游景区内,旅游者的饮食习惯是对餐饮设施规划设计具有较大影响的因素,需要进行考虑,这也是目前旅游活动走向体验性的一大趋势所在,旅游景区内的餐饮设施规划需要通过以下几点来增加游客的体验性。

第一,在设计宾馆的大型餐厅时,用多个较小的用餐区取代大规模的餐厅,从而实现每个小餐区的个性与特色。

第二,提供多种多样的餐饮模式,兼顾为周边居民提供美食服务,围绕中心食品加工区成组布置,或布置在餐饮广场内。

第三,为了降低开设多家餐饮店的设备困难,减少单独开设厨房、储藏和服务设施的投入,可以将大多数食品准备工作集中到少数大型食品加工处,再通过运输过程送达每个小型的餐饮点。

5.2.2 住宿服务设施规划

住宿服务设施规划建设主要考虑3个方面的问题:一是根据游客规模预测,确定酒店床位数;二是从区域规划及风景区布局的角度,研究酒店的位置、等级、风格、密度和面积等;三是考虑未来扩建的可能性。

风景名胜区提供住宿的设施分为3种类型:一是酒店;二是临时住宿设施,如野营帐篷、草棚、竹楼、木楼和简易棚房;三是辅助住宿设施,如农家乐、别墅、寺观厢房等。酒店的供给能力不具有季节性,而旅游具有很强的季节性,所以需要临时住宿设施和辅助住宿设施来调节,满足旺季时游人的需要,在淡季时又不至于使酒店大量过剩,从而节约成本。有少数景区,供旅游旺季使用的补充住宿床位的数量比正规床位还要多。

1)酒店的功能分类和等级

酒店是指为旅客提供一定时间的住宿,也可提供饮食、娱乐、健身、会议、购物等功能的综合性的公共建筑。据统计,在一次旅游活动中,游客有 1/3 ~ 1/2 的时间是在酒店中度过的。在旅游者的消费支出中,用于食宿、娱乐的比例很高,占总支出的 1/2 左右。因此,能为游客提供舒适、安全、卫生、经济以及有自身特色的住宿服务是风景名胜区酒店规划的基本原则之一。

(1)酒店的功能分类

酒店除了具有住宿和餐饮的一般功能外,通常还具有以下多种专门功能。

①商务功能:酒店通过设立专门的商务中心,为旅游者提供各种方便快捷的服务,如传真、国际直拨电话、互联网、文件处理等。商务饭店可在客房中配备齐备的商务设施,包括传真机、两条以上的电话线、与电话接驳的打印机、电脑互联网络的接口等,为商务游客提供便利。

②度假功能:主要为旅游度假的游客提供服务。它可为游客营造旅游活动中的家庭气氛,设施要求宽松舒适,并配备齐全的康乐设施。

③会议功能:主要为各种商业展览、商贸洽谈、科学讲座和新闻发布等活动提供与食宿有关的设施及功能服务。酒店内设置各类大小、规格不等的会议室、谈判间、演讲厅、展览厅等,并配备专业人员服务。

④家居功能:指专门为居住期较长的(几个月、半年甚至超过一年)长住游客提供家庭式服务的酒店。

根据这些功能我们又可将酒店分为旅游酒店、体育酒店、商务酒店、疗养酒店、会议酒店、中转酒店和汽车酒店等。

(2)酒店的等级

国际上按照饭店的建筑规模、设备水平、舒适程度形成了比较统一的标准,通行的旅游酒店分为五等。通常用"星"的数目来表示酒店的等级,即一星、二星、三星、四星、五星。星数越

多,级别越高,酒店的建筑、装饰、设施设备及管理、服务、质量、清洁卫生等方面的水平也就越高。其中,二、三星属于中等;四、五星属于高级豪华酒店。在星级酒店门口设有标注明文规定其等级。

星级酒店的一般标准如下:

①一星:设备简单,具备食宿两个基本功能,能满足客人最基本的旅游要求。标准客房平均建筑面积 50 m^2,标准间客房的净面积小于 15 m^2。

②二星:设备一般,除具有客房、餐厅基本设备外,还有卖品部、邮电、理发等综合服务设施。标准客房平均建筑面积为 48 ~ 56 m^2,标准间客房的净面积为 15 ~ 18 m^2。

③三星:设备齐全,不仅提供食宿,还有会议室、游艺厅。标准客房平均建筑面积为 60 ~ 72 m^2,标准间客房的净面积为 18 ~ 20 m^2。

④四星:设备豪华,综合服务设施齐全,服务项目多。标准客房平均建筑面积为 74 ~ 80 m^2,标准间客房的净面积为 21 ~ 23 m^2。

⑤五星:设备十分豪华,服务设施齐全,服务质量很高,可供游客进行社交、会议、娱乐、购物、消遣、保健等活动,收费标准高。标准客房平均建筑面积为 80 ~ 100 m^2,标准间客房的净面积为 23 ~ 25 m^2。

2)营地的种类及布局

营地就是可以满足房车、自驾车、帐篷等露营形式的生活补给和供人休息的场所。房车是移动的家,那么营地就是移动之家的停靠点。满足房车、自驾车、帐篷等露营者的补给,是营地最根本也是最基本的功能。但如果仅仅是补给功能,则只是汽车加油站的性质,所以营地还应当具备休息的功能才能体现出露营文化。补给和休息构成了营地最基本的特点。

风景名胜区中的营地形式包括帐篷营地和拖车营地。帐篷和拖车露营是旅游接待设施中最便宜的形式。我国于 2003 年加入了世界汽车露营总会,并开始着手规划露营地的建设问题。各地开始重视露营地建设。到 2019 年,仅北京就有 10 个区县开展了汽车露营地规划建设工作,14 家露营地对外开放;河北省环首都 14 个县至少建设 124 个房车露营地;山东启动汽车露营建设年,烟台打造 20 个自驾游营地,覆盖山海湖岛;青海省海北藏族自治州首批自驾车营地落成,打造一体化自驾车旅游。

露营地通常包括几大区域:生活区、娱乐区、商务区、运动休闲区等。露营地内各种设施齐全,有独立的饮水和污水处理系统,配备生活用电。生活区域内有现代化的卫生设备,有淋浴、卫生间,并提供洗衣、熨衣、煤气等服务设施;露营地内设有超市、邮局、诊所、酒吧、餐馆、健身房等,完全可以满足游客日常生活的需要。在娱乐和运动区域内,开辟有足球场、网球场、篮球场、游泳池、高尔夫场、儿童游乐园等多种运动场地和多功能厅,供游人使用。

(1)营地的类型

作为休闲文化,补给显然不是露营地最看重的,更重要的是休息,那么露营地环境的好坏也就直接影响露营地的受欢迎程度。根据所处环境的不同,可将露营地划分为以下 6 种类型:山地型露营地、海岛型露营地、湖畔型露营地、海滨型露营地、森林型露营地及乡村型露营地。

(2)营地的规模与密度

营地的密度在各国没有统一的规定。在法国,营地内每个单元(帐篷或拖车及小汽车)占用的最小面积为 90 m^2。在德国,根据不同情况,每个单元最小面积为 120 ~ 150 m^2。荷兰推荐的密度更低,每单元 150 m²(而且周围需是大片未开发用地)。美国国家公园推荐的密度变化较大:将所有设施集中在一起的中央营地为 300 m²/单元;可容纳 100～400 人、有道路入口和服务设施的森林营地为 800～1 000 m²/单元,且周围为大片林地所包围;容纳 50～100 人、不配备任何设施的边疆(猎人)营地为 15 000 m²/单元,周围是原野地区。

根据《休闲露营地建设与服务规范》(GB/T 31710.1—2015)、《自驾车旅居车营地质量等级划分》(LB/T 078—2019)和《户外运动产业发展规划(2022—2025 年)》,国内对不同类型的露营地提出不同要求。

自驾车露营区:自驾车营位由停车位和帐篷位组成,营位数量宜不少于 20 个。每个自驾车营位的占地面积宜不小于 50 m²,车辆停泊后两车间距不小于 2 m。

房车宿营区:房车宿营区由自行式房车营位和拖挂式房车营位组成,营位数量宜不少于 20 个,自行式房车营位和拖挂式房车营位宜各自分区设置。每个房车营位由停泊位和附属休闲区组成,占地面积宜不小于 80 m²,房车停泊后两车间距不小于 3 m。

帐篷露营地:营位数量宜不少于 30 个,每个营位占地面积不小于 2 m²,营位之间间距不小于 2 m,其中青少年露营区最小面积 400 m²,每个高架帐篷床最小面积 16 m²。

(3)营地的规划准则

用于露营的场地需要满足以下条件:便捷的入口、良好的排水、平缓的坡度、良好的朝向,而且在可能的条件下,露营地之间要有树木和绿篱相隔(挡风和私密性考虑)。

①区位选定。

第一,自然因子:设于水岸、湖边的露营地必须远离岸边 10～100 m;选择排水良好的地点,以沙质土壤最佳,砾质土壤次之,黏土最差;设置于森林边缘,有部分森林提供庇护,而且通风良好的地区;避免在顺向坡开辟营地。

露营地选址条件

第二,露营地环境:避免设置在地表岩石裸露或灌木过高的区域;必须保留足够缓行空间,使露营者有身处野外的感觉。

第三,游憩区位:选择视野广阔或附近有水源处,可增进露营场的吸引力;区位选择必须能够与邻近的游憩景点相串联;露营地位置避免与其他游憩设施或活动相冲突。

②与环境配合。

第一,配合地形变化,进行空间配置,坡度过大时,可采用阶梯式配置。

第二,建筑物、设施的造型和材料应与环境相协调。

第三,综合考虑气温、湿度、雨量、风向、季风、雷雨等自然气候因素。

③配套设施。

第一,露营地附近需提供充足的水源和活动空间。

第二,配套设施包括卫生、餐饮、野外游戏等相关设施。

第三,设施的设计需考虑残障者的使用。

第四,露营场空间够大时,需分别设置家庭式露营场、团体露营场、拖车露营场等。

④露营区划分。

露营活动为团体性活动,根据使用成员、人数、活动等情况,对空间进行合理配置。根据使用者的成员组成特性,可将露营区划分为:

第一,大型团体露营区:提供学校、公司和大型团体露营使用,人数为百人以上,通常以搭乘旅游车方式到达。

第二,小型团体露营区:提供30人以下的露营空间,交通工具包含大型车与小型车。

第三,家庭式露营区:成员以家庭单元为主,通常一个家庭单元只需一个露营位,以自用车到达。

(4)设计准则

①区位选定

第一,选择地点的土壤需排水性强,以砂土为最佳。

第二,地形坡度应低于15%以下,最小坡度为5%,10%~20%应采用阶梯式设计,30%以上不宜开发。

第三,避免设置在下风处、落石区、落雷区及其他潜在危险区域。

第四,风速过强、太阳直射过久的区域,可运用植物改善微气候环境。

②空间配置。

第一,露营区必须靠近主要旅游路线,并用植物或凭借地形等进行遮蔽或区隔,以防视觉景观冲击及噪声污染。

第二,家庭式露营场每个帐位平均人数4人,最高8人。

第三,帐位数每公顷15~25个,帐位间距平均15~20 m为佳,每个帐位至少90 m^2。

第四,活动空间至少180 m^2。

第五,可利用绿篱作为空间区隔和旅游路线引导。

第六,地面植被以柔软地被为主要考虑。

第七,篝火场和露营帐位应有适当的视觉及噪声阻隔。

③基本营位尺寸。可分为一般营位和汽车营位。一般营位根据使用人数不同,营位大小也有所差异,其标准营位单元为7 m×(7~10)m。汽车营位标准尺寸为10 m×10 m。

④公共设施。每百人(25个单元)的最低标准如下:

第一,卫生设施(4座厕所,4~5个洗手盆、2个淋浴喷头、2对水槽、3个垃圾桶),最好离任何单元都不超过100 m(最多150 m)。每2~3个帐位应设有一个垃圾桶。

第二,露营区距离水源45~90 m。

第三,水的储藏量为每日最大使用量的两倍。供水(每人每天40~60 L淡水);排水和污水处理设施,包括一处泵站和污水池内的废水排放设施。

第四,每100个帐位需有一处废弃物收集处理场,并有适当的遮蔽。

第五,附属设施有露营场管理中心、烹烤设施、野餐桌椅等,根据营地的规模和类型,可能需要配备食品店和休息室。

第六,一车道的路面宽3~3.5 m,入口处附近有停车场,防止夜间车辆驶入营地,停车场应设置在步行易到达处;有路灯的人行道宽1~1.5 m。

第七,营区内主要旅游路线和重要活动空间(公共厕所、水域旁边、管理中心、住宿设施)应设置夜间照明设备。

第八,营区应配置一间医疗室,并配有必备的常用急救药品。

第九,最远的营区距公共厕所以90 m为宜,最远不宜超过150 m。

第十,距淋浴间以120 m内为宜,最远不宜超过180 m,在旅游淡季应保留一处供应热水的淋浴间。

3）旅宿床位预测及直接服务人口估算

（1）旅宿床位预测

旅宿床位是游务的调控指标，必须严格限定其规模和标准，应做到定性、定量、定位、定用地范围。确定旅宿床位是一个很困难的问题，如果以旺季的需求来确定床位规模，在平季、淡季会造成设备闲置；若以旅游淡季来确定床位规模，在旺季床位会紧张。

因此，应在风景区客容量季节变动预测的基础上，合理确定旅宿床位的数量。床位数主要受客流总量与滞留时间的影响，而各种档次住宿设施的数量则决定于客源的结构，主要是游客的消费水平与消费习性。下面介绍几种预测床位的方法：

①以全年住宿总人数来求所需床位：

$$C = \frac{R \times N}{T \times K} \tag{5.8}$$

式中　C——住宿游人床位需要数；

R——全年住宿游人总数；

N——游客平均停留天数；

T——全年可游览的天数；

K——床位平均利用率。

其中，游客平均停留天数是对风景名胜区留宿旅客住宿情况综合分析的加权平均值，主要取决于风景名胜区的性质、服务功能、区位条件等。如果风景资源开发得好，规模大，游玩项目多，游客的停留天数就长。对于有组织的旅游，如由单位组织或旅行社组织的旅游团体，停留天数按旅程时间确定；在以大量散客为主的旅游地，游客停留天数须根据多年统计资料计算平均值。一般无特殊旅游项目的观光旅游区，国内游客的游程在 7 天以内，游程的停留天数以 2～5天最多；国外游客的停留天数一般为 2～3 天。

全年住宿人数总数可由下式确定：

年住宿人数＝年旅游人数×入住百分率

入住百分率应着重以客源市场需求、风景名胜区的资源特点、风景名胜区与客源市场的对接程度来分析。如华山风景名胜区，由于区外交通（西临高速公路）和内部交通（华山索道）的改善，风景名胜区旅游人数连年增加，但入住人数和入住百分率却不断下降，这一变化也直接影响其他服务行业的经济效益。因此，从一定意义看，交通条件的便捷会促成旅游人数的增加，反而造成入住率的下降。

年旅游天数是床位数确定的又一关键指标，与床位利用率构成了对应的反向关系。例如，泰山的旅游旺季为每年的 7、8、9 月，在此期间，泰安各大小宾馆、饭店、招待所入住率可达100%。在其他月份也有游人前往游览，但入住率极低。由上可知，旅游天数确定的时间长，则床位利用率就低。此外，在目前的情况下，无论是风景区内还是区外的宾馆、饭店、度假村的床位年利用率不应低于 60%，否则会出现亏损现象。

②以每天平均客流量求床位数：

$$C = \frac{R \times (1-r) \times n}{T \times K} \tag{5.9}$$

式中　C——每天平均停留客数对床位的需求；

　　　R——客流量；

　　　r——不住宿游客占游客的比例；

　　　n——游客平均停留天数；

　　　T——日历天数；

　　　K——床位平均出租率。

【例5.2】　某风景区2023年平季、淡季、旺季可能接待人次见表5.5，取不住宿游客占游客的比例为0.2，游客平均停留天数为2，床位平均出租率为0.75，日历天数为150天，求全年对床位的平均需求量。

表5.5　某风景名胜区2023年游人量统计　　　　　　　　　　　单位：万人次

淡 季					平 季		旺 季				
1月	2月	3月	11月	12月	6月	9月	4月	5月	7月	8月	10月
1.894	2.790	4.790	14.136	9.387	16.396	17.595	19.703	27.484	32.274	30.584	23.906

根据公式 $C=R(1-r)n/T×K$，取 $r=0.2$，$n=2$，$K=0.75$，$T=150$ 天，则按淡季算所需床位为：

$$C=\frac{(1.894+2.790+4.790+14.136+9.387)×(1-0.2)×2×10\,000}{150×0.75}张=4\,693\ 张$$

按平季两个月60天计算为：

$$C=\frac{(16.396+17.595)×(1-0.2)×2×10\,000}{60×0.75}张=12\,086\ 张$$

按旺季共5个月150天计算为：

$$C=\frac{(19.703+27.484+32.274+30.584+23.906)×(1-0.2)×2×10\,000}{150×0.75}张=19\,051\ 张$$

全年平均月接待人次为16.81万人次，以日历天数为30天来计算月平均床位：

$$C=\frac{16.744\,92×(1-0.2)×2×10\,000}{30×0.75}张=11\,907\ 张$$

分析比较4种计算结果，以平季或全年每天床位需求量安排旅游床位较为合理。

③以现状高峰日留宿人数求所需床位数：

$$C=R_0+Y×N \tag{5.10}$$

式中　C——所需床位数；

　　　R_0——现状高峰日留宿人数；

　　　Y——每年平均增长数，由历年增长率统计进行估计；

　　　N——规划年数。

此公式在缺乏必要数据的情况下可以采用，以供初步规划时匡算用。

④以游人总数求旅游床位：

$$C=\frac{T×P×L}{S×N×O} \tag{5.11}$$

式中　C——平均每夜客房需求数；

　　　T——游人总数；

　　　P——住宿游人占游人总数的百分比；

　　　L——平均逗留时间；

　　　S——每年酒店营业天数；

　　　N——每个客房平均住宿数，即用任何一阶段时间内的游人数除以游人留宿夜数；

　　　O——所用酒店客房住宿率。

⑤以各月游客量的平均值计算床位：

$$C = (\overline{X}+\delta)\times N \tag{5.12}$$

式中　C——估计的床位数；

　　　N——游客的平均住宿天数；

　　　$\overline{X}$——每月游客量的平均值；

　　　δ——每月游客量的均方差。

其中

$$\overline{X} = \frac{X_1+X_2+\cdots+X_n}{n}$$

式中　$X_1, X_2, \cdots, X_n$——每月的游客数；

　　　n——游览的月数。

$$\delta = \sqrt{\frac{\sum (x-x_1)^2}{n}}$$

当 $\delta = 0$ 时，式（5.12）就变为

$$C = \overline{X} \times \overline{N} \tag{5.13}$$

当对 $C = (\overline{X}+\delta)\times N$ 考虑床位利用率 k 时，则

$$C = \frac{(\overline{X}-\delta)\times \overline{N}}{k} \tag{5.14}$$

式（5.14）适用于全年各月游人量分布不均匀的情况。

在式（5.14）中，当 $\delta = 0$ 时，有

$$C = \frac{\overline{X}\times \overline{N}}{k} \tag{5.15}$$

式（5.14）适用于全年各月游人量分布较均匀的情况。

上面介绍了几种计算床位的公式，在应用中应根据具体情况进行选择。

由于气候的关系，许多风景名胜区的季节性变化非常明显，尽管对旅游床位作过科学的预测，但仍免不了对风景名胜区酒店使用率带来的极大影响。因此，可采用以下几种措施减小季节变化带来的影响。

第一，正确预测游客规模，合理确定床位数量，把床位使用的季节波动控制在最小的范围内。

第二，扩大酒店的接待对象范围。

第三,搞房价浮动、淡季优惠、会议接待,提高床位利用率。

第四,在淡季举办多种有吸引力的活动,如节庆、博览、交易、赏雪等活动,以吸引游人。

第五,在旅游旺季临时开辟补充床位,如利用暑期中小学的闲置教室、居民组织的服务社接待游客。

(2)直接服务人员估算

在本节服务人员是指为游客食宿提供直接服务的从业人员,如宾馆、饭店的客服服务和餐饮服务,但不含主要管理人员。直接服务人员的估算应以旅宿床位或饮食服务游览设施为主,其中以床位计算的直接服务人员估算可按下式计算。

$$直接服务人员 = 床位数 \times 直接服务人员与床位数的比例$$

其中,直接服务人员与床位数的比例,可按照宾馆的级别,取值 $1:10 \sim 1:2$。

(3)酒店用地计算

旅宿标准按照现行分类方法,可将其划分为套间、单人间、双人间和三人间几种类型。通常三人间面积在 $12 \sim 15 \ m^2$,不含卫生间;两人间又称为标间,面积在 $12 \sim 15 \ m^2$,含卫生间;单人间面积在 $12 \sim 15 \ m^2$,含卫生间;小型套间相当于 2 个标准间的面积,并分隔为办公间和休息间,且含卫生间;大型套间相当于 $2.5 \sim 3$ 个标准间面积,同样分隔为办公间和休息间,且含卫生间。

其他的旅宿面积包括接待室、值班室、走廊、公共卫生间(水房)、餐厅、楼梯等。其面积按照宾馆设计的级别不同,附属面积占旅宿建筑总面积的 $15\% \sim 25\%$。其他附属面积中不包括室内活动项目所需面积。

在根据住宿游客人数计算酒店用地面积时,应考虑其消费水平,不同的旅宿标准应有合理的划分,以便较准确地测算出旅宿建筑面积。旅宿床位数及建筑面积应包括楼房、平房、可提供食宿的农家小院、木屋及在旅游黄金时段可供游人住宿的临时帐篷等。

①酒店总面积的计算:

$$S = n \times P \qquad (5.16)$$

式中　S——酒店总面积;

　　　n——床位数;

　　　P——酒店用地指数(据建筑研究资料,$P = 120 \sim 200 \ m^2/$床)。

②酒店建筑用地面积的计算:

$$F = \frac{n \times A}{\rho \times L} \qquad (5.17)$$

式中　F——酒店建筑用地面积;

　　　n——床位数;

　　　A——酒店建筑面积指标;

　　　ρ——建筑密度,一般标准为 $20\% \sim 30\%$,高级酒店约为 10%;

　　　L——平均层数。

酒店的建筑面积 A 是指每床位平均占建筑面积,标准较低的酒店:$8 \sim 15 \ m^2/$床;一般标准酒店:$15 \sim 25 \ m^2/$床;标准较高的酒店:$25 \sim 35 \ m^2/$床;高级酒店 $35 \sim 70 \ m^2/$床。

4)停车场面积

对于风景名胜区来说,凡是有车可达之处,均需要开辟停车场。在一些国家,要求酒店每

2~4个房间有一个汽车空位。我国可根据私家车拥有量,对停车场地进行增减。其所需面积可按式(5.16)计算:

$$A = r \times g \times m \times \frac{n}{c} \tag{5.18}$$

式中　A——停车场面积,m^2;

　　　r——高峰游人数,人;

　　　g——各类车单位规模,m^2/辆;

　　　m——乘车率,%;

　　　n——停车场利用率,%;

　　　c——每台车容纳人数,人。

乘车率和停车场利用率均可取80%,各类车的单位规模见表5.6。

表5.6　各类车的单位规模

车的类型	小汽车(2人)	小旅行车(10人)	大客车(30人)	特大客车(45人)
单位规模/($m^2 \cdot 辆^{-1}$)	17~23	24~32	27~36	70~100

注:资料来自魏民,陈战是,等.风景名胜区规划原理[M].北京:中国建筑工业出版社,2008.

休、疗养所停车场比酒店的要小,一般可以采用每20~30床位设置1车位。

5.2.3　购物服务设施规划

完善的购物服务设施,不仅能增强风景名胜区商品的竞争实力、促进旅游购物、稳步提高旅游购物收入在旅游总收入中所占的比重,还能有效促进旅游产业结构的优化调整,全面提高旅游经济效益。

购物设施中面积最小的为小卖部、商亭,应根据游人的规模、需求和商品特色设置若干个,每个面积控制在20~30 m^2。

一个中等面积的商业性单元如店铺的规模可以为50~200 m^2不等,平均面积为90~100 m^2。有些商店可以在统一管理模式下成群布局,但是保持小型专卖店的特色更重要。不同类型的商店应相互组合,以创造趣味性和多样性。那些提供最基本生活日用品的杂货店要和销售昂贵奢侈品的商店左右为邻。

大型的综合商场,则通常以旅游城为依托,不再另行设置。在旅游城中的购物服务设施,应做好商业网点规划,在市区规划、建设、培育若干个商业街区;加强旅游购物管理,改善旅游购物设施和环境;加强特色旅游购物商品开发;建立旅游商品研、产、销体系,以旅游文化用品、旅游工艺纪念品、特色食品和旅游用品四大类旅游商品生产的龙头骨干企业为主,建立旅游商品生产基地,逐步形成旅游城生产旅游商品的旅游工业体系。

银行、金融业也通常以旅游城为依托,不再另行设置。

此外,小型风景名胜区(床位数在3 000个以下)可能需要比通常情况下的商业设施更多的商店和相关服务设施。在风景名胜区创始阶段,开发商就必须为顾客提供并经营这类设施。

在许多滑雪风景名胜区,为了防止寒冷气候,开发商往往在不同商店之间构筑商业通廊或封闭式购物区为游客去除风雪之忧。问题是这种城市化方式是否适用于风景区值得怀疑,因

为在露天雪景中漫步的体验也是游憩乐趣的一部分。

另外,在某些风景名胜区商店常常与餐饮设施相结合,从而形成一种购物中心形式。

5.2.4　康娱服务设施规划

康娱服务设施应根据其类型、游人规模和地方文化休憩资源等,有选择性地进行开发,在康娱设施投资建设前,一般应进行单项可行性研究,避免因开发过度而破坏资源,或开发过大而无经济效益,以及开发过小造成资源不能合理利用和二次开发造成资金浪费的现象。

1)娱乐设施

风景名胜区的娱乐设施一般包括游乐设施、表演场所、影剧院、自娱自乐设施、体育设施等。

文娱性建筑的总建筑面积建议按照0.1~0.2 m²/床的指标估算。文娱设施的项目除了表5.7所列外,还可根据旅游区的具体情况设置植物园、展览及游乐性建筑、动物园等。

户外体育活动场地的总面积可按5~8 m²/床的指标进行估算,而游乐性建筑的面积可按0.2 m²/床的指标进行估算。风景区体育活动内容除了表5.8所列之外,还可根据本身的条件组织其他活动。

表5.7　文娱设施的分项配置指标

类　别	1千床	2千床	4千床	7千床	12千床	20千床
电影院300~600座			1	1	1	2
多功能厅200~1 000 m²					1	1
露天剧场500 m²		1	1	1	1	1
图书阅览室150~500 m²			P	P	1	1
青年中心			P	1	1	1
舞厅150~200 m²				1	2	3

注:P表示可以设置。

表5.8　体育设施的分项配置指标

规　模	1千床	2千床	4千床	7千床	12千床	20千床
活动场2 000 m²	1	2	4	6	10	16
篮球场、排球场800 m²			1	1	2	4
网球场	P	1~4	2~8	4~10	6~12	8~20
室内网球(25×40 m²)						1
体育厅250~1 000 m²		P	P	1	1	1
室内游泳池500~2 500 m²		1	1	1	1	1~2
跑马中心		P		1	1	1

续表

规　模	1 千床	2 千床	4 千床	7 千床	12 千床	20 千床
马数/匹				10	15	25
小型高尔夫球场 5 000 m²	P	P	1	2	3

注:P 表示可以设置。

2)康复、医疗和保健设施

(1)医疗设施

门诊所、救护站面积 25 ~ 50 m²,可单独设置,也可设置在游客住宿处,医疗可以依托旅游镇或旅游城,除区域旅游规划设计外,在风景名胜区规划设计中可以不予考虑。

(2)休、疗养设施

休、疗养区一般设置在环境幽雅、林茂水清、空气新鲜、气候宜人、远离噪声的地段,并应有商业、医疗、通信等方便休、疗养者的设施。休、疗养设施的建筑面积应视为旅宿面积的一部分,因此不再单独计算,但在总体规划中应明确定位。

5.2.5 标识系统规划

1)标识系统规划的意义

旅游者进入风景名胜区,往往对风景名胜区内的具体内容、旅游景点的分布与具体方位、风景名胜区内的安全与禁游区不清楚。为了方便游客了解风景名胜区和方便游客游览,合理安排游览线路,风景名胜区的标识系统的作用就显得尤为重要。除此以外,设立在人口集散地区、主要交通要道旁的巨幅广告牌也是极好的宣传导向标识,对宣传风景名胜区、迅速提高风景名胜区客流量有不可忽视的作用。

2)标识系统的具体类型

(1)广告牌

广告牌是对外宣传的重要设施,其昭示的内容可为形象宣传词或欢迎口号。在风景名胜区建设时期,由于尚未具备应有规模,广告牌一般宜设立于国道、高速公路或铁路一侧引人注目的地方。当风景名胜区经济发展到一定程度时,可在大、中城市和主要海外游客入境地设置大型广告牌,甚至在国外主要目标市场设置广告牌。广告牌的图案、字体、颜色要与风景名胜区形象设计要求一致,以便从多方面体现风景名胜区的特色。

(2)介绍牌

介绍牌分为全景和各景区介绍牌两种。其中,全景介绍牌为风景名胜区重要景点和游览线路公示牌。一般应设立在风景名胜区入口的内外,其内容包括游览线路、主要景点、危险区和游客禁止区(一级保护区)。一般介绍牌正面内容为总体平面布局、相关文字说明及形象口

号,背面书写游客须知,要求设计美观醒目、文字准确规范,符合《公共信息图形符号 第1部分:通用符号》(GB/T 10001.1—2012)的规定。各景区介绍牌是风景区内为介绍各景区而设立的公示牌。一般位于各景区的入口一侧。制作风格、用材应与全景介绍牌一致,但尺寸要稍小于全景介绍牌。其内容包括景区导游图、服务设施分布以及游览内容的文字说明等,要求设计美观醒目、文字准确规范,同样符合上述标准。

（3）路线标识牌

路线标识牌是在景区道路沿线,尤其是道路分岔处用石料、竹料或木料等制成的指示牌,告知游客前方景点方向、名称、距离、停车场等要素。路线标识牌要清晰,指向要明确,设立位置要显眼,并尽可能地与风景区的自然风貌保持一致。

（4）警告牌

警告牌通常是基于安全需要所设立的警告设施。在景区道路的沿线,尤其是危险地段和易污染地段,常用石料、竹料或木料等制成警告牌,用以提醒和忠告游客,如"小心路滑""请保护文物"等。

（5）服务告示牌

服务告示牌是提供游客方便服务的公示牌。服务告示牌包括购物点、娱乐点、餐厅、邮局、银行、公厕、急救中心等服务功能所在地的导向指示牌,另外,还包括大门处的管理规定、开放时间等公示牌。要求标示清晰、图示形象、方向明确、位置显眼,其中标示符号应符合《风景园林制图标准》(CJJ/T 67—2015)的规定。

3）标识牌的设计原则

设立标识牌是希望游人能清楚且明确地接收到传达的信息。为了与风景名胜区环境相协调,设计标识牌时应遵守以下5个方面的原则。

（1）设置地点

设置地点选择游人易看见且不会破坏原有环境的地方。应和环境相协调统一、便利醒目,避免被遮挡或移动。做到既能明确指示,又不滥设。建议请专业人员及美工人员参与设计。

①设置方式:分为附着式、悬挂式、立柱式(单柱或双柱)、摆放式4类。无论采用哪种方式,都应牢固、可靠、安全且方便使用和管理。

②标识牌的使用期限:永久性的标识牌应设置于固定地点,临时性的则应不加固定,既可随机应变地移动又可避免时过境迁、无法移除。

③独立设置时勿置于自然资源之上。如将标识牌钉在树上,或是刻在岩石上,都是破坏自然资源的行为。但若把标识牌巧妙地与人工设施放在一起,则是值得提倡的方法。

④标识牌的分布地点要合理。分布应视用途来决定最适当的地点,如路标、警告牌等应更需注意其设置的地点是否能发挥最大的效能。此外,数量过疏或过密均不佳,应根据实际需要决定数量。

（2）形式与材料

标识牌的单体形式和制作材料并不重要,但它的形状、高度、大小及风格却与设置地的背景及性质有密切的关系。

为了整体形象,风景名胜区内的标识牌形式应统一,以相同的基本设计原则来制作区域内各种功能的标识牌,使整体有协调统一感。

标识牌的材料有天然和人工之分。设计人员应充分了解各种标识牌材料的优缺点,以便视实际情况利用。天然材料有石材、木材和竹材。石材坚固耐用,有良好的质感,但搬运困难;木材质感虽好但容易腐朽,容易受到破坏;竹材价格便宜,可塑造特殊风格,但更易腐朽。人工材料有水泥、金属和复合材料等。

公共标识的材质应选用耐久性材料,首选铝板、铜板,其次为钢板,推荐厚度为 1 ~ 1.5 mm。

(3)颜色规定

图形符号所使用的颜色应遵守《安全色》(GB 2893—2008)的规定。公共标志的颜色应和风景名胜区环境色彩相协调,带有颜色的图形符号,应严格遵守规定的颜色。首选蓝色作衬底,图形文字边框为白色,如选用铜材,首选铜本色作衬底,图形、文字、边框为黑色。

其他图形符号的颜色选择顺序如下:黑色图形,白色衬底;白色图形,绿色、蓝色、黑色衬底;蓝色、绿色图形,白色衬底;在保证图形与衬底对比强烈的前提下,金属载体的标志牌可采用载体本色作为衬底。

除上述颜色选择顺序外,还应注意颜色的明视度。明视度是指可使人看清楚的程度。以背景颜色与字色的次序,将明视度高低排列如下,可供决定颜色时参考:黄—黑、白—绿、白—红、白—青、青—白、白—黑、黑—黄、红—白、绿—白、黑—白、红—黄、红—绿、绿—红。

如果字的颜色与环境相同,背景色则应选用能使字更为明显的颜色。

(4)标识用语内容

标识是指给人以行为指示的符号或(和)文字。标识用语有两种:一是标志符号,二是说明性文字标志。标识有时有边框,有时没有。其用语在诸如警告牌中尤为重要,能否发挥作用,取决于其独特的含义信息是否让人容易理解和接受。因此,正确、简明、清楚的用语是一个基本要求,并应根据设定的目的、游人的心理来措辞。

(5)信息表达的方式

信息表达的方式或用文字,或用符号,或两者一起使用,可视情况而定。其主要原则如下:

①尽可能采用图示方式。所示内容应一目了然,且令人印象深刻。

②合理选用适合于使用目的的字体。汉字、字母和数字的号数执行机械制图标准。

③信息内容正确易读。

5.2.6 解说系统规划

游赏解说系统是风景名胜区实施旅游功能、教育功能、服务功能、保护功能的必要基础,是帮助游客正确解读风景名胜区空间环境信息的重要手段。目前,风景名胜区在游赏解说系统建设方面还有待提质,存在管理薄弱、解说人员素质参差不齐、解说物单一、制作粗陋、信息价值不高、人性化设计不专业等问题。

解说系统规划的意义在于,通过合理的规划解说系统,提高风景名胜区的建设和管理水平,挖掘景区的历史文化内涵,体现景区鲜明特色,提高景区的文化品位和地区活力,从而改变整个风景名胜区的整体形象。

1)游赏解说系统综述

观光旅游区的解说,最早源于美国国家体系的解说服务。弗里曼·蒂尔登(Freeman

Tilden）认为,解说不只是传达知识,还是一种借原本的事物、亲身体验、解说工具来说明该物的意义与各组成因子间关系的教育。换言之,将资讯经由媒体传达给接收者的行为即是"解说"。"解说系统"的含义,就是运用某种媒体和表达方式,使特定信息传播并到达信息接收者中间,帮助信息接收者了解相关事物的性质和特点,并达到服务和教育的基本功能。通过解说的独特功能,可以实现资源、游客、社区和风景名胜区管理部门之间的相互交流。世界旅游组织阐释解说系统是旅游目的地诸要素中十分重要的组成部分,是旅游目的地的教育功能、服务功能、使用功能得以发挥的必要基础,是管理者管理游客的手段之一。

2）解说系统的功能

一个完整的解说系统通常具有以下几个方面的功能,其中服务和教育是最基本的两种功能。

（1）服务功能

服务功能主要指基本的信息传递和导向功能,以简单的、多样的方式给游客提供服务方便的信息,改善游憩体验,使他们有安全、愉悦的感受。可识别的环境不仅能给游客带来安全感,还能增强游客内在体验的深度和强度。

（2）教育功能

教育功能通过文化信息的传递,反映景区的历史文脉,说明景点的独特内涵,使游客较为深入地了解景区的资源价值,明确其与周围地区的关系和风景名胜区在整个国家公园系统中的地位和意义。这样不仅能增添景区的魅力,提高景区文化品位,还能满足游客的精神需求。教育功能还体现在引导、鼓励游客参加景区适当的管理、建设、再造等活动,以及学习在风景名胜区内参与各种运动及游憩活动必需的技能上,如滑雪、登山、户外生存等技能。此外,解说还提供了一种对话的途径,使游客、社区居民、管理者相互交流,达成相互间的理解和支持,实现风景名胜区的良好运行。

（3）保护功能

保护功能是指通过解说系统的揭示和帮助信息,使游客在接触和享受风景名胜区资源的同时,也能做到不对资源或设施造成过度利用或破坏,并鼓励游客与可能的破坏、损坏行为作斗争,加强风景名胜区资源的保护。

（4）景观功能

设计得宜的景区解说物能够表现并形成有特色的景区形象,增强景区的吸引力与空间活力。在解说的强化下,游客对景观的时空演进也会产生清晰的序列,从而增强游览的乐趣。

3）解说系统的分类

解说系统有多种不同的分类方式,通常从提供服务信息服务的方式媒介出发,可将其分为向导式解说和自导式解说两类。两者的优缺点见表5.9。

表5.9　向导式解说系统和自导式解说系统的优缺点比较

类　别	解说方法	优　点	缺　点
向导式解说系统	人员解说	人际交流具有亲切感,可根据旅游者的文化程度及兴趣调整讲解内容,即兴解说突发现象和游客提问,双方能交换意见,可以利用群体反映,提高个人的好奇心或兴趣	招募和培训人员需要花费较高的成本。解说效果取决于解说人员的文化水平、思想水平和解说技巧。服务的人数受限制,讲解时间受限制
自导式解说系统	影视解说	效果好而持久,适合解说特定的主题,可用于介绍生疏的题材和复杂的景物。便于携带,可在景区内外使用	制作难度大,所需经费多且修改困难
	语音解说	可语言播出,可增强效果。手提式耳机解说可减少周围干扰。可借个人的声音、地方色彩和习俗等使音响效果戏剧化	音响效果受设备影响,有时可能造成噪声
	幻灯解说	制作简单、重点突出,可同时欣赏摄影艺术且更换内容容易	需要配音和文字介绍等方式增强效果,受拍摄、配音和文字水平的制约。不是动态的视觉效果,视觉上的真实感受不如摄影
	陈列解说	集中展示,方便参观真品实物往往配以照片、图表、模型、容易理解。不受天气及蚊虫等外界因素干扰	游客长时间参观易疲倦。陈列项目多而细,对游客的吸引力会递减
	指示牌解说	对照性强,能产生触景生情的效果。耐久性、稳定性强,不懂的时候可以反复阅读不受时间限制,游客可根据自己的时间和兴趣阅读	无人看管,易被破坏。露天放置,易受天气光线等因素影响而损坏。文字有限,信息量有限
	出版物解说	使用时间长久,可用于旅游之前的初步了解、旅游中的引导和旅游后的回味。可对旅游景点景区全面、详细、深入介绍,如景点景区的历史文化、线路、设施分布等,还可以用多种语言撰写,适合国际旅游者的需要。具有纪念价值	旅游景点景区的出版物一般在旅游景点景区出售,许多人在旅游之前不易获得。要求游客有一定的文化水平,否则,不大会购买出版物去阅读。需要考虑出版成本

　　向导式解说系统又称导游解说系统、人员解说,以具有能动性的导游人员向游客进行主动的、动态的信息传导为主要表达方式。其形式多样,如向导性解说、定点解说、即兴活动等。其最大的特点是双向沟通,能够回答游客提出的各种疑问,可因人而异地提供个性化服务。然而,导游的素质、工作态度、管理和经费等也会导致服务质量的波动,使解说的可靠性和准确性带有很多不确定性。

　　自导式解说系统也称实物解说、物品解说。通常情况下,游赏解说系统都是自导式解说系统。它是由书面材料、标准公共信息图形符号、语音等无生命设施、设备向游客提供静态的、被

动的信息服务。由于受到篇幅、容量的限制,其信息量有一定的限制。但正是这一限制使得自导式解说系统的解说内容一般都经过了精心的挑选和设计,具有较强的科学性和权威性。游客可按照游览时间自由获取信息,也可根据自己的兴趣爱好和体力决定获取信息的时间长短和深度。当然,自导式解说也容易遭受自然和人为的破坏。

4）自导式解说系统的主要内容

由于我国游赏解说系统大都是自导式解说系统,因此本课程着重讲述自导式解说系统的3种主要类型。

（1）解说牌

解说牌是用来"解说问题"的标志设施,是指导游客参观游览最普遍的一种方式。解说牌起到加深游人对旅游区内某一旅游点或景物的文化内涵的理解,并协助他们更好地开展游憩活动的作用。这些解释材料可伴以文字说明及详细解释的标本、照片、图表、地图以及此类可提供信息的载体。解说设施中除解说牌外还包括有解说员、视听媒体、文物展示设施等。

解说牌虽不及某些媒体生动有趣,但因其造价低廉、容易维护管理、位置固定,适合游客自导及可供拍照留念等优点,现有解说设施多采用此类。解说牌按功能大致可分为全景地图型、目的导引型、景点说明型、环境教育型、警示型和服务型6大类,其设置需根据景区的环境、特色及总体规划和详细规划的考虑,解说的对象也不应仅涉及物或空间,还应反映多样的社会系统与文化现象的内涵。

（2）印刷品、音像品

印刷品解说是游客可以随身携带的重要的自助旅游信息及不容忽视的广告宣传。制作精良的印刷品(活动手册、科普认知手册)可以被游客当作纪念品带回家,反复阅读,成为景区独特的宣传广告。

解说性的印刷品写作风格宜深入浅出、内容应简明扼要,重点放在图片和说明上,能帮助游客在短时间内准确、容易地获取信息。

以导游图为例,可包括以下内容:一定要看的景点、适合拍照的景点、特色游线、就餐点、露营点、服务中心、活动项目等。同时,还可利用导游图背面的卡通图标的方式列出风景区的特点,如景区的特点、需要注意的危险地带等;旅游预算,如大致花销、减少开支的小窍门(淡季出游、团队游、鼓励重游等);细部的设计,如针对不同人群注明特色游线和活动等。

音像品包括录音、幻灯、语音解说等,具有直观、方便接受等特点。除影音纪念品外,音像品还可配合景区标识、游客中心的宣传科普等在景区中根据提示自由使用,不仅扩大了静态标识的信息内容,还弥补了音像品的现场感受。

（3）游客中心

游客中心是指具有行政管理及游客服务两项主要功能,包括行政、服务、展示、解说等软、硬件设备,为区内各项游览活动提供服务的总中心。游客中心是区内行政人员的办公中心,是为游客提供风景名胜区内各项信息的解说教育、展示中心,必要时可提供餐饮、休息、急难求助、急救站等功能,通常设置在交通方便、可及性高的高度开发区或一般开发区。

就游客解说系统的角度而言,游客中心的功能可以参考以下的内容设置:

①准确、及时、全面的信息平台,提供各种信息咨询服务,提供导游、活动预告,向游客提供景区印刷品,指导游客观光、购物、休闲、参加节庆活动等,提供特色礼品、天气预报、灾害预

报等。

②环境教育与宣传阵地,组织讨论与座谈;设环境、生物类的科普展室,废弃物处理设施,音像放映室,图书阅览室等。

③游客投诉窗口,及时收集反馈信息,改良后获得较好的口碑。

④游客之家,设置休息室、放映室、书店、商店、卫生间等设施。

游客中心的位置一般设在风景名胜区入口、边缘、餐宿集中的地区,或是进入风景名胜区的路线上。当然,千差万别的实际情况使得游客中心的位置也会产生变化,如澳大利亚大堡礁国家公园的解说中心就设在游船上。

5)解说系统规划

解说系统规划基本上是围绕游客、资源和经营单位三者关系进行构思。就其系统而言,又可分为5个从属系统,分别为游客系统、资源系统、解说主题、解说媒体系统和经营管理系统。其内容大体上可分为4个部分:

(1)体系结构

风景名胜区游赏解说系统种类繁多,包含信息量丰富,内容庞杂,需要分层次、系统化地分析和设定。

风景名胜区的节点是解说系统的骨架,节点反映了游客的停留位置,解说系统的分层次布点要以节点的划分和确定为依据。首先应确定主要节点:出入口、重要景点、道路交会处等,游客滞留时间较长,是最重要的人力集散节点,可确定为主要节点。其次主要节点设置与风景名胜区的服务设施系统配合,分布均匀,同时应相应地配置解说物。最后依次确定和配置次要节点和非节点位置。

(2)空间布局

解说系统的空间布局应以景区的总体规划和详细规划为依托,并和其他专项规划(如景区游线规划、游览设施规划等)紧密结合,同时,结合游客心理和行为模式的研究统筹安排。成果通常以系统布局图为表现形式。

(3)游线解说

通常,游客使用频率高而导游无法随时解说的游线都需要解说规划。规划一般采用沿线解说的方式,内容包括专题解说和一般性解说。

专题解说的内容集中在一个主题上。主题可以是自然生态方面的,也可以是人文社会方面的。专题解说适用于具有典型景观主题的游线,解说内容比较系统而深入,专业性强,是景区深度开发的主要依托,但目前应用较少。而一般性解说则没有限定的主题,根据现场进行解说。它适用于游线景观多样的游线,随机向游客提供适时信息的传播,解说内容相对浅显而广泛,目前应用较多。

(4)细部考虑

①设计原则。解说物的具体规划需要从各种角度进行思考和探索,易于理解、简明易懂是其最基本的要求。也应从广泛的适应性进行考虑,也就是注重无障碍服务。通用设计只是强调舒适便捷、付出最小努力等原则,而解说物的规划则强调为更多的群体对象设计,即面向五官的设计。因为使用者各种各样,使用时可能发生意想不到的事情,所以极有可能出现使用不当的情况。设计还应考虑多种多样的情况,如夜间、雨天或其他难以维修的紧急状况。另外,

还应注意环境氛围的营造和地方传统的演绎。总之,无论具有什么功能和个性的解说物,都必须与环境相协调。

②无障碍的沟通。解说系统应考虑特殊人群的需要,包括残疾人、老人、儿童和国际游客等。这些人对解说系统有特殊要求,他们需要更加方便、专门化的媒介形式来帮助沟通,消除交流上的障碍,语言、图画和手势都能有所帮助。对于国际游客,多语种解说系统(特别是英语解说系统)在我国风景名胜区应得到广泛和深入的使用。

③多学科的参与。从风景名胜区景点涵盖的科学信息涉及许多学科领域,需要加强对景点多学科解说的研究。如山水成因的地质、地貌学研究,珍稀濒危动植物相关的生物学、气候学等的研究,都十分需要科学家的参与。同时,科学的解说还要求熟悉当地居民及游客的动机,深入浅出,并有侧重地实现向公众的传播。

④高科技的应用。解说系统的形式因时代的发展而不同。传统解说方式由于其载体的限制,展示的信息是静态而无延展性的,如景区牌式标识、导游图册等。随着现代科技的不断进步,解说系统在图解、文字、模型、演示等方面得到突破,出现了很多现代解说的方式,如多媒体展示、虚拟导览、智能导游等。

思考题

风景名胜区服务设施规划的重点内容和关键是什么?

参考文献

[1] 魏民,陈战是.风景名胜区规划原理[M].北京:中国建筑工业出版社,2019.

[2] 陈永贵,张景群.风景旅游区规划[M].北京:中国林业出版社,2023.

[3] 中华人民共和国住房和城乡建设部、国家市场监督管理总局.风景名胜区总体规划标准:GBT 50298—2018[S].北京:中国建筑工业出版社,2019.

[4] 中华人民共和国国家质量监督检疫检验总局,中国国家标准化管理委员会.旅游资源分类、调查与评价:GB/T 18972—2017[S].北京:中国标准出版社,2018.

[5] 魏敏.旅游资源规划与开发[M].2版.北京:清华大学出版社,2003.

[6] 王伟.旅游资源学:课程思政版[M].武汉:华中科技大学出版社,2023.

[7] 邓涛.旅游区景观设计原理[M].北京:中国建筑工业出版社,2007.

[8] 中华人民共和国住房和城乡建设部.风景园林制图标准:CJJ/T 67—2015[S].北京:中国建筑工业出版社,2015.

[9] 中华人民共和国住房和城乡建设部、国家市场监督管理总局.风景名胜区详细规划标准:GB/T 51294—2018[S].北京:中国建筑工业出版社,2018.

[10] 中华人民共和国住房和城乡建设部、国家市场监督管理总局.风景名胜区总体规划标准:GB/T 50298—2018[S].北京:中国建筑工业出版社,2019.

6 风景名胜区基础设施规划

本章导读 本章属于工程规划范围,具体规划编制应由有资质的相关专业工程师完成。对于风景园林专业的学生来说,应了解相关的内容和编制原则。本章主要内容包括基础设施规划的内容和规划原则,陆域交通和水域交通规划,给排水规划,供电与通信设施规划。要求学生掌握基础设施规划的概念、原则;了解交通、给排水、供电通信规划的基本内容、适应风景名胜区环境的特定需要的技术要求以及本专业的基本技术规范。

6.1 基础设施规划的内容与原则

6.1.1 基础设施规划的主要内容

基础设施包括交通、邮电、供水供电、商业服务、科研与技术服务、园林绿化、环境保护、文化教育、卫生事业等市政公用工程设施和公共生活服务设施等。由于风景名胜区地理位置特殊,生态环境好,其基础设施配置和需求与其他项目基础设施要求也有所不同,为了更好地保护风景名胜区内的生态环境,一般只建设风景名胜区开放运行所必需的道路、水、电、气、雨污水处理等基础设施。建设时需要因地制宜,结合区域自然环境和现有资源,做到保护优先、建设与保护结合。各种形式的基础工程,如道桥、给排水、电力、热力、水利、电信、环境卫生、防震减灾等,数十种工程在风景名胜区可能需要同期建设或是在建设过程中实施保护。基于上述情况,本章在基础设施工程专项规划中选择了应用最多、必要性最强并需先期普及的三项基础设施工程,作为风景名胜区规划中应提供的配套规划,并对规划的基本内容作了规定,又对这些规划作了特定技术要求,以适应风景名胜区环境的特定需要,当然,除此之外仍应以本专业的技术规范为准。

所以,风景名胜区基础设施规划包括交通规划、供电通信设施规划、给水排水设施三部分内容,根据实际需要,还可进行防洪、防火、抗灾、环保、环卫等工程规划。

在我国城市发展步伐加快的同时,风景名胜区的开发建设速度也较为超前。由于人们对休闲和建设的迫切需求,风景名胜区开发开放加快,本应随开发同期建成的基础设施却略显滞后。

鉴于风景名胜区特殊的地理位置和环境要求,风景名胜区基础设施规划应在适度开发利用、合理恢复与保护同时考虑的前提下开展风景名胜区内部基础设施规划。

6.1.2 基础设施规划的基本原则

风景名胜区基础设施规划应符合下列原则:

1)符合风景名胜区管理、利用、保护和发展要求

风景名胜区兼有恢复森林植被、保护动植物多样性、涵养水源、保持水土等功能。一般风景名胜区内部不允许有大范围的工程建设项目,且景区管理中经常有封山育林期,因此,景区基础设施规划应遵守景区基本要求,配合实现风景名胜区的相关功能,做到保护和发展并重。

2)适应景区特点,降低环境影响

基础规划应同风景名胜区的特色、功能、级别和分区相适应,减少建设工程中和建成后对景观和环境的负影响。

不同地域产生不同的文化,风景名胜区按其所在区域的文化传统形成具有地方特色的旅游特色,如文化观光采摘区、历史文化游览区等。在景区基础设施规划时要考虑地区文化特色,设置符合地域文化特色的人工景观。由于景区的级别有所不同,基础设施规划时应首先考虑量力而行,根据景区级别对旅游设施的要求设置适合的基础设施配套服务体系,避免过于奢华而影响景区整体风貌。

3)确定合理的近远期结合的发展目标,逐年实施

随着人民生活水平的提高,人们对休闲旅游的渴望越来越强烈。许多风景名胜区在面临前所未有的商机时选择大兴土木,在风景内部建设起五星级宾馆和高档餐馆。但由于配套的给排水工程不能及时提供,风景名胜区内部景观效果大打折扣,引来游客的不满。在景区规划时应充分考虑风景名胜区的发展目标,做到近远期结合确定发展目标,根据景区发展需求逐年实施规划,避免重复改造的建设工程。

4)充分调查和规划

做好基础设施需求的调查和规划,对需要安排的各项工程设施的选址和布局提出控制性建设要求。

风景名胜区级别和景观内容不同,每年接待的游人也有所不同。在风景名胜区市政基础设施规划时应先做好前期调查工作,计算好景区各种水、电、气、热的需求量,计划好通信等管线需求,从而为风景名胜区的市政基础设施的规划和布局打下良好基础。

5）专项论证

对现状环境干扰性较大的工程项目及其规划,应进行专项景观论证、生态与环境敏感性分析,并提交环境影响评价报告。

在风景名胜区的基础设施规划中,一些大型工程或干扰性较大的工程常常引起各方关注和争议。景区自身应避免如铁路、桥梁等的建设给风景名胜区生态造成的影响,外部交通需要建设铁路、公路等外部交通建设工程时,本着保护风景名胜区完整统一和已有的生态环境另行选线。水库、水坝、水渠、水电、河闸等水利工程的建设,有时直接威胁到景观资源的存亡,有时引起景物和景观的破坏、改变游赏方式或使游赏内容消失,造成环境质量下降和生态破坏。因此,对这类工程和项目必须进行专项景观论证和环境敏感性分析,提出环境保护方案和措施。

6.2　交通规划

交通的定义为:人与物的运输与流通。交通包括各种现代的与传统的交通运输方式,而从广义上来说,信息的传递也可归入交通的范畴。所谓"规划"(Planning),是指确定目标与设计达到该目标的策略或行动的过程,而"交通规划"就是指确定交通目标与设计达到交通目标的策略或行动的过程。

具体地讲,交通规划是经过交通现状调查,预测未来在人口增长、社会经济发展和土地利用条件下对交通的需求,制订相应的交通网络形式,并对拟订的方案进行评价,对选用的方案编制实施建议、进度安排和经费预算的工作过程。

6.2.1　交通发展指导思想

风景名胜区内外交通需求差异较大,因而有"快旅慢游"之说。

为了使客流和货流交通便利,风景名胜区外围交通要求通畅快捷,在到达风景名胜区范围或入口后,内部交通(或称游览线路)要求可观、可赏、可游。当然,有时从交通规划本身需要出发又可将其分为两段,即对外交通和中继交通,但就风景名胜区而言之,其界外交通的基本要求是一致的。

风景名胜区内部交通虽然也要解决客货流的运输任务,但是其更主要的功能是游客游览任务,而且在多数情况下,客货流难以分开,客流的游览意义一般大于货流的运输意义,因而内部交通要求方便安全和适合风景名胜区内部景点需求特点:在流量上要与游人容量相协调,在流向上要连通主要集散地,交通方式和交通工具要适合景观要求,尽量选用内部摆渡车以减少机动车对景区内部环境的破坏;输送速度要考虑游赏需要,交通网络密度要适应风景名胜区整体布局的需求并与风景名胜区特点相适应,避免游赏道路少造成人员拥堵,同时避免大量的人工痕迹影响景区游览效果。

所以,风景名胜区交通规划应分为对外交通和对内交通两个方面,应进行各类交通流量和设施的调查、分析、预测,提出各类交通存在的问题及其解决措施等内容。在规划时遵循以下指导思想:

①对外交通应要求快速便捷,充分利用景区周围现有道路资源加以整合,将外部交通布置在风景名胜区以外或边缘地区。

②内部交通应具有方便安全和适合风景名胜区的特点,形成路网密度和布局合理的交通体系。

③对内部交通的水、陆、空等机动交通的种类选择、交通流量、线路走向、场站码头及其配套设施,均应提出明确而有效的控制要求和措施。

6.2.2　陆域交通规划

1)基本概念及规定

风景名胜区陆域交通规划包括道路、铁路、索道、停车场等规划,本节主要阐述景区的交通道路规划。风景名胜区道路是在风景名胜区范围内,供车辆和行人通行的、具备一定技术条件和设施的道路,是指在风景名胜区内担负交通的主要设施,是游人和车辆往来的专用地。它联系风景名胜区的各个组成部分,既是风景名胜区布局结构的骨架,又是风景名胜区安排工程基础设施的主要空间。道路规划,应在交通网络规划的基础上形成路网规划。根据内外交通流量监测和测算,结合道路的使用功能和性质,选择和确定道路合理的等级。在此基础上,合理利用有利地形,进行道路线路规划设计。

在路网规划、定位道路等级和选线3个主要环节中,既要满足使用任务和性质的要求,又要合理利用地形,避免深挖高填,不得损伤地貌、景源、景物、景观,并要同当地风景环境融为一体。路基设计遵循因地制宜、就地取材、安全经济、造型美观、顺应自然与环境相协调的原则,通过合理控制填挖工程量及边坡高度,灵活设计边坡的坡率,减少人工痕迹,使道路与自然环境融合,路基还应尽量降低圬工防护工程量,充分体现绿化防护,同时采用经济有效的措施,尽量减少工程投资,防治路基病害和保证路基的稳定。

风景名胜区道路规划应符合以下规定:

①外部道路建设应整合现有的道路资源,连通沿途景点和景区优化道路线路。

②合理利用地形,因地制宜选线,同景区内部景观和环境相配合。

③对景观敏感地段,应用直观透视演示法进行检验,提出相应的景观控制要求。

④不得因追求某种道路等级标准而损伤景源与地貌,不得损坏景物和景观。

⑤避免深挖高填,因道路通过而形成的竖向创伤面的高度或竖向砌筑面的高度,均不得大于道路宽度,并应对创伤面提出恢复性补救措施。

2)规划的内容

①经济调查和分析:包括与交通有关的社会经济统计资料,历年客、货运输资料,以及各个交通分区的现状用地资料和规划用地资料,并对这些进行系统的调查、整理和分析。

②交通现状调查:对规划区域内现有各类交通现状进行调查。

③交通需要调查:包括客、货流的生成与吸引,出行目的和出行方式以及停车调查。

④根据以上各项调查资料,建立交通需求模型和交通评价模型,对现状系统进行综合交通

评价,并进行未来各个时期的交通需求预测。

⑤根据对现状的综合交通评价和交通需求预测资料,提出近期的交通治理方案和交通系统规划方案。

⑥在对上述方案进行综合评价的基础上,确定道路网的布局,包括道路网的形式和指标、各条道路的等级和功能、各个交叉口的类型及有关技术参数。

⑦建立交通数据库,不断进行交通信息反馈,修订交通模型、交通预测数据和规划方案,使规划保持继续和不断完善。

3)交通规划的调查工作

在陆域交通规划中,交通调查是交通需求分析的重要环节,其目的是了解项目所在地区的特性和构成,掌握交通流量、流向、人员及车辆构成等数据资料,为未来拟建项目交通量预测提供基础数据,同时也为经济评价和景区设计提供可靠的依据,以便更加准确地确定交通系统中各等级道路修建类型及规模。

土地利用、运输条件和交通活动被并列为交通运输系统分析中的三要素。对于交通规划而言,三者的现状和预测资料缺一不可,土地利用更是交通规划的基础。

(1)土地利用调查

土地利用现状的调查资料包括地区功能、建筑物类型和一系列的定量指标,如人口数、职工数、家庭收入、机动车拥有量、交通分区的面积等。

(2)社会经济调查

社会经济调查是根据交通规划的需要,对所研究区域内的社会经济状况作全面的了解,收集各方面的基础资料。按其性质可分为综合社会经济调查和对特定道路或大型构造物的个别社会经济调查。

(3)起讫点调查

起讫点调查,又称 OD(Origin-Destination)调查,就是对某一出行起点或吸引点交通单元(行人、车辆、货物)的流量流向及其通过路线的调查。涉及的基本概念如下:

①出行:指汽车、行人或货物从出发地向目的地的移动(分别称为车辆出行、居民出行),简称出行。

②出行端点:出行的出发地点和目的地点的总称。出行端点可分为起点和讫点(O-D),或分为产生和吸引(P-A)(Production-Attraction),二者意义不同。O-D 是以出行的方向来定义的,起点即是出行发生点,讫点为出行到达。而 P-A 是以出行端点的土地利用来定义的,出行的两端点中有一端是住宅区,则住宅区这端为出行产生(Trip Production),另一端则为出行吸引(Trip Attraction)。若出行的两点均为非住宅区,则出行起点为产生,讫点为吸引。

③境内出行(境内交通):起讫点均在调查区域内的出行。

④过境出行(过境交通):起讫点均在调查区域外的出行。

⑤境间出行:起讫点中只有一个端点在调查区域内的出行。

⑥区内出行:起讫点均在同一小区的出行。

⑦区间出行:起讫点分别位于不同小区的出行。

⑧小区形心:代表小区内所有出行端点的集中点。它是该小区交通流的中心点,不是该区的几何中心点。

⑨期望线(愿望线):小区形心间的连接线,它反映人们期望的区间距离最短的路线,与实际出行路线无关。

⑩主流倾向线(综合期望线):由若干条流向相近的期望线合并汇总而成,目的是简化期望线图,突出交通的主要流向。

⑪调查区境界线:它是位于调查区域外围的一条假想线,要求该线包围全部调查区域,并使穿过的道路条数要尽量少,有时还分设内、外两条调查境界线,内境界线一般包围城市的中心商业区。

⑫分隔核查线:为校核起讫点调查结果的精度,在调查区内依靠天然或人工障碍设定的调查线称为分隔核查线。该线穿过调查区,将调查区分为几个部分,在穿过该线的所有道路断面上进行交通流量观测,将通过该线的实测交通量同起讫点调查中所得到的通过该线的O-D交通量进行比较。

⑬O-D表:一种表示起讫点调查结果的表格。

4)交通需求预测

(1)出行发生预测

出行发生(Trip Generation)是以某一交通小区的社会经济、小区位置和土地利用等来估计某单位时间内发生在该小区的总的出行次数。其目的是建立小区产生的交通量与小区土地利用、社会经济特征等变量之间的定量关系,推算规划年各小区所产生的交通量。

①出行分类。居民出行一般分为家庭出行和非家庭出行,前者又分为工作出行(HBW)和非工作出行(NHBW)。所谓家庭出行是指产生于家庭这一端的出行,而非家庭出行则是指出行端点都不在家庭的出行。

②出行生成量。它是出行生成的一种量度方式,指家庭出行中全部家庭端点(起点)的出行量与非家庭出行中起点一端的出行量之和。

③出行吸引量。它是出行生成的另一种量度方式,指HB中全部非家庭端点(终点)出行量与NHB中终点一端出行量的总和。如i小区与j小区之间的一次出行,对i小区如果是发生的,则对j小区必然是吸引的,反之亦然。因此,规划范围内的出行总量等于小区发生量(或吸引量)之和。

④生成率(吸引率)。由起讫点(O-D)调查统计得出的与土地利用有关的单位出行量。如X车次/住户、X次出行/雇员、X次出行/建筑面积(或学生数、床位数)。

(2)出行分布预测

出行分布(Trip Distribution)是小区与小区之间的交通流。交通分布预测的目的是根据现状O-D分布量及各小区因经济增长、土地开发而形成的交通量的增长来推算各小区之间将来的交通分布。推算将来出行分布的基本思路:根据O-D调查所得到的现状分布,建立现状出行分布模型,再据此模型预测将来的出行分布。如增长系数法。此法假定各小区之间的远景出行分布模式与现状模式完全一样,对现在O-D表的各元素(发生量、吸引量)乘以某增长系数(每个交通小区发生和吸引的增长系数各不相同),则得出将来的O-D表。这种方法使用简单,适用于土地利用因素变化不大的区域。

（3）方式划分预测

方式划分（Modal Split）就是把总的交通量分配给各种交通方式。建立交通方式划分模型的依据是观测到的交通方式划分、居民出行特征和各种交通方式的运营特性。

由于建模者从不同的角度来考虑交通方式的选择问题，因此建立了各种各样的交通方式划分模型。根据各模型在预测过程中所处的阶段不同可分为以下4类。

①与出行发生结合在一起。

$$\boxed{\text{G+MS}} \longrightarrow \boxed{\text{D}} \longrightarrow \boxed{\text{A}}$$

其中，G 为出行发生，D 为出行分布，MS 为交通方式划分，A 为交通量分配。

在进行出行发生预测时，应考虑交通方式，即按不同的交通方式来预测出行发生量。

②在出行发生和出行分布之间（"出行端点"模型）。

$$\boxed{\text{G}} \longrightarrow \boxed{\text{MS}} \longrightarrow \boxed{\text{D}} \longrightarrow \boxed{\text{A}}$$

表明出行发生与交通方式暂时没有联系，而在计算出行分布之前要完成交通方式划分。

③与出行分布结合在一起（"重力分布"模型）。

$$\boxed{\text{G}} \longrightarrow \boxed{\text{D-MS}} \longrightarrow \boxed{\text{A}}$$

交通方式划分作为出行分布程序的一部分，即二者同时进行。

④在出行分布和交通量分配之间（"出行交换"模型）。

$$\boxed{\text{G}} \longrightarrow \boxed{\text{D}} \longrightarrow \boxed{\text{MS}} \longrightarrow \boxed{\text{A}}$$

（4）交通分配预测

交通预测的最后一步是交通分配（Traffic Assignment），即根据方式划分出来的交通量所求得的远景 O-D 表来推算干道上的交通量。

一般是将干道构成一个交通网络，网络的节点由交叉口、广场等组成，它们之间的连线即为干道的路段。每个小区都有一个交通出行的中心点，即小区形心，交通的发生和吸引多集中于点。若小区形心在网络的节点上，则需通过附加的连线与节点相连。

交通量分配是将已知的各起讫点交通量，分配到网络图上，根据已知图上一定区间的交通量来鉴定网络图的合理性。

交通量的分配方法主要有全有全无分配法、多路径概率分配法和容量约束法。此外，还有行程时间分配模型、按时间比例分配模型、公共交通分配模型等。

①全有全无分配法（最短路分配法、捷径法）。此方法是以最小行程时间和相应的最小费用为出发点。通常以各交通小区形心之间的行程时间为基准。从某小区形心出发，经最短路径到达其他小区形心所组成的干道网为最短路径网。在最短路径上分配全部交通量，其他道路上不分配交通量。当所有起讫点交通量在干道网上都是通过最短路径时，就完成了交通量的分配。

全有全无分配法中最关键的一步是寻找网络上的最短路径。这是一个运筹学问题，方法有多种，如线性规划法、距离矩阵法、动态规划法等。最常用的是迪克斯特拉算法和福劳德算法。这两种算法在一般的网络流理论著作中都可以找到。

此种方法的优点是简单明了，缺点是不符合实际情况，因为当大量出行集中于某路段时，交通量会接近或超过该路段的通行能力，将产生大量的延误，降低行程速度，此时它就不再是最小行程时间(费用)的路段了。

②多路径概率分配法。在城市区域里,起讫点之间有许多条路线可通,出行者将散布于这些路线上,因为出行者不可能精确地判断哪条路线是费用最小的,不同出行者将有不同的选择。多路径概率分配法就是试图模拟这种实际情况的方法。

③容量约束分配法。如果采用全有全无分配法和多路径概率分配法,就有可能在某些通行能力较低的道路上分配到较大的交通量,而通行能力较大的道路则可能分配到较小的交通量。这样会给通行能力低的道路造成很大的交通压力,发生车流拥堵,大大增加行程时间和行程费用。容量约束法就是按现状的车速、交通量与通行能力之间的关系来解决分配问题,使具有一定通行能力的干道能分配到与之相适应的交通量,达到行程时间最少。

5)交通规划的制订

制订交通规划方案的过程一般分为如下几个步骤。

(1)输入数据

以系统定量分析为基本手段的现代路网规划必须借助计算机来完成。在利用计算机进行路网规划分析时,需要输入如下基本资料:区域内的人口、土地利用和社会经济预测资料;交通预测资料;区域内的现状道路网络。

(2)方案准备

方案准备是指根据对区域内土地利用、社会经济、交通需求的预测、现状路网交通质量评价,提出规划年区域内道路网改建、新建、调整、补充等一系列方案。

(3)交通分配

交通分配是指将不同的规划方案输入计算机,把规划年的交通量分配到这些路网上。

(4)交通质量评价

它是指从使用者、环境等方面对交易要素的质量进行评价。

(5)可行方案的效益分析和综合评价

它是指对交通规划方案的经济效益、社会效益、环境效益的分析与综合性评价。

6)规划方案的评价

(1)费用

实现一个规划所需的费用,可分为购地费、建筑费,以及施工时临时增加的旅行(绕道)费用等。多数规模庞大的交通规划项目,在其实施期间通常会对交通造成显著干扰。其中,由交通阻滞导致的时间损失,相对来说比较容易估算,而由噪声、灰尘和对景观的干扰所多付出的费用就很难计量了。

另外,必要时还要计入养护方面的费用。如果采用折算到开工年度金额的方式,则将来的养护费用可列入当年的年度开支数字,若需要的是一个笼统的经济估价,则对所有的养护方式给出一个固定的年度开支就够了。

(2)效益

需要强调的是,效益应着眼于整体、着眼于长远、着眼于公众的社会效益。因此,完整的提法应是"社会—经济效益"。

（3）评价

对一个规划方案的评价要进行全面而系统的定性定量分析,以确定规划方案是否与社会经济发展的要求相适应。其必要条件是,必须能让社会和经济都能得到"正"的效益,即效益÷费用>1.0。

6.2.3　水域交通规划

水域交通规划范围主要包括风景名胜区境内水域的航道、港口、运输船舶和支持保障系统,规划是相关建设项目的重要依据。规划的编制、审批和公布实施应履行必要的程序。

1）港口规划

（1）港口分类

①河港:指建设在具有河流水文特征的水体沿岸的港口(主要设置在河流沿岸),它是风景区水域内实施货物装卸贮存、旅客往来的工程设施,是内河运输的集散地,也是水陆联运的枢纽。

港口按设置地点分:

a.河港:沿天然江河修建的港口。

b.运河港:沿人工开挖的河流修建的港口。

c.湖港(水库港):沿湖边或水库边修建的港口。

港口按修建形式分:

a.顺岸式河港:码头岸线沿河布置,靠船构筑物采用壁岸、特殊的水工结构形式或浮码头,停泊区位于河道中。这种码头形式简单,工程量小,但占用河岸较长,作业区分散,不便经营管理。

b.挖入式河港:利用天然河汊或向河岸的陆地内侧开挖出码头和港池,停泊区布置在独立的港池内。挖入式河港可在较短的河岸内获得需要的码头岸线长度,港区布置紧凑,分区合理,但工程量较大、出入口处船舶进出较不便、易于淤积,一般适用于水位变化小、淤积少的河道上。

②海港:在自然地理条件和水文气象方面具有海洋性质的港口称为海港。海港主要设置在沿海地区或位于通航河道的入海口、受潮汐影响的近海河段。本节所指海港是沿海风景名胜区内的旅游港,即为海上游艇停泊和上岸保管而设置的港口。海港按地理位置分,有海岸港和河口港两种。

a.海岸港:沿海岸修建为远洋和各种海船服务的港口,一般有3种情形:位于海湾中或海岸前有天然岛屿沙礁掩护的港口;天然掩护不够,需加筑外堤防护的港口;位于平直海岸上,需要筑外堤掩护,造成人工停泊区的港口。

b.河口港:位于入海河流河口段,或河流下游潮区界内的港口。

（2）港口的组成及其一般技术要求

港口由水上工程设施和陆上工程设施组成。水上工程设施一般有锚地、进出港航道、船舶在港内航行和调转的船舶调头水域、码头前船只靠泊所需的码头前水域。

陆上工程设施一般有船舶停靠的码头、供旅客上下船和货物装卸及堆存或转载所用的地面、客运站、港内交通设施(铁路、道路)以及各种辅助性和服务性的建筑。

①河港:包括锚地、港内水域和码头。

a.锚地:它是供船舶停泊、编解船队、物资补给或进行水上装卸作业使用的水域。选择和布置锚地必须保证船舶停泊稳妥、调度和交通供应方便,减少对主航道及其他水上设施的干扰。内河锚地一般应设在水流平缓、风浪小、有适宜的水深,并易于着锚(底质以泥质及泥沙质土为宜,不宜选在走砂、淤沙严重的河段)的水域。

锚地尽量靠近作业区,不应占用主航道或影响船舶的装卸作业及调度。

沿河港的锚地最好在码头上、下游各设一个,油轮和危险品船舶的锚地应布置在港区下游,且保持一定的安全距离。

锚位面积可按下式计算:

$$S = L_m B_m \tag{6.1}$$

式中 L_m——锚位沿水流方向长度,m;

B_m——锚位宽度,m。

L_m 及 B_m 值参照表6.1选用。

表6.1 锚地计算相关参数表

位　　置	停泊方式	L_m	B_m	备　　注
受风浪影响小的河段	大型驳船船首抛锚双驳并排停泊	$1.6 \sim 2.0 L_c$	$4.0 \sim 4.5 B_c$	锚地水深、流速较大时取大值,反之,取小值
	小型驳船船首抛锚多驳并排停泊	$1.6 \sim 2.0 L_c$	$[n+(2 \sim 3)] B_c$	考虑拖轮通行,船大时取大值,反之,取小值
受风浪潮汐影响的河段	大型驳船船首抛锚单驳停泊	$2.5 \sim 3.0 L_c$	$6.0 \sim 8.5 B_c$	受风浪、潮汐影响较大时取大值,反之,取小值
	小型驳船船首船尾抛锚多驳并排停泊	$2.0 \sim 2.6 L_c$	$[n+(2 \sim 3)] B_c$	受风浪影响很大时应散队单驳停泊

b.港内水域:港口水域应满足船舶航行和停泊需要的水深和范围,并且防止或减少波浪和泥直接影响船舶靠离码头和装卸货物用的毗邻码头的水域。顺岸码头前沿水域,不应占用主航道,其宽度一般为3~4倍设计船型的宽度。挖入式港池的正轴线方向应朝向河道下游,港池两侧岸线与主河道岸线的连接,应呈转弯半径不小于设计船长的平缓曲线。

河网地区挖入式港池长度,可根据计算所需码头岸线长度结合具体情况确定,一般港池的同一侧船位数不宜多于10个。港池宽度与船舶尺度、泊位数、船舶靠离码头方式及码头前并列停靠的船舶数有关。

c.码头:它是停靠船舶、上下旅客和装卸货物的场所。码头岸线是水域和陆域交接的地域,是港口生产活动的中心。长度根据货运量和船舶大小而定。码头形式,其断面轮廓可布置成直立式、斜坡式(斜坡码头和浮码头)、半直立式、半斜坡式,以直立式和斜坡式最常见(表6.2)。

表6.2　风景名胜区码头规划表

码头形式		码头面至设计水位的高差及岸坡状况	工程地质	常见形式
直立式货运码头		12 m以下且岸坡较陡	河床稳定,且有条件采用起重机械	高桩框架、高桩墩式
斜坡式	货运码头	大于15 m或小于15 m而岸坡平缓		斜坡码头、浮码头
	客运码头	大于5 m		
	以客运为主的客货码头			
半直立式		在高水位持续时间长、低水位持续时间短		
半斜坡式		为12～15 m,洪水涨落快,水位历时70%～90%是中枯水期		

- 斜坡式:在天然河岸的坡度上建筑的码头,常有斜坡码头和浮码头两种。

斜坡码头设有固定斜坡道和囤船(趸船),囤船随水位变化沿斜坡道方向移动或只设固定斜坡道不设囤船。浮码头设有活动引桥和囤船,囤船随水位变化作垂直升降,桥的倾斜度不应大于1:6。

- 直立式:有利于减少装卸环节,加速车船周转,减轻工人劳动强度及降低装卸成本,常有高桩框架和高桩墩式两种。
- 半直立式:下部为斜坡,上部为直立式的混合形式。
- 半斜坡式:下部为直立式,上部为斜坡的混合形式。

码头的泊位数是确定码头规模的主要参数,它与通过港口的货物种类及其吞吐量、专业性质、船舶的类型及其吨位、货物装卸的速率、泊位的利用率等有关。泊位长度是指一艘船舶停靠码头时所必须占用的码头岸线长度,它与码头形式和装卸工艺等因素有关。码头岸线长度由码头所需的泊位数和泊位长度决定。

码头前沿设计高程为设计高水位加超高,以防风浪和船舶航行等引起的水面波动沾湿码头顶面。

设计高水位标准一般应以港口在政治经济及交通运输中的作用、吞吐量大小、河流水文特性为主要依据,结合地形、装卸工艺、货种、铁路公路的连接及防洪措施等因素综合分析,分别采用一定频率的高水位作为设计高水位(表6.3)。

表6.3　设计高水位标准表

码头分类	设计高水位标准(年最高水位频率)		
	河网地区	平原地区	山区河流
一类	1%	2%	2%～5%
二类	2%	5%	5%～10%
三类	5%	10%	10%～20%

②海港:主要包括进港航道、锚地、港内水域、防波堤和口门、码头等。

a.锚地:港口锚地按功能和位置可划分为港外锚地和港内锚地。港外锚地供船舶候潮、停泊、联检及避风使用,有时也进行水上装卸作业。港外锚地一般采用锚泊。港内锚地供船舶停泊或水上装卸作业使用,一般采用锚泊或设置系船浮筒、系船簇桩等设施。锚地位置应选在船舶作业和船舶往来区域以外的地方,尽可能布置在天然水深适宜、海底平坦、锚抓力好、水域开阔、风浪和水流较小、便于船舶进出航道的地方,并远离礁石、浅滩的水域。

b.港内水域:包括船舶制动水域,回旋水域,码头前沿停泊水域,港池、连接水域以及港内航道、锚地等港内水域。港内水域应根据具体情况尽量组合设置,必要时可单独设置。

c.防波堤和口门:防波堤的布置有单堤、双堤、多堤 3 种基本形式。口门是两个外堤堤头或堤头与岸边之间的航路,是船舶出入港口的必经之处。

防波堤和口门的布置应使港内有足够的水域、良好的掩护条件、适应远期船型发展、减少泥沙淤积及有利于减轻冰凌的影响。

d.码头:其种类有以下几个。

● 顺岸式码头:码头前沿线同自然岸线大体上平行,码头前水域一般比较宽敞,船舶进出港区、靠离码头比较方便,具有铁路与道路交叉少、建筑费用较省等优点。在海港中,当有天然防护的水域内有足够的岸线长度,可采用这种布置形式。

● 突堤式码头(直码头):码头的部分岸线突出于自然岸线,与之成较大的角度,并利用两突堤之间的水面构成较大的港池。突堤式码头占用岸线较少,布置紧凑,也可减少所需设置的防波堤长度,在海港中常采用。现代化突堤式码头应有足够的宽度,一般可按不小于两倍船长考虑,码头长度不宜超过 700 m。

● 离岸式码头:码头布置在离岸较远的深水区,无防波堤或其他天然屏障的掩护,可利用管道或皮带机等输送货物,可联系装卸泊位与岸边库场,是现代大型原油码头和散货码头的一种主要形式。

● 挖入式码头:向河岸的陆地内侧开挖出码头和港池水域,人为地增加岸线长度,以便在有限的可资利用的岸线范围内,建设较多的码头泊位。挖入式港池的水域掩护条件较好,可免遭风浪侵袭;在潮差较大的地段,有利于形成单独的水域,减小潮汐对港区的影响。但存在土方开挖工程量大、港池水域及连接港池的进港航道常受泥沙淤积的威胁、港池内积存的污水可能不易流出有碍港区环境卫生等问题。

e.码头前沿高程:应考虑大潮时码头面不被淹没,并便于作业和码头前后方高程的衔接。有掩护港口的码头:一般可按高水位加 1~1.5 m,可按表 6.4 计算并取大值。码头面高程由设计高水位、码头上部结构的高度、波峰面以上至上部结构底面的富裕高度等因素决定。

表6.4　码头前沿高程设计参数

基本标准/m		复核标准/m	
计算水位	超高值	计算水位	超高值
设计高水位(高潮累积频率10%的潮位)	1.0~1.5	校核高水位(50 年一遇的高潮位)	0

f.码头前沿设计水深:指在设计低水位时应能保证设计船型在满载情况下安全行驶水深:

$$D = T + Z_1 + Z_2 + Z_3 + Z_4 \qquad (6.2)$$

式中　T——设计船型满载吃水，m；

　　　Z_1——龙骨下最小富裕深度，m，由水底土质特征而定；

　　　Z_2——波浪富裕深度，m；

　　　Z_3——船舶因配载不均匀而增加的船尾吃水值，m，杂货船可不计，散装船和油轮一般取

　　　　　0.15 m；

　　　Z_4——备淤深度，m，一般不小于 0.40 m。

（3）港口规划的分类

根据《中华人民共和国港口法》，港口规划包括港口布局规划和港口总体规划。港口布局规划是指港口的分布规划。港口总体规划是指一个港口在一定时期的具体规划。

港口布局规划主要确定港口的总体发展方向，明确各港口的地位、作用、主要功能与布局等，并指导区域内港口总体规划的编制。全国港口布局规划由中华人民共和国交通运输部组织编制；各省港口布局规划由各省交通运输厅组织编制。

《全国沿海港口布局规划》已由国务院审议通过，中华人民共和国交通运输部及中华人民共和国国家发展和改革委员会于 2006 年 9 月联合印发。全国沿海港口划分为环渤海、长江三角洲、东南沿海、珠江三角洲和西南沿海 5 个港口群体，形成以煤炭、石油、铁矿石、集装箱、粮食、商品汽车、陆岛滚装和旅客运输 8 个运输系统组成的布局。

港口总体规划主要确定港口性质、功能和港区划分，根据港口资源条件、吞吐量预测和到港船型分析，重点对港口岸线利用、水陆域布置、港界、港口建设用地配置等进行规划。

（4）港口总体规划的编制及上报审批

根据《港口规划管理规定》，主要港口总体规划由港口所在市的港口行政管理部门报经市人民政府审核后，由市人民政府报交通运输部和省人民政府审批。地区性重要港口的总体规划由港口所在地的市港口行政管理部门报经市人民政府审核同意后，由市人民政府报省人民政府审批。省人民政府对上报的地区性重要港口的总体规划进行审查，审查过程中书面征求交通运输部意见。经审查予以批准的，由省人民政府公布实施。

编制港口总体规划时应注意的事项如下：

①港口总体规划应符合港口布局规划。

②港口总体规划应按照交通运输部统一制定的港口总体规划编制内容及文本格式的要求编制。例如，《关于印发港口总体规划编制内容及文本格式的通知》（交规划发〔2006〕469 号）。

③港口规划的具体编制工作，应委托具备国家规定的相应资质的单位承担。主要港口和地区性重要港口的总体规划（包括相应的专项规划和港区、作业区控制性详细规划），应委托持有港口河海工程专业甲级工程咨询资格证书或者水运行业甲级工程设计证书的单位编制。

④港口总体规划的编制部门在编制港口总体规划时，应征求同级发展和改革、城市规划、国土、铁路、水利、海洋等有关部门和有关军事机关以及海事、航道等管理机构的意见。港口管理部门与交通主管部门分设的，还应征求同级交通主管部门的意见。

⑤编制港口总体规划应依法进行环境影响评价，并符合国家规定的环境影响评价的程序、内容及深度要求。有关环评要求总体依据《中华人民共和国环境影响评价法》及相关文件。规划的编制机关在报批规划草案时，应将环境影响报告书一并附送审批机关审查；未附送环境影响报告书的，审批机关不予审批。

⑥根据港口管理条例编制主要港口的总体规划，在征求省人民政府交通主管部门意见后，

按照法定程序报批;同时按照省政府关于直属部门的职能分工,省交通运输厅负责对地区性重要港口的总体规划组织审查。

⑦编制港口规划应组织专家论证。

组织编制港口总体规划的部门应根据经审批的港口总体规划组织编制有关港区、作业区控制性详细规划。港区、作业区控制性详细规划,是指对港口总体规划中的港区规划的深化方案。

2)航道规划

(1)基本概念

在河流中具有一定水深和宽度,可供船队行驶的水道称为航道。在低水位时无须疏浚就可满足船舶航行条件的航道为天然航道;需要疏浚的航道为人工航道,人工开挖的航道一般要求短、直、宽、深。我国内河航道划分为六级。航道宽度指在船底处的断面净宽,以保证两个对开船队完全错船为原则。航道水深应保证设计标准船型在设计低水位时安全通过。河港水域的设计低水位,应与所在航道的设计低水位相适应,一般采用多年历时保证率90%~98%的水位。

水库港的设计低水位,宜采用设计死水位。

$$H = T + h \tag{6.3}$$

式中　H——进港航道和码头前水域的设计水深,m;

　　　T——船舶吃水深度,一般采用设计标准船型的满载吃水深度,m;

　　　h——设计标准船舶龙骨下的最小富裕水深,m。

船舶的全部尺度包括全长、全宽或型宽、全高、吃水。不同吨位的船舶所要求的水深见表6.5。

表6.5　船舶按吨位所要求的水深

船舶吨位/万 t	1	4	5	10	20	30
吃水深度/m	9	12	13	16	19	24

对于海港水域而言,为了保证航行安全,要求进港航道有适当的方位、平缓的曲线以及足够的水深和宽度,以短、深、直、宽为宜。航道应尽量利用天然水深,并对航道泥沙回淤作出论证。应力求航道方位与风、流、浪的合力方向平行。受潮汐影响的河口航道,应尽量利用天然深槽;当穿越河口浅滩时,应采取适当的工程设施。航道轴线应尽量顺直,避免多次转向。

航道水深分通航水深 D_a 和设计水深 D

$$D_a = T + Z_a + Z_b + Z_c + Z_d \tag{6.4}$$

$$D = D_a + Z_e$$

式中　T——设计船型满载吃水深度,m;

　　　Z_a——船舶航行时船体下沉增加的富裕水深,m;

　　　Z_b——航行时龙骨下最小富裕深度,m;

　　　Z_c——波浪富裕深度,m;

　　　Z_d——船舶装载纵倾富裕深度,m,杂货船和集装箱船可不计,油轮和散装货船一般

取 0.15 m;

Z_e——备淤富裕深度,m,一般不小于 0.14 m。

(2)航道规划的划分及编制、审批

根据《中华人民共和国航道管理条例》,航道分为国家航道、地方航道和专用航道。国家航道发展规划由交通运输部编制,报国务院审查批准后实施。地方航道发展规划由省交通主管部门编制,报省人民政府审查批准后实施,并抄报交通运输部备案。跨省、自治区、直辖市的地方航道的发展规划,由有关省、自治区、直辖市交通主管部门共同编制,报有关省、自治区、直辖市人民政府联合审查批准后实施,并抄报交通运输部备案;必要时报交通运输部审查批准后实施。专用航道发展规划由专用航道管理部门会同同级交通主管部门编制,报同级人民政府批准后实施。

(3)全国航道规划情况

2007 年 6 月,经国务院同意,《全国内河航道与港口布局规划》正式印发。规划中将内河航道划分为国家高等级航道和其他等级航道,国家高等级航道布局方案是:两横一纵两网十八线。

3)水域交通建设项目立项流程

根据《中华人民共和国港口法》《港口工程建设管理规定》《航道工程建设管理规定》,以及地方政府有关条款和交通运输部的相应规定,港口项目建设前期工作流程分为:

①项目建议书报告审查(政府投资项目)。

②工程可行性研究报告审查。

③港区内港航设施使用岸线审批。

④建设项目可行性研究报告审查。

4)可行性研究报告要求

报告编制单位的资质需符合要求。交通运输部印发《港口建设项目预可行性研究报告和工程可行性研究报告编制办法》和《航道建设项目预可行性研究报告和工程可行性研究报告编制办法》,规定:预可行性研究和工程可行性研究应由获得水运行业工程设计证书或者港口河海工程专业工程咨询资格证书的单位承担。大、中型及国家重点项目预可、工可设计单位应同时持有水运行业甲级工程设计证书和港口河海工程专业甲级工程咨询资格证书。建设规模划分根据交通运输部提供的"水运行业建设项目设计规模划分表"来进行。

6.3 给排水设施规划

由于我国风景名胜区基础设施规划意识较晚,基础设施建设工作相对城市基础设施建设水平较差,许多旅游区内没有专业的污水收集和处理系统,景区内生活污水、牲畜污水及雨水自然汇集流向邻近河流、池塘等自然水体,对地下水造成污染,同时未能有效利用雨水。所以,风景名胜区内给水和雨污水排除规划显得尤为重要。风景名胜区给水排水规划应包括现状分

析,给、排水量预测,水源地选择与配套设施,给、排水系统组织,污染源预测及污水处理措施,工程投资匡算。给、排水设施布局还应符合以下规定:

第一,在景点和景区范围内,不得布置暴露于地表的大体量给水和污水处理设施。

第二,在旅游村镇和居民村镇宜采用集中给水、排水系统,主要给水设施和污水处理设施可安排在居民村镇及其附近。

风景名胜区的给水排水规划,需要正确处理生活游憩用水(饮用水质)、工业(生产)用水、农林(灌溉)用水之间的关系,满足风景名胜区生活和经济发展的需求,有效控制和净化污水,保障相关设施的社会、经济和生态效益。

在水资源分析和给水排水条件分析的基础上,实施用地评价分区,划分出良好、较好和不良等三级地段。

在分析水源、地形、规划要求等因素的基础上,按3种基本用水类型预测供水量和排水量。其中,生活用水包括浇灌和消防用水在内;工业和交通生产用水,依据生产工艺要求确定;农林灌溉用水,包括畜牧草场的需求。

污水排除规划应在所在城市或地区污水排出总体规划的基础上开展设计工作,为了保障景点景区的景观质量和用地效能,不应在景区内部布置大体量的给水和污水处理设施。为方便这些设施的维护管理,将其布置在居民村镇附近是易于处理的。

6.3.1 给水设施规划

水是风景名胜区内各类服务设施正常运转的基本要素之一。风景名胜区给水规划就是要安全可靠、经济合理地供给风景名胜区内各种设施的用水需要,满足给水设施对水质、水量和水压的要求。

1)风景名胜区用水的分类

通常在对风景名胜区进行用水量预测时,根据用水目的不同,以及用水对象对水质、水量和水压的不同要求,将风景名胜区用水分为以下几类。

(1)生活用水

生活用水是指风景名胜区内的居民日常生活用水及宾馆、饭店、休闲娱乐活动场所、商业零售场所等旅游服务设施用水和风景名胜区配套行政办公场所等的用水。

(2)市政用水

市政用水主要指风景名胜区内道路保洁、绿化浇水、车辆冲洗、景观小品用水等。

(3)消防用水

消防用水是指扑灭火灾时所需的用水,一般供应室内外消火栓给水系统、自动喷淋灭火系统等。

2)风景名胜区用水量预测

风景名胜区用水量预测是指采用一定的理论和方法,有条件地预测风景名胜区将来某一阶段的可能用水量。通常采用用水量指标及用水单位数量来进行测算。风景名胜区内供水标准,应在表6.6中选用,并以下限标准为主。

表6.6　供水、供电及床位用地标准

类　别	供水/[L·(床·天$^{-1}$)]	供电/(W·床$^{-1}$)	用地/(m^2·床$^{-1}$)	备　注
简易宿点	50~100	50~100	50以下	公用卫生间
一般旅馆	100~200	100~200	50~100	六级旅馆
中级旅馆	200~400	200~400	100~200	四、五级旅馆
高级旅馆	400~500	400~1 000	200~300	二、三级旅馆
豪华旅馆	500以上	1 000以上	300以上	一级旅馆
居民	60~150	100~500	50~150	
散客	10~30 L(人/天)			

根据《室外给水设计标准》(GB 50013—2018),道路浇洒用水按照浇洒面积以2~3 L/(m^2·天)计算,绿化浇洒用水按照浇洒面积以1~3 L/(m^2·天)计算。消防用水量、水压及延续时间等按照规划现行标准《建筑防火通用规范》(GB 55037—2022)执行。

风景名胜区的水量预测即以上各类用水量预测之和。

3)给水水源规划

城市附近风景名胜区水源的选择尽量选择与城市共享,从而降低取水及供水的成本。远离城市的风景名胜区只能独立选择供水水源。

供水水源分为地下水源和地表水源。地下水指埋藏在地下孔隙、裂隙、溶洞等含水层介质中储存的水体。地下水具有水质澄清、水温稳定、分布面广、不易受污染的特点,但地下水的矿化度及硬度一般较高。地表水指江河、湖泊、水库等的水体。地表水受外部影响较大,容易受污染,但是矿化度及硬度较低,径流量一般较大。

当风景名胜区的规模较大、对水量的需求大并且无法从城市共享供水设施时,就必须独立选择供水水源。水源选择宜按照统筹考虑地表水与地下水,优先考虑地表水作为供水水源,地下水源作为备用。

目前大多数风景名胜区在做总体规划时都提出了风景名胜区内游览、风景名胜区外住宿的理念,并根据这样的理念布置各类旅游服务设施,实际风景名胜区内需要用水的设施并不多。对于这样的情况,风景名胜区内可分散选择水量充足、水质较好的对周边环境不会造成影响的溪流、泉水等作为水源。通过在旅游服务设施附近设置高位水池进行消毒、沉淀等简易净化方式后,供应服务设施使用。出水水质符合《生活饮用水卫生标准》(GB 5749—2022)的要求,并取得当地卫生主管部门批准后,供给风景名胜区使用。

无论是地表水还是地下水,水源一旦受到破坏,就很难在短时间内恢复,将长期影响风景名胜区用水的供应。在开发水资源时,要保护好水源地,做到保护与利用相结合。根据《地表水环境质量标准》(GB 3838—2002),将水体分为5类,地表水作为水源的,必须按照Ⅰ类水体进行保护。

风景名胜区给水工程包括为风景名胜区提供服务的供水厂、输配水管网等设施。

水厂的位置要选在工程地质条件好的地方,并且不受洪水威胁,水厂周边应有较好的环境卫生条件和安全防护条件;同时尽量选在交通便利、靠近电源的地方;另外应尽可能选在比用水设施海拔高的地方,以节约输配水的成本。

由于风景名胜区内的水厂的规模一般较小,水厂净水工艺在满足出水水质符合《生活饮用水卫生标准》(GB 5749—2022)要求的基础上,尽量简短,以降低成本。

当遇到特殊水源(如轻微污染或原水含铁、锰或氟)时,需进行特殊处理。

供水厂的设计规模按照风景名胜区的预测最大用水量确定,水厂用地指标根据《室外给水设计标准》(GB 50013—2018)确定。

6.3.2　排水设施规划

风景名胜区内除供水系统外,还必须有良好的排水系统,否则将造成风景名胜区的环境污染。风景名胜区内的排水按照来源和性质可分为生活污水和降水两类。生活污水指风景名胜区内的居民日常生活及宾馆、饭店、商业娱乐场所、办公场所等产生的废水,这样的污水含有较多的有机物和病原微生物等,须经过处理后才能排入自然水体、浇灌植物或者再利用。降水指地面径流的雨水和冰雪融化水,这类水比较干净,一般收集后就可以直接排放到自然水体中或者进行利用。

对生活污水、降水采用不同的排出方式所形成的排水系统,称为排水体制。一般的排水体制分为雨污合流制和雨污分流制。合理选择排水体制关系到排水系统是否实用,是否能满足环境保护的要求,也关系到排水工程的运营费用。由于风景名胜区对环境保护的要求一般较高,风景名胜区内的排水体制通常使用雨污分流制。雨水通过风景名胜区内的雨水管道或沟渠排放到附近自然水体。污水则经过污水管道的收集,运送到污水处理系统中进行处理,待处理达标后,直接排入自然水体或者重复利用。

风景名胜区内的污水量预测是风景名胜区内污水处理设施规模的依据。由于风景名胜区内一般采用雨水污水分流体制,故风景名胜区内需处理的污水都是生活污水,污水量预测也只需预测生活污水量。由于风景名胜区内环境保护要求较高,排水设施的完善程度也较高,所以风景名胜区内的污水排放系数比城市稍高,可以取0.85~0.9,即生活污水量一般按照用水量的85%~90%计。污水中通常含有大量的有毒、有害物质,如不加以处理,任其自由排放到自然水体中,会对环境造成污染,风景名胜区的污水必须经过污水处理设施处理达标后方能排放。

风景名胜区内污水管道系统布置要求简短。在保证干管介入的前提下尽量使整个地区的管道埋设最浅。污水管道一般沿道路布置,污水输送尽量利用重力自流,途中不设或少设提升泵站。管道线路应尽量减少与河流、山谷及各种地下构筑物交叉,并充分考虑地质条件的影响。管线布置要考虑风景名胜区的分期建设安排。

对于距离城市较近的风景名胜区,可以同周边城市共享污水处理设施,这样能大大降低风景名胜区污水处理的成本。对于远离城市的风景名胜区来说,只能独立设置污水处理设施。由于风景名胜区内的污水一般依靠重力自流收集、输送,所以污水处理设施一般位于风景名胜区内地势较低的地方,并考虑与风景名胜区主要景点有一定宽度的隔离带,以及地质条件较好、交通便利、水电供应条件等因素。根据不同的污水水质、排放要求等因素来确定污水处理

的方案,一般分为三级。

污水处理级别按处理工艺流程划分如下:一级处理工艺流程,主要为泵房、沉砂、沉淀及污泥浓缩、干化处理等。二级处理工艺流程(一),主要为泵房、沉砂、初次沉淀、曝气、二次沉淀及污泥浓缩、干化处理等。二级处理工艺流程(二),主要为泵房、沉砂、初次沉淀、曝气、二次沉淀、消毒及污泥提升、浓缩、消化、脱水及沼气利用等。根据不同的污水处理量级处理方式,污水处理厂的用地面积有所不同。

风景名胜区内的排水除了污水还有雨水,雨水排放规划比较简单,可根据当地的暴雨强度公式,确定雨水排水区域,进行雨水管渠的定线等工作。风景名胜区内的雨水管渠力求简短,依靠重力自流,将雨水排入附近的自然水体中。管道的埋设应参照《室外排水设计规范》(GB 50014—2021)。

6.4　供电通信设施规划

6.4.1　供电设施规划

风景名胜区的供电设施规划应纳入所在地域的电网规划。在人口密度较低和经济社会因素不发达并远离电力网的地区,可考虑其他能源渠道,例如,风能、地热、沼气、水能、太阳能、潮汐能等。

风景名胜区供电规划中应充分考虑风景名胜区用电特点,如假期人流量大、应提供供电及能源现状分析、负荷预测、供电电源点和电网规划等基本内容,并应符合以下规定:

第一,在景点和景区内不得安排高压电缆和架空电线穿过。

第二,在景点和景区内不得布置大型供电设施。

第三,主要供电设施宜布置在居民村镇及其附近。

1)风景名胜区供电及能源现状分析

风景名胜区内现有供电和能源提供的状况,制约着风景名胜区将来的能量使用情况。根据风景名胜区的位置和风景名胜区开发的条件,可分为以下几种不同类型,每种类型均有各自用电和用能源的特征。

(1)城市附近的风景名胜区

这类风景名胜区距离城市近,依托城市基础设施,用电比较方便,风景名胜区内现状的能源使用情况一般以电能为主,将来风景名胜区的发展中使用电能有很多便利之处。

(2)远离城市的风景名胜区

这类风景名胜区现状用电很少,用电条件较差,未来风景名胜区开发时对电的使用必然有较大的投入。在风景名胜区建设的初期可以考虑使用小型发电机来满足生产生活的需要。

2)风景名胜区电力负荷预测与计算

风景名胜区的用电主要由宾馆、旅社、饭店、休闲娱乐活动场所、商业零售场所等旅游服务设施用电,行政管理办公场所等风景名胜区配套服务设施用电,照明用电等部分组成。

风景名胜区内的电力负荷一般按照风景名胜区的游客数来测算。各类设施用电指标见表6.6。

3)风景名胜区的供电电源点和电网规划

风景名胜区的供电电源主要有发电厂和电源变电所两种类型。电源变电所除变换电压外,还起到集中电力和分配电力的作用,并控制电力流向和调整电压。

由于风景名胜区对环境保护的要求,风景名胜区内及其周边不适合设置大型的发电设施。一般风景名胜区的用电由附近的变电所引入,如风景名胜区远离城市,或风景名胜区的部分景点远离风景名胜区的主要部分,从外部引入电力线不便,则可以在景点附近设置小型发电设施,以满足该地的基本电力需求。

(1)发电厂

发电厂主要有火力发电厂、水力发电厂、风力发电厂、太阳能发电厂、地热发电厂和核能发电厂等。在远离城市的风景名胜区建设的初期,可以在施工过程中使用燃油发电机来满足电力需求。在风景名胜区建成后,部分独立的景点或服务设施可以使用太阳能光伏发电,既环保又能满足电力需求。

(2)变电所

我国变电所等级按进线电压的等级分级,有 500 kV、330 kV、220 kV、110 kV、66 kV、35 kV 等级别的变电所,其中电源变电所输入电压的等级一般为 35 kV 或 35 kV 以上。电源变电所按构造形式分,可分为屋外式、屋内式、地下式和移动式。

4)配电网络规划

由于风景名胜区内的负荷中心一般比较分散而且单个负荷一般较小,风景名胜区的配电网络一般采用放射式,负荷密集地区及电缆线路宜采用环状。

风景名胜区内的供电线路敷设,一般有架空线路及地下电缆两种。在景点和景区内不得安排高压电缆和架空电线穿过,在景点和景区内的外围地区,可以安排高压电缆及架空电线。为了满足风景名胜区的视觉环境要求,在景点和景区内的供电线路必须采用地下敷设的方式。

架空送电线路可采用双回线或与高压配电线同杆架设。35 kV 线路一般采用钢筋混凝土杆,66 kV、110 kV 线路可采用钢管型杆塔或窄基铁塔,以减少高压走廊占地面积。35 kV 及以上的架空电力线路耐张段的长度一般为 3~5 km,如运行、施工条件允许,可以适当延长,在高差或者挡距相差非常大的山区和重冰区应适当缩小。10 kV 及以下架空电力线耐张段长度不宜大于 2 km。

风景名胜区内的供电线路的地下敷设,通常在除变电所出线集中的地段采用电缆沟槽或电缆孔排管敷设外,一般采用直埋敷设的方式。电缆在敷设时一般沿风景区道路的一侧布置,直埋的电缆应使用铠装电缆。

6.4.2 通信设施规划

风景名胜区的通信设施包括邮政设施、通信设施、有线电视、广播等设施。随着技术的发展,越来越多的通信技术和设备将运用于风景名胜区的建设中。风景名胜区邮电通信规划,需要遵循两个基本原则:一是满足风景名胜区的性质和规模及其规划布局的多种需求;二是满足迅速、准确、安全、方便的邮电服务要求。邮电通信规划,应提供风景名胜区内外通信设施的容量、线路及布局,并应符合以下规定:

①各级风景名胜区均配备能与国内联系的通信设施。

②国家级风景名胜区还应配备能与海外联系的现代化通信设施。

③在景点范围内,不得安排架空电线穿过,宜采用隐蔽工程。

其中,国家级风景名胜区要求配备同海外联系的现代化邮电通信设施,同时,人口规模和用地规模及其规划布局的差异,对邮电通信规划的需求也不相同。应依据风景名胜区规划布局和服务半径、服务人口、业务收入等基本因素,分别配置相应的一、二、三等邮电通信点,并形成邮电服务网点和信息传递系统。

现在我国城市的无线通信系统发展十分迅速,城市及主要公路已经基本覆盖,能满足大多数风景名胜区的通信要求。个别风景名胜区内的部分地区因地形限制产生信号盲区,可以通过在适当地点增加基站的方式解决,但在基站位置的选择上要注意,不要影响风景名胜区的主要景观。

【案例6.1】

赤水风景名胜区基础设施规划

1)给排水规划

(1)给水

赤水风景名胜区远期总用水量约为 2 858 m³/天。除复兴镇、大同镇、官渡镇、葫市、市区服务网点由市政管网供水外,其余服务网点均为自备水源,形成自己独立的供水系统,水源就近利用溪流及河水。给水系统均采用生活和消防用水合用的同一供水系统,各景区分别设独立的取水泵房、输水管、净水站、高位水池给水系统,消防用水采用永久高压制,消防用水贮于高位水池。取水形式采用低坝及地面式取水泵房。净水站采用小型一体化净水器,净化后经消毒供用户使用。各景区高位水池调节容量按最高日用水量的50%计,消防贮水量按现行的《建筑设计防火规范》要求。

(2)排水

一般市政基础设施中提的排水分为雨水排放和污水排放两种,排放物质不同,采用的措施也有所不同。风景名胜区内雨水排除规划中,尽量考虑景区内部和外部的河道排水,将景区内部雨水汇合流向调查清楚,在尽量减少施工量的前提下引入自然河道内,即雨水利用地面坡度就近排放。污水排放体制采用不完全分流制,各景区分别设置独立的生活污水排水系统,污水经排水管集中至污水处理站进行处理,餐厅含油废水设隔油池,局部处理后排入污水管道系统。各景区污水量按用水量的80%计。污水二级处理,采用一体化小型污水处理设备处理达到《污水综合排放标准》《GB 8978—1996》一级排放标准后排放或农灌。

2)电力电信规划

(1)电力规划

每景区设置 10 kV 变配电站,为保护景观,在各景区不架设 35 kV 等级以上的架空线路。若需要设高压线路,应得到风景名胜区管理处的同意,做好景观保护措施,方可实施。

近期规划刘西南部四洞沟景区采用专线供电,电源取自陈家湾水电站;十丈洞景区电源就

近取自水电站;丙安景区电源取自三岔河电站。对东部的九曲湖景区、七里坝景区、长嵌沟景区,电源分别来自长期电站和大滩电站。对北部的天台景区,电源来自沙坪渡电站。

远期规划考虑为保证景区的供电可靠性,四洞沟景区拟从市区新建变电站引入一路 10 kV 专用线路,作为备用电源。十丈洞景区拟在香溪口水电站引入一路 10 kV 备用电源。

(2)电信规划

规划设置电话约 200 部,传输方式拟采用光缆线路,由各景点就近接入乡镇邮电局、所。远期进一步完善通信设施,提高通信能力,开通国内、国际长途直拨,实现电话自动化。

【案例6.2】

丹霞山风景区基础设施规划

1)给排水规划

(1)给水现状及给水规划原则

丹霞山风景名胜区内,由于特定的地质地貌特点,山上、山下都缺乏地下水,在植被茂密处偶有泉水,但不足以供给日常生活之用,锦江水源较为丰富,据测定,全部指标达到国家《生活饮用水卫生标准》;风景名胜区中心地带内尚有两个水库(即丹霞山下的碧湖和大石山的东坑水库),也可作为饮用水水源,库容量分别为 58 万 m^3 和 20 万 m^3;另外,丹霞地貌集中分布区内,分布着多条溪流,如黄沙坑、庙仔坑等,也可作为分布在景区腹地旅游服务点的饮用水水源。

旅游区内,目前只有丹霞山附近有供水设施,其中,山上各饭店、宾馆及寺庙、山下的溢翠餐厅和溢翠宾馆及原丹霞林场职工住宿区都从碧湖中取水,锦园别墅则直接提取锦江之水,其他规划的旅游镇及旅游村都缺乏供水设施。

给水规划将着重解决旅游镇、村的饮用水问题。由于地形复杂,水源较缺,一般旅游点将不设供水设施,这也有利于风景资源的保护;供水管道及水塔,水厂等的设置必须以保护规划的有关规定为依据,避开风景质量或敏感度较高的区域和部位。

(2)给水规划

丹霞风景名胜区内地形复杂,除旅游镇与瑶塘休养村、溢翠宾馆、锦园等接待区之间的统一供水较为方便外,其他各旅游村间的统一供水可能性很小,根据各旅游镇、村所处的地理环境、水源状况以及对环境的影响情况,规划提出下列用水标准(表6.7)。

表 6.7　规划用水标准　　　　　　　　单位:L/(人·天)

旅游镇、村	旅客用量(平均)	服务员用量(平均)
丹霞旅游镇、瑶塘休养村、溢翠宾馆和锦园	500	300
丹霞山上	200	100
夏富度假村、矮寨旅游村	500	300
金龟岩旅游村、巴寨旅游村	200	100

根据上述标准,各接待点的给水规划如下:

a.丹霞旅游镇:远期规划 2 500 床位,5 000 人就餐,服务人员及风景名胜区管理人员、家属等为 5 000 人,日需用水量 4 000 t,主要由水厂供给,水厂建在锦江上游,黄屋附近。水厂规模为 0.5 万 t/天,同时为附近几个旅游村供水。

b.瑶塘休养村:远期规划 100 个床位,服务人员 25 名,日需水量 70 t,主要由旅游镇水厂

供给。

c. 丹霞山接待区(包括锦园、溢翠、山上的寺庙及饭店、宾馆等),现有1 200余个餐位,450余个床位。规划不再扩大接待规模,并逐渐搬出部分招待所和宾馆,使住宿控制在150床位,就餐控制在1 500个餐位以内,服务人员150人以内。供水规划需考虑最大需水量,故需按目前最大接待游客量及目前其他人员数计算,共需用水量800 t/天,远期主要由旅游镇水厂供给。规划不再使用碧湖和锦园的供水站。

d. 夏富度假村:规划接待300人住宿,500人就餐,服务人员及家属200人,需用水量为250 t/天,水厂建在锦江边,取用锦江水。水厂规模300 t/天。

e. 金龟岩旅游村:规划50人住宿,100人就餐,服务人员20人,需用水量为22 t/天,水厂规模25 t,取金龟岩山下溪涧之水。

f. 巴寨旅游村:规划250床位,500人就餐,150名服务人员及家属,需用水量115 t/天,水厂规模130 t,取东坑水库之水。

g. 矮寨旅游村:规划100床位,200人就餐,服务人员50人,需用水量115 t/天,水厂规模120 t,取锦江之水。

h. 其他露营村及服务点用水量小,就近取河、溪及水库之水,经过滤、消毒以供饮用。

(3)排水现状及排水规划原则

目前接待区缺乏排水设施,生活污水及雨水都沿自然溪谷流入锦江。丹霞山顶之生活污水造成的问题更为严重,致使许多名泉古井和瀑布都遭到严重污染,必须尽快予以治理。其他规划的旅游镇、村都临近锦江或锦江支流,在服务设施建设时,如不同时进行污水处理设施的建设,必将造成严重恶果。

污水处理将根据旅游服务点的规模、所处的地理位置及其对环境可能带来的冲击,分别采用污水处理厂、生物氧化塘以及土壤净化的方式进行。充分利用景观的高阈值区(如农田、森林区)进行污水的自然净化作用。而对低阈值区(如泉眼、瀑布等),应绝对保证不受污染。

(4)排水规划

污水量按供水量的75%计算。各接待点的排水规划如下:

a. 丹霞旅游镇:瑶塘休养村及丹霞山接待区的所有污水将通过污水管排到丹霞旅游镇附近的污水处理厂进行处理,并达到二级处理标准,污水处理厂日处理3 800 t。

b. 夏富度假村:远期污水将达到225 t/天,该旅游村四周有大面积的农田,故可通过管道将污水集中到合适的地点,建氧化池进行污水处理,后用于农田灌溉。

c. 金龟岩旅游村:远期将有污水16.5 t/天,此服务点地处风景名胜区中心地带,污水处理应考虑三个因素:第一,这一带是许多溪流的上游,是阈值较低的分布区;第二,这一带风景质量较好,污水处理十分必要;第三,这一带分布着较为茂密的亚热带常绿阔叶林,群落结构复杂,景观生态阈值较高,所以可以选择合适的地方利用生物和土壤的自净能力。为此,规划将污水通过管道排到较为隐蔽、植被茂密、离水源较远且远离游览道的山坡,分散到几个氧化池进行处理,后排入林地。

d. 巴寨旅游村:远期将有污水86 t/天,该旅游村的下游为农田,污水经氧化池处理后,直接用于农田灌溉。

e. 矮寨旅游村:远期将有污水86 t/天,这一接待点地处锦江下游,且污水量不大,故全用氧化池进行污水处理,后用于农田灌溉,部分排入锦江。

f. 其他分散的厕所可由化粪池处理后,就近接入污水管道网,如附近没有污水管,可根据情

况排入农田或林中,应绝对防止其对泉水、溪流等的污染。

2)电力规划

(1)供电现状及规划原则

目前只有丹霞山接待处有一定的电力设施,电源为凡口发电厂,通过110 kV架空电缆输往仁化氮肥厂,经变压站降压后,由黄屋接往丹霞山山上山下各用电处。目前山上有小型变压器,可供电100 kW,自己尚没有自备的发电机。旅游服务设施与工厂、农田电动排灌需电之间的矛盾比较严重,经常出现晚上停电现象,不利于旅游服务质量的提高。随着风景名胜区内旅游服务系统的完善,目前的供电现状已不能适应旅游服务的需要,所以,需要对风景名胜区内的供电系统进行全面规划。规划应从远期着想,主要输电线路(35 kV和10 kV)一次按规划投资,分支线配合各接待区的建设要求,分期实施,使供电方式经济、合理、现实、投资省、见效快,为防止重点旅游接待点夜间停电现象的发生,规划考虑这些重点区用双电源供电。风景旅游区内,任何建设都必须以景观资源保护为前提,风景名胜区的架空输电线路对风景视觉环境破坏很大,具体线路的设计和施工必须避开高敏感区和风景质量较高的地区,尽可能地铺设地下电缆。

(2)供电规划

①用电负荷规划。用电负荷规划是:高档床位(有电视、电冰箱、空调、热水器)500 W,中档床位(包括电视、空调、热水器)200 W;普通床位50 W,服务人员每人50 W。近期综合最大用电负荷为342.4 kW,中期为692.8 kW,远期为1 482.4 kW(表6.8)。

表6.8 丹霞风景旅游区用电负荷规划　　　　　　　　　　单位:kW

服务单位	近　期	中　期	远　期
旅游镇	218	600	1 500
瑶塘休养村	10	40	50
丹霞山接待区(包括山上山下)	200	200	200
夏富度假村	0	15	60.5
金龟岩旅游村	0	0	2
巴寨旅游村	0	11	30
矮寨旅游村	0	0	10.5
合计	428	866	1 853
同时率	0.8	0.8	0.8
综合最大用电负荷	342.4	692.8	1 482.4
线损	1.1	1.1	1.1
综合最大供电负荷	376.6	762.1	1 630.6

②电源。风景名胜区的供电分别从三个地方引入:一是从由凡口到仁化氮肥厂的110 kV高压线接入;二是从由凡口经凡口畜牧场、黄子塘、大井到静村的110 kV高压线接入;三是由风景名胜区南端高压线接入。第一条线路主要给丹霞旅游镇、瑶塘休养村和丹霞山接待区供电;第二条主要给夏富、巴寨、金龟岩各接待区供电,并作为瑶塘和丹霞山接待区的第二电源;第三条主要为矮寨旅游村供电。

③输电线路及变电器。外围供电线路以架空明线为主,在重点景区和高敏感区,应尽量采用地埋电力电缆,以免破坏风景视觉环境。变电站分别设在风景质量较低、敏感度较小地区。规划要求低压配电线路供电半径最长不得超过 500 m,偏僻孤立服务点应单独设置配电变压器。

3)电信规划

(1)电信现状

目前旅游区内只有丹霞山接待区设有一个电话总机、没有电报直发,没有电传,但有专线直拨电话,长途电话大部分由人工转接,通信效率较低。由于目前的接待中心地处丹霞山下山坳之中,电视信号很弱,电视接收效果很差。目前已有邮电所一个,营业种类包括通信、电报、电话等。

(2)通信规划

①邮电通信中心。规划在丹霞旅游镇设邮电通信楼,开设电报、直拨长途电话、电传等业务。内设微波控制点,自动电话交换机,办理售邮票、售报,微波发射点设在邮电楼上。

②邮电所。规划在丹霞山接待区设邮电所,扩大目前邮电所的营业范围,办理售邮票、售报,并设自动电话交换机。远期计划在夏富度假村也设一邮电所。

③代办点。在风景旅游区内的其他各旅游村,都设代办点,包括售邮票和设信箱。

④内外通信。景区内各服务点间采用电缆通信,保证整个风景名胜区管理的方便性和服务系统的完整性,对外通信采用微波和程控的方式。

【案例6.3】

北京市昌平区浅山生态旅游休闲带基础设施规划

浅山生态旅游休闲带起于昌平区流村镇(与海淀相接),终于兴寿镇(与顺义相接),该旅游休闲带贯穿昌平北部浅山区六大镇域。项目分为一期工程和二期工程,要求做到整体规划,逐步实施,避免盲目开发。

项目一期建设,起于流村镇,终至十三陵镇,途经三大镇域,涉及34个村。项目建设共分道路工程及沿线旅游设施工程两部分。

路线途经或串联的主要旅游资源有白虎涧森林公园、高崖口自然保护区、白羊沟自然保护区、天龙潭风景名胜区、居庸叠翠长城景观旅游区、虎峪综合游览旅游区、锥臼峪自然风光旅游区、大岭沟自然风景名胜区、十三陵陵寝景观旅游区、天池风景名胜区、莽山国家森林公园、十三陵水库综合游乐旅游区等。

项目是在原有通往风景名胜区景点道路的基础上整合现有资源,在连通景区景点的基础上将昌平区西北部旅游资源统一规划,完善道路交通、配套基础设施。

1)道路规划

本项目影响区交通环境复杂,公路交通主要为交通出行及交通运输,车辆主要由小客车及少部分货车及载重车组成。村镇范围内的乡镇公路交通主要为村民出行,车辆主要以小客车及农用车组成。项目影响区内的车辆通行主要为各乡镇间的短途车辆服务,县乡公路技术等级均普遍较低、路况较差。区域内基础设施发展滞后,走廊带内部分城镇间只有单一通道,道路彼此衔接不够紧密,路网通达性和互通性均较弱。

为了做好道路交通规划,应对该区域开展交通调查:交通调查是交通需求分析的重要环节,其目的是了解项目所在地区公路交通量的特性和构成,掌握公路交通流量、流向及车辆构成等数据资料,为未来拟建公路交通量预测提供基础数据,同时也为经济评价和公路设计提供

可靠的依据。为更加准确地确定道路修建类型及规模,本项目以全线(两期)道路建设的交通量调查、预测分析为设计依据。

公路交通量调查采用汽车起讫点调查(以下简称"O-D调查"),辅之以断面交通量观测的方法,O-D调查采用停车访问方式,根据调查表格的设计内容,询问并记录有关调查事项。断面交通量观测采用人工不间断记录法,对不同行驶方向的各车型交通量分别予以记录。

在O-D调查和断面交通量观测的基础上,根据项目区域内连续式观测站的交通量观测资料分析进行修正,推算基年(2013年)年平均日交通量O-D表。其计算公式如下:

$$Q_{ij} = V_{ij} \times á \times â \times \frac{ö}{k}$$

式中　Q_{ij}——i 区到 j 区的年平均日分布交通量;

　　　V_{ij}——i 区到 j 区的白天12 h O-D调查交通量;

　　　$á$——日昼比,即全天24 h观测交通量与白天12 h交通量之比;

　　　$â$——月交通量不均匀系数,$â = 1.07$;

　　　$ö$——周交通量不均匀系数,$ö = 1.00$;

　　　k——白天12 h的O-D调查抽样率。

根据调查数据,得出4月份不均匀系数为0.95,日昼比系数即为全天24 h交通量和白天12 h交通量的比值。结果见表6.9。

表 6.9　2013 年现状 O-D 矩阵表　　　　　　　　　单位:pcu/天

OD	阳坊镇	流村镇	南口镇①	南口镇②	南口镇③	十三陵镇	长陵镇	南邵镇	崔村镇	兴寿镇	其他	合计
阳坊镇	0	81	51	123	101	107	111	182	485	185	405	1 829
流村镇	72	0	55	61	54	88	121	355	354	132	549	1 841
南口镇①	48	56	0	72	98	48	215	242	366	221	401	1 767
南口镇②	126	59	69	0	78	28	236	387	367	232	551	2 133
南口镇③	98	58	94	76	0	51	161	278	450	144	393	1 803
十三陵镇	114	85	48	24	52	0	148	215	357	261	1 038	2 342
长陵镇	116	123	214	240	159	145	0	313	510	221	1 119	3 160
南邵镇	164	354	245	385	274	213	315	0	423	243	942	3 558
崔村镇	482	345	368	452	358	423	512	425	0	333	1 259	4 956
兴寿镇	201	142	213	230	145	263	231	232	323	0	513	2 493
其他	434	482	384	680	387	1 034	1 122	938	1 262	518	0	7 238
合计	1 853	1 785	1 741	2 343	1 706	2 399	3 172	3 566	4 896	2 489	7 169	33 117

2)排水规划

本项目沿线通过排、引等方式,将排水沟、涵洞进出口与天然河流相连接,做好边沟、排水沟的纵坡设计,并在沟底纵坡较大时设置急流槽或跌水构筑物,使水流顺畅地排出。

本工程采用边沟排水形式。改扩建路段采用新建边沟、排洪沟、过路管等排水设施。针对不满足排水设计要求的及小修路段,本次设计采用增设、修建排水设施,其中穿村路段统一采用盖板边沟;对能满足使用要求的过路管进行清淤、接长处理,对不能满足使用要求的过路管进行废弃新建。

本工程边沟主要采用浆砌片石梯形边沟、矩形边沟、盖板边沟等排水设施。

(1)路基排水

项目沿线地势起伏,利于排水,路基排水采取排水边沟方式。路表水以散排方式为主,即路表水通过路面散排至路基边沟,并通过路基排水系统排到路外。

(2)路面排水

路面排水与路基排水系统结合形成完整的排水方式,路面雨水通过2%的路拱横坡排至路基排水沟,通过路基排水系统排到路外。

(3)施工要点

①排水沟应顺直,排水沟开挖后,应及时夯实。

②遇自然排水沟渠,应挖横向沟,以使排水沟内的水能及时排走。

③对满足使用要求的既有边沟、过路管进行清淤处理。

案例:升钟湖景区交通规划

思考题

以某景区为例,其交通规划的重点内容是什么? 适应景区需求,制作O-D矩阵表。

参考文献

[1] 许耘红,马聪.风景区规划[M].北京:化学工业出版社,2012.

[2] 李文,吴研.风景区规划[M].2版.北京:中国林业出版社,2023.

[3] 邵宗义.市政工程规划[M].北京:机械工业出版社,2022.

[4] 成都市规划设计研究院.城市环境卫生设施规划标准(GB/T 50337—2018),北京:中国建筑工业出版社,2019.

[5] 陕西省城乡规划设计研究院,中国城市规划设计研究院.城市排水工程规划规范:GB 50318—2017[S].北京:中国建筑工业出版社,2017.

[6] 郭子坚.港口规划与布置[M].3版.北京:人民交通出版社,2011.

[7] 王炜.交通工程学[M].3版.南京:东南大学出版社,2019.

7 环境保护、消防及安全应急规划

本章导读 景区生态环境的保护首先是进行生态环境调查,调查的主要内容包括自然环境基本特征调查、主要生态环境问题调查、图件收集和编制。在此基础上,进行景区生态分区,并提出相应的保护措施和保护目标。

景区消防规划应在实地调研的基础上,首先进行消防符合具体原则的安全布局;其次进行消防供水、消防通信、消防通道、消防建筑、森林消防等基础设施建设。

景区的安全规划包括防洪规划、地质灾害防治规划、气象灾害防御规划、社会安全规划、安全事故预防规划,以及具体的安全措施和具体的安全基础设施建设。同时要提出安全应急规划,包括安全应急预案、应急疏散规划和应急设施建设。

7.1 生态环境保护规划

风景名胜区包含自然景观和人文景观,生态功能为其基本功能之一。风景名胜区实施生态环境保护规划是推进生态文明建设和生态环境保护工作内容之一,它可使风景名胜区的主要功能和谐发展。

7.1.1 生态环境现状分析与分区保护

1）生态环境现状分析

生态环境现状调查主要包括以下几个方面:

(1)调查对象

①风景名胜区生态系统:风景名胜区内动、植物物种,特别是珍稀、濒危物种的种类,数量,分布,生活习性,生长、繁殖和迁移规律;生态系统的类型、特点、结构及环境服务功能;与其他环境因素(地形地貌、水文、气象气候、土壤、大气、水质)的关系等及生态限制因子。

②生态环境对区域社会经济的影响状况:人类干扰程度(土地利用现状等)。

③风景名胜区敏感保护目标:即调查敏感保护目标及其环保要求。

④区域规划对风景名胜的影响:如城市规划、可持续发展规划、环境规划(生态环境规划)、流域规划等。

⑤风景名胜区生态环境历史变迁:即调查主要的生态环境问题及自然灾害发生的历史状况。

(2)现有资料的收集

从农、林、畜牧、渔业等资源管理部门、专业研究机构收集生态和资源方面的资料,包括生物物种清单和动植物群落,植物区系及土壤类型等资料。从地区环保部门和评价区其他工业项目环境影响报告书中收集有关评价区的污染源、生态系统污染水平的调查资料。收集国内外确认的有特殊意义的栖息地和珍稀、濒危物种等资料,和有关环境保护规定的资料。

(3)调查内容

①自然环境基本特征调查:内容包括评价区内气象气候因素、水资源、土地资源、动植物资源,评价区内人类活动历史对生态环境的干扰力度和强度,自然灾害及其对生境的干扰破坏情况,生态环境演变的基本特征等,见表7.1。

表7.1　自然环境基本特征调查主要内容

调查内容	指　标	评价作用
气候与气象调查 降　水	量及时间分布	确定生态类型,分析蓄水滞洪功能需求等
蒸　发	蒸发量、土壤湿度	分析生态特点、脆弱性或稳定程度
光、温	年日照时数、年积温	分析生态类型、生物生产潜力等
风	风向、风力、风频	分析侵蚀、风灾害等影响
灾害气候	台风、雷暴、高温、霜冻、洪涝等	分析系统稳定性和气候灾害、减灾功能要求
地理地质、水土、地形地貌	类型、分布、比例、相对关系	分析景观特点,生态系统特点、稳定性,主要生态问题等
土　壤	成土母质、演化类型、性状、理化性质、厚度、物质循环速度,肥力、有机质、土壤生物特点,外力影响	分析生产力、生态环境功能(持水性、保肥力、生产潜力)等
土地资源	类型、面积、分布、生产力、利用状况	分析景观特点、系统相互关系、生产力与生态承载力等
耕　地	面积、肥力、生产力、人均量、水利状况等	分析生产力、区域人口承载力与可持续发展能力
地表水	水系径流特点,水资源量、水质、功能、利用等	分析生态类型、水生生态、水源保护目标等
地下水	流向、资源量、水位、补排、水质、利用等	分析采水生态影响,确定水源保护范围

续表

调查内容	指 标	评价作用
地质灾害	构造结构、特点,方位、面积、历史变迁	分析生态类型与稳定性,分析生态建设需求,确定保护区域
生物因子调查	植被类型、分布、面积、建种群与优势种,生长状况,生物量,利用情况	分析生态结构、类型、计算环境功能,分析生态因子相关关系,明确主要生态问题
植 物	植物资源种类、生产力、盖度、利用情况	计算社会经济损失,明确保护目标与措施
动 物	类型、分布、种群特征、食性与习性、生殖与栖息地等	分析生物多样性影响,明确敏感保护目标

在生态环境调查中,除去表7.1所列的调查内容外,还有两类重要的调查:一是区域生态环境问题调查;二是生态环境特别保护目标调查。

②主要生态环境问题调查:主要指水土流失、沙漠化、盐渍化以及环境污染的生态影响,见表7.2。这类问题需重视其动态和发展趋势,许多生态环境问题发展到一定程度就以灾害的形式表现出来。如严重的水土流失导致洪灾和泥石流灾害等。

表7.2 主要生态环境问题调查内容

生态问题	指 标	评价作用
水土流失	历史演变,流失面积与分布,侵蚀类型,侵蚀模数,水分肥分流失量,泥沙去向、原因与影响	分析生态系统动态变化,环境功能保护需求,控制措施与实施措施
沙漠化	历史演变,面积与分布,侵蚀类型,侵蚀量,侵蚀原因与影响	分析生态系统动态变化,环境功能需求,改善措施方向
盐渍化	历史演变,面积与分布,程度、原因与影响	分析生态系统敏感性,水土关系,寻求减少危害和改善的途径
污染影响	污染来源,主要影响对象,影响途径,影响后果	寻求防治污染、恢复生态系统的措施

③图件收集和编制:一是地形图,评价区及其界外区的地形图的比例一般为1:10 000 ~ 1:500 000;二是基础图件,包括土地利用现状图、植被图、土壤侵蚀图等;三是卫片,当已有图件不能满足评价要求时,可应用卫片解释编图以及地面勘察、勘测、采样分析等予以补充。卫星影像要放映到与地形图匹配的比例,并进行图像处理,突出评价内容,如植被、水文、动物种群等。风景名胜区生态资源、生态系统结构的调查可采用现场踏勘考察和网格定位采样分析的传统自然资源调查方法。

2)生态环境分区与保护目标

风景名胜区生态环境保护的目标就是要控制对自然环境的人为消极影响,控制和降低人为负荷;保持和维护原有生物种群、结构及其功能特征,保护典型而有示范性的自然综合体;提高自然环境的复苏能力,提高氧、水、生物量的再生能力与速度,提高其生态系统或自然环境对人为负荷的稳定性或承载力。生态分区对土地使用方式、功能分区、保护分区和各项规划设计措施的配套起重要作用。风景名胜区的生态分区分为 4 个等级,见表 7.3。

表 7.3　生态分区及其利用与保护措施

生态分区	环境要素状况			利用与保护措施
	大气	水域	土壤植被	
危机区	×	×	×	应完全限制发展,并不再发生人为压力,实施综合的自然保护措施
	-或+	×	×	
	×	-或+	×	
	×	×	-或+	
不利区	×	-或+	-或+	应限制发展,对不利状态的环境要素要减轻其人为压力,实施针对性的自然保护措施
	-或+	×	-或+	
	-或+	-或+	×	
稳定区	-	-	-	要稳定对环境要素造成的人为压力,实施对其适用的自然保护措施
	-	-	+	
	-	+	-	
有利区	+	+	+	需规定人为压力的限度,根据需要而确定自然保护措施
	+	+	-	
	+	-	+	
	+	+	-	

注:×表示不利;-表示稳定;+表示有利。

　　按其他生态因素划分的专项生态危机区应包括热污染、噪声污染、电磁污染、放射性污染、卫生防疫条件、自然气候因素、振动影响、视觉干扰等内容。

7.1.2　生态资源与自然景观保护

1)风景名胜区旅游开发与生态环境关系

　　很长一段时间,人们认为旅游业是无污染的"无烟工业"。然而,事实却并非如此。据统计,早在 20 世纪 90 年代旅游业就消耗了 1.76 亿 t 航空燃料,这将导致 5.5 亿 t 温室气体二氧化碳的排放,以及 2.2 亿 t 污水和 350 万 t 氮氧化物的产生。旅游业使地中海地区的 500 多种生物受到灭绝的威胁,海龟和海豹等很多海洋生物遭到灭顶之灾。法国、西班牙、意大利等地,由于风景名胜区旅游业的迅速发展,沿海的大部分地区已失去了原来的大海、阳光、沙滩、绿树和村落构成的自然景观,这些地区很多已被拥挤的建筑、人群造成的城市化所取代,液体和固体的废弃物等污染着这些海滨旅游景点。在我国,由于风景名胜区旅游业发展迅速,但其规划

曾缺乏对周围及更大范围生态系统的影响评估,加之其管理与风景名胜区使用强度之间不匹配,生态意识有过薄弱的时期,所以还是对环境产生了负面影响。

优美的自然与人文环境是风景名胜区存在的基础。其实旅游发展与风景名胜区环境保护并不是绝对矛盾的,关系处理得好,旅游发展还可促进环境保护。旅游发展会改变当地居民的观念,增强他们对环境价值的认识。尤其是当旅游给当地居民带来实际利益时,这种作用就会更明显。他们会通过参与旅游业获取经济效益,改善生活。另外,风景名胜区旅游为旅游者提供了亲近自然、认识自然的绝好机会。伴随着旅游活动的开展,旅游者可以了解更多的自然知识、生态知识、环境知识,引发对人与环境的关系的进一步思考,提高环境保护意识。

2)生态资源与自然景观保护措施

(1)人口容量

风景名胜区的人口容量包括游人、职工、居民三类。其中,职工人口包括直接服务人口和维护管理人口;居民人口主要指当地常住人口。一定用地范围内的人口发展规模不应大于其总人口容量。

当规划地区的居住人口密度超过 50 人/km^2 时,宜测定用地的居民容量;当规划地区的居住人口密度超过 100 人/km^2 时,必须测定用地的居民容量;居民容量应依据最重要的要素容量分析来确定,其常规要素应是淡水、用地、相关设施等。具体措施:在测定风景名胜区居民容量的要素容量分析中,应首先分别估算出可以供居民使用的淡水、用地、相关设施等要素的数量;再预测居民对三者的需求方式和数量,然后对两列数字进行对应分析估算,可以得知当地的淡水、用地、相关设施所允许容纳的居民数量。一般在上述三类指标中取最小指标作为当地的居民容量。

在旅游快速发展地区,景区游人容量与实际进入景区的游客量之间的不匹配已成为风景名胜区生态规划设计与管理中的主要管控难点。因此,风景名胜区生态资源与自然景观保护必须进行游人容量分析、预测和规划。游人容量除了需要考虑游览心理和游赏资源配置问题(详见第 3.2 节相关内容),还需要从生态资源与自然景观保护的角度进行规划。首先,游人容量要符合表中生态允许标准规定。其次,游人容量计算结果应与当地的淡水供水、用地、相关设施及环境质量等条件进行校核与综合平衡,以确定合理的游人容量。游憩用地生态容量各项指标见表 7.4。

表 7.4 游憩用地生态容量

用地类型	允许容人量和用地指标	
	(人/hm^2)	(m^2/人)
(1)针叶林地	2~3	5 000~3 300
(2)阔叶林地	4~8	2 500~1 250
(3)森林公园	< 15~20	> 660~500
(4)疏林草地	20~25	500~400
(5)草地公园	< 70	> 140
(6)城镇公园	30~200	330~50

续表

用地类型	允许容人量和用地指标	
	（人/hm²）	（m²/人）
（7）专用浴场	＜500	＞20
（8）浴场水域	500～1 000	20～10
（9）浴场沙滩	1 000～2 000	5～10

另外，风景名胜区内部的人口分布也应进行规划和管理：根据游赏需求、生境条件、设施配置等因素对各类人口进行相应的分区分期控制；应有合理的疏密聚散变化，使其各尽其能、各乐其业、各得其所；应防止因人口过多或不适当集聚而不利于生态与环境，又要防止因人口过少或不适当分散而不利于管理与效益。

（2）自然地质地貌资源及环境的保护

风景名胜区的自然地质地貌是原有景观存在的基底，是各种类型的生物生存的栖息地肌理，对它们的保护是生态资源与自然景观保护最基础的内容。旅游开发等经济活动，包括公路、管道、电缆、索道、水库、宾馆、桥梁和电力、通信线路等工程的建设，会严重破坏风景名胜区原有的地质地貌，进而导致水土流失、原有生态平衡的破坏，以及水资源枯竭。1983 年，泰山修建了第一条索道，即从中天门到南天门索道，修建过程中，泰山著名景观月观峰的峰面被炸掉1/3，形成大面积的生石面和倒石堆，破坏地貌及植被 1.9 万 m²，破坏了岱顶的真实性和完整性。

风景名胜区规划及建设阶段，对地质地貌环境，尤其是奇特的地质地貌旅游资源的具体措施主要有以下六条：

①开发外围新的景区点，开拓冬季旅游客源市场，分散游客流量，扩大旅游环境容量。山地旅游由于自身环境的限制，其环境容量有限，这在许多名山风景旅游区的某些景区点，或在某些特殊的时间内，表现得尤为突出。但其周围还有不少待开发的处女地，淡旺季反差现象非常明显。如能充分利用时空范围差异的条件，将能较好地解决这一问题。

②控制游客数量，提高旅游环境质量，创造良好的气氛环境。除了开发外围新的景区点以吸引游客外，还要控制原有景区点的客流量。如此双管齐下，才能奏效。为达到这个目的，可采取分区旅游和有计划旅游的办法，即组织游客在景区间游览，配备导游引导观赏，定时开放、关闭景区，并设专门售票处，单独收费；对观赏价值很大、游览面积很小的著名景点或路段，更要限制游客数量，由山下的调度控制中心计划分配山上各景区的游客数量，对每日上山游客实行限量，旺季时提高门票价格，各类会议和旅游团体要提前登记。

③实行景区点短期封闭制度。即对已遭到破坏和容易受到破坏的重要景区点实行暂时封闭，时间可长可短，目的是使其能够休养生息，恢复其自然生态平衡。1986 年，黄山暂时封闭了始信峰景点，经过几年时间，那里的植被、树木得到了恢复，重新显现出原有的容貌。

④加强对各类建设项目的管理，减少和避免对山地生态环境的破坏，保持其原有风貌。各类建设项目要符合总体规划的要求，严格执行国家有关基本建设项目的环境影响报告书制度。对索道、公路等大规模的建设项目，要尽量减少对生态环境的破坏，对已被破坏的景观和地段，要采取措施予以恢复，如进行植被覆盖、建造人工瀑布等。各种建筑物，要具有地方和民族特色，依山就势，藏而不露，露则生辉。建筑布局宜成组群，体量不宜过大；建筑形式宜建一二层

的低矮房屋,不宜建高楼大厦。建筑风格宜山野化、园林化,不宜人工化;空间布局宜分散,不宜过分集中;建筑色彩宜淡雅,不宜浓烈;建筑材料宜采用木、石、竹、草,慎用水泥,有条件的地方推广生态建筑。人造景观及小品,仅起陪衬烘托的作用,要与自然环境相协调,不要喧宾夺主。

⑤索道的修建。应由建设、旅游、交通、环保、园林、生态、地质等部门和有关专家组成索道建设小组,进行认真细致的调查、勘察和论证,制订若干个设计方案,并从中选定最佳方案;选择国内外最好的索道设计单位和生产单位;索道选线要避开传统的步行登山道路,以保证道路两边的自然景观、文物古迹不受破坏;在建造过程中,要大胆使用新技术、新工艺,以减少对自然环境的破坏,如在安装塔架时,为防止山石松动,应用人工开凿代替爆破开凿等。

⑥地质灾害的防治。地质灾害威胁到游客的人身安全、旅游设施及旅游资源的完好,对其进行防治意义重大。首先应组织水文、环保、林业、地质、气象等部门的专业技术人员,加强对地质灾害形成的自然条件和时空分布规律的调查研究,以及监测预报和防灾、减灾的规划研究。其次旅游开发与灾害防治紧密结合,把防灾、抗灾、减灾和救灾的具体措施纳入旅游开发之中,包括提高植被覆盖率,对旅游景观和接待服务设施,进行必要的加固、加护栏等。另外,建立灾害预警系统、防灾救援系统,建立火灾、山洪、森林病虫害观察站,开辟直升机停机坪等。

(3)生物资源及环境保护

①植物资源及环境的保护。

首先,加强法治宣传和环境意识的教育。在我国,贯彻执行《中华人民共和国森林法》(后简称《森林法》)是使森林资源免遭破坏而得以保护的根本措施。而依法、执法的前提条件是懂法。应通过各种形式开展法治宣传,教育民众积极、自觉地贯彻执行《森林法》和有关森林保护的法规、条例。同时,也让人们充分认识到森林生态效益的重要性,逐步树立牢固的环境意识。

其次,加强森林的科学管理,合理开发利用森林资源。严格控制计划外采伐,积极营造薪炭林,逐步解决农林用柴问题;持之以恒地开展全国植树造林运动,提高森林覆盖率,并做好荒山造林、封山育林工作,以保证幼林和残留的乔灌木更好地生长;大力开展木材加工和综合利用工作,提高木材利用率;采用有效措施防止森林火灾和病虫害的发生。

再次,在旅游资源的开发过程中,应采取措施防止对植被的破坏。例如,在修建道路、建造房屋时,要科学规划、精心设计,尽量减少对植被的砍伐;加强对游客的宣传教育,严格禁止在风景名胜内野炊、吸烟、采折花木枝叶等。保护古树名木,应限制游客流量和车流量;控制景区宾馆、招待所的建设;减少污染;修筑围栏,严禁人畜靠近,减少机械损伤;在恶劣天气后,对断枝断梢加以修剪,并封闭伤口,减少昆虫危害、病菌感染;加强管理,经常施肥灌水,维持树木正常生长。

最后,建立各类植物园(区)或保护区,保护珍稀植物品种。

②动物资源及环境的保护。

首先,在摸清野生动物特别是珍稀、濒危物种栖息地分布的基础上,结合生态分区,限制或禁止旅游活动对野生动物特别是珍稀、濒危物种的生存和繁衍造成威胁。制定《森林法》《中华人民共和国野生动物保护法》等法律法规,坚决刹住乱捕滥猎和倒卖走私的犯罪活动,初步形成了野生动物保护管理体系。另外,我国还加入了一些保护野生生物的国际组织和国际公约。

其次,加强野生动物的繁育、恢复。许多风景名胜区自然环境优美,且往往是某些动物生存和繁衍的理想场地,如四川雅安碧峰峡风景名胜区为大熊猫的人工繁育及保护工作作出了巨大贡献。

最后,加强野生动物的移地保护。根据国际自然保护联盟的策略,当某一物种减少到1 000只以下时,必须对该物种的人工饲养的种群进行保护,辅助其繁衍。动物园在野生动物的饲养、驯化、繁殖、科研、教学、宣传、展览等方面发挥了很大的作用。除此之外,经费的募捐、赞助,以及管理和引导游客文明观赏动物并保护游客安全等,也是动物旅游资源及环境的重要措施。

7.1.3　水环境保护措施

1)控制水体污染源

控制水体污染源是保护水环境的基本措施。

①采取坚决措施,严格控制工业新污染源,抓紧治理旧污染源。要大力调整产业结构,实施清洁生产。在风景名胜区点周围,严格禁止新建造纸厂、化工厂、制革厂等污染严重的企业。对现有企业和事业单位进行评估,污染环境的单位应依法关闭、转产或迁离。

②控制农业排放污染物,大力发展生态农业,提高农业生态效益。

③加快城市生活污水处理设施的建设,逐步实现生活污水处理后排放。

④风景名胜区点内的各类接待服务场所(如饭店、宾馆、疗养院、度假村、餐馆等)要建设污水处理设施,禁止向景区排放污水。

⑤水上交通游览船只要设立集中收集垃圾的垃圾箱和垃圾袋,靠岸后再处理,不能直接排入水中。要逐步淘汰燃油机动船只,杜绝跑、冒、滴、漏油现象。采用无污染且安静的船只,如电动游船等。

2)充分利用水体自净能力

自然净化能力是一种可贵而有限的自然资源。合理的工业布局可以充分利用自然环境的自净能力,变恶性循环为良性循环,起到控制污染的作用。以河流为例,河流的自净作用主要是指排入河流的污染物浓度在河水流向下游时浓度自然降低的现象。如果在一段河流中有排污,应采用系统分析的方法,在一定水质要求下,充分利用河流的自净能力,合理布点组织废水排放。

3)科学处理废水

按照废水处理的不同机理,可分为物理处理法、化学处理法、物理化学法、生物处理法以及土地处理系统法5种类型。

①物理处理法:即通过物理作用来清除废水中的污染物的方法。常用的物理处理法是利用过滤、沉淀等技术分离废水中的悬浮污染物。

②化学处理法:即通过化学反应清除废水中污染物质或使其转化为其他物质,从而化有害为无害,化有毒为无毒,因此被称为化学处理法。常用的方法有中和法、氧化法、凝聚法、石灰

解析法等。

③物理化学法:有离子交换法、析出法、萃取法、分离技术法等。

④生物处理法:也称生化处理法,是处理废水应用最久最古老和相当有效的一种方法。它是利用自然界存在着的各种微生物将废水中的有机物降解,达到废水净化的目的。

⑤土地处理系统法:是利用土壤中的微生物和植物根系对污水进行处理,同时又利用其中的水分和养分促进农作物、牧草和树木生长。土地处理系统常用于中小城市污水二级处理之后,代替三级处理。土地处理系统由污水的沉淀预处理、储水塘、灌溉系统、地下排水系统等部分组成。处理方式一般为污水灌溉(通过喷洒或自流将污水排放到地表,以促进植物生长)、渗滤(将污水排放到粗沙、砂壤和土壤上,经渗滤处理并补充地下水)和地表漫流(将污水有控制地排放到地面上,适于透水性差的黏土和黏质土壤,地面上常播种青草)等。

7.1.4　固体废弃物治理措施

如果风景名胜区位于城区或城郊,固体废弃物可纳入城市垃圾处理系统。如果远离城镇或运输不便,就要考虑其处理问题。具体过程如下:

1)固体废弃物的收集

(1)固体废弃物暂存装置的类型及要求

固体废弃物暂存装置目前主要有金属垃圾箱桶、塑料垃圾箱桶、塑料袋、纸袋等。其要求是不生锈、结实耐用、易于清洗和携带。垃圾箱桶要安放牢固,纸质和塑料垃圾袋可撑开放在专用的架子上,上面加盖。

(2)固体废弃物暂存装置的数量和摆放

固体废弃物暂存装置根据游客数量的多少确定。游览旺季时要多些,淡季时则少些;游客多的地方,如门口、停车场、住宿点、餐馆、商店摊位等处要多放一些。在有条件的地方实行分类收集,采用不同颜色或不同形状的垃圾箱、桶,也可放置不同的标志,引导游客处理不同种类的固体废弃物。

(3)固体废弃物的收集、清运

在游览旺季最好每日清理。如果游客不多或在旅游淡季,可根据具体情况处理。垃圾箱桶要及时清洗、消毒,收运最好选在开放时间之外,以免干扰游客。

2)固体废弃物的处理

固体废弃物的处理以无害化、资源化、减量化为标准,主要方法有卫生填埋法、堆肥法和焚烧法等。这里主要介绍填埋法和焚烧法。

(1)填埋法

首先要选择填埋的适当位置,可利用自然的或人工的土坑、土沟、谷地、坡地,并与溪流、河流、湖泊等水体有一定的距离,与住宅的距离至少 300 m,还要有全天候通行的道路与填埋地相连。为防止固体废弃物被压实后产生的废液和雨水对地下水的污染,填埋地最低处应在最高地下水水位之上 3.3 m,而且应是不透水的岩石层和黏土层,如不具备这种地质条件,可另铺黏土、沥青、塑料薄膜等。之后,把固体废弃物堆倒在斜坡处,铺开并压实,上面加净土压实后不超过 60 cm,固体废弃物总厚度不超过 2 m,为使上面的水流下来,压实的净土要有一定的坡度;另外,侧面要加盖厚 15 cm 的净土。在填埋地要设置排气孔,以使厌氧微生物在分解过程中释放出来的甲烷气体及时逸出,避免发生爆炸。由于填埋地会发生不均匀下沉,在其上面 20 年内不宜建造房屋等,但可作他用。填埋法适用于一个中型风景名胜地或较大的旅馆或餐馆。

（2）焚烧法

焚烧法一般是利用焚烧炉,炉内温度保持在 680 ℃以上,有些固体废弃物不易燃烧,可用煤油等作为助燃剂;燃烧后,可消灭全部致病微生物,同时体积一般只剩下约 20%,剩下的固体废弃物可作填埋处理。要特别注意的是如何防止焚烧时烟尘对大气的污染和火灾发生。

7.1.5　噪声与空气污染控制

1）噪声防治

（1）消除、减少或减弱噪声

治理噪声最根本的措施是从声源上加以控制,将发声体改造为不发声的弱声体,用无声或低噪声的设备代替高噪声的设备,或从根本上消除噪声声源,如餐馆、娱乐场所不许使用高音喇叭,游览时间内不得进行产生噪声、干扰游客的作业等。

（2）风景名胜区点合理布局

风景名胜区点内要合理布局,以免相互干扰,不同功能区要用林木隔开。

（3）对风景名胜区点的设备、设施采取防治措施

在风景名胜区点内的设备、设施的周围可采取阻尼、隔声、隔震、吸声等措施,利用声波的吸收、反射、干涉等特性控制声源的噪声辐射。如室内空间装修采用吸声材料,墙壁和门窗采用隔声构件做成双层或多层结构,在风机、通风管道和排气通道等处安装消声装置等。

（4）交通噪声防治

风景名胜区交通噪声的防治有许多措施,如建造防噪声墙、限制汽车在区内鸣笛、不允许过境车辆穿越等。我国第一道公路专用防噪声墙建在贵州省贵阳市至黄果树风景名胜区一级汽车专用公路边。这道防噪声墙高 3.5 m、厚 0.35 m、全长 778.72 m,大部分采用多种吸声材料建成。声屏障竣工后,实际降低噪声 10.5 dB。

（5）限制燃放烟花爆竹

限制燃放烟花爆竹,这对减少噪声污染和改善大气环境非常有利。如安徽省九华山风景名胜区早在 1996 年起全面禁放爆竹,得到大多数人的理解和支持。肉身宝殿是全山最著名的景点之一,也是香客必到之处。原来卖烟花爆竹的当地山民,虽然减少了销售烟花爆竹的收入,但为了保护整体环境和防止火灾,他们也表示接受。山上僧众也表示可以理解,佛教圣地本应有一个幽静的环境。

（6）严格执行国家噪声环境标准

严格执行国家噪声环境标准,实施环境噪声质量分区。

2）空气污染控制

（1）风景名胜区点周围划定保护区范围

旅游区点周围要划定保护区范围，对周围污染严重的厂矿企业等，或者取缔、搬迁，或者采取治理措施，为旅游区点创造较好的大气环境。

（2）风景名胜区内合理规划、布局

厕所、污水处理厂、固体废弃物集中和处理场地等，应建在游览区、娱乐场、野营地、交通道路和住宿地、餐饮地的全年主导风向或旅游季节主导风向的下风侧；停车场设在下风侧，但应在厕所、污水处理厂、固体废弃物集中及处理地的上风侧，并与餐饮、住宿、野营地、娱乐场、游览地等保持相应的空间距离，以减少汽车和灰尘对大气环境的污染；餐馆等饮食服务设施应建在旅馆、野营地、娱乐场和游览地的下风侧，但应建在停车场的上风侧。

（3）改进燃烧设备，改变燃料结构，采用除尘设备

一方面要改进燃烧设备，使燃料充分燃烧，减少烟尘等有害物质；另一方面对燃料要进行选择和处理，改变燃料结构。在有条件的旅游区点，要逐步推广使用天然气、煤气和石油，将燃煤锅炉改为燃油锅炉，直至以电代煤、以电代油、以电代木，还可利用风能、水能、磁力、重力、地热能、太阳能、潮汐能、生物能及核能等进行无污染发电。另外，对工业和生活用锅炉，可采用适当的除尘装置，减少粉尘排放量。此外，还要创造条件实行集中供热。

（4）加强煤炭有效利用和减少污染的技术研究，大力推广适用技术

我国是世界上最大的煤炭生产国和消费国，因此煤的合理和充分利用是解决问题的关键。风景名胜区首先应考虑使用由煤转化后的气体燃料或液体燃料。景区内民用及企业生产生活煤改气、改电工程近些年都在积极进行。此外，还要研究改进设备，提高煤的燃烧技术以提高热效和降低污染。

（5）治理旅游交通污染，推广和使用少污染的交通工具

从旅游大交通看，飞机、火车、轮船、汽车都会造成不同程度的环境污染；从旅游小交通看，汽车也会对旅游区点的大气环境产生污染。电动客车、电动游览车是环保型电动乘用车辆，其在风景名胜区大量投入运行，不产生尾气，噪声污染较低，降低了对环境的影响，保护了旅游景区的清洁和安静，提供了绿色、便利的出行方式。

7.2 消防规划

7.2.1 火灾风险评估及消防分区

风景名胜区消防规划应根据景区历年的火灾发生情况、易燃物品设施布局状况、森林（草原）布局状况和景区建筑规模、结构、布局等的消防安全要求，以及现有公共消防基础设施条件等现状情况，科学分析、评估景区火灾风险。

根据风景名胜区火灾风险的评估结果，可将景区划分为重点消防地区、一般消防地区、防火隔离带及疏散场地三类地区。其中，重点消防地区包括景区重点林地（草地）、景区重点建筑

等具有重要景观价值和服务价值的设施所在区域;防火隔离带及疏散场地则主要包括道路广场用地、水域等;除重点消防地区、防火隔离带及疏散场地以外的地区,则划为一般消防地区。

7.2.2　消防安全布局

　　风景名胜区的易燃物品及设施应合理布局,采取有效的消防安全及整改措施。电力、电信线路和石油天然气管道的防火责任单位,应当在景区林地(草地)、木结构建筑等火灾危险地段开设防火隔离带,并组织人员进行巡护。景区应当划分防火责任区,设置消防站点,配置相应的消防设施和设备。消防站点选址的基本原则如下:

　　(1)就近原则

　　消防站的规划布局,一般情况下应以消防队接到出动指令后正常行车速度下 5 min 内可以到达其辖区边缘为原则确定;消防站主体建筑距容纳人员较多的公共建筑的主要疏散出口或人员集散地不宜小于 50 m;消防站车库门应朝向景区道路,到规划道路红线的距离应不小于 15 m。

　　(2)因地制宜原则

　　消防站辖区的划分,应结合景区的地形地貌及河流、道路的走向确定,并兼顾消防队伍建制、防火管理分区。

　　(3)均衡布局与重点突出

　　消防站应采取均衡布局与重点保护相结合的布局结构,对于火灾风险高的区域应加强消防装备的配置。

7.2.3　消防基础设施建设

1)消防供水设施

　　风景名胜区消防供水管网应结合景区原有市政供水管网设计,同时应充分利用人工水体和天然水源。当人工水体或天然水源有冻结情况时,设计中应考虑防冻措施。应设置道路、消防取水点(码头)等可靠的取水设施。风景名胜区消防供水可以与景区内灌溉给水或生活用水同时使用,但必须满足消防供水需要。在发生火灾时,应能迅速启动供水加压设备,保证灭火用水。当灭火采用消防装备时,供水管网必须能满足火场供水的需要。风景名胜区内消火栓与消防车供水距离不应大于 400 m。当采用消防炮作为灭火工具时,消防炮与水压增压装置之间的直线距离不得大于 100 m。

2)消防通信设施

　　风景名胜区应设立消防总控制室,承担火灾报警、火警受理、火场指挥的职能。消防总控制室应与各防火责任区的消防站间建立火警调度专线,用于语音调度或数据指令调度。景区安保人员应配备对讲机、手机等无线通信工具,发现火情及时向消防总控制室报告。有条件的风景名胜区应建立消防图像监控系统、高空瞭望系统,预警和实时监控火灾状况。

3)消防车通道设施

风景名胜区内道路宽度应大于 3.5 m,满足消防车通过需要。道路上空遇有管架、栈桥等障碍物时,其净空高度不应小于 4 m。消防车道下的管道和暗沟应能承受大型消防车的重量。风景名胜区内山体前应根据游览路线设置环形车道或山体两侧设置能供消防车停留的平坦空地。尽头式消防车道应设回车道或面积不小于 12 m×12 m 的回车场。供大型消防车使用的回车场面积应不小于 15 m×15 m。

4)建筑消防设施

风景名胜区内有餐饮、住宿、娱乐、购物、卫生、通信、邮政功能的建筑物,应按照《建筑设计防火规范》(GB 50016—2014)(2018 年版)、《建筑防火通用规范》(GB 55037—2022)配备各类消防设施。达到安装火灾自动报警系统和自动喷水灭火系统要求的,必须安装火灾自动报警系统和自动喷水灭火系统。没有达到安装消防系统要求的建筑,必须按照规范要求配置足够的灭火器材并保证完好。景区古建筑消防设施设置应尽量保持建筑的原有风貌,避免破坏景观。

5)森林(草原)消防设施

拥有大片林地(草地)的风景名胜区,应参照《森林防火条例》《草原防火条例》及相关技术规范、技术标准设置消防设施。防火瞭望塔应设置在景区制高点,瞭望塔外观风貌应与周边景物相协调,塔内应配备足够的探测工具和必要设施,并做好防火防雷工作。应充分发挥自然障碍、防火隔离带、防火林带等阻隔工程的作用,防止火灾蔓延。

7.3 安全规划

7.3.1 防洪规划

1)洪灾风险评估及防洪标准确定

风景名胜区防洪规划应在基础资料调查分析的基础上,根据防洪安全的要求,并考虑经济、政治、社会、环境等因素,参考表 7.5、表 7.6 及《城市防洪工程设计规范》(GB/T 50805—2012)中的相关规定,综合论证确定防洪标准。景区防洪规划不能分别进行设防时,应按就高不就低的原则确定设防标准。

表 7.5　文物古迹的等级和防洪标准

等　级	文物保护的级别	防洪标准［重现期（年）］
Ⅰ	国家级	≥100
Ⅱ	省（自治区、直辖市）级	100～50
Ⅲ	县（市）级	50～20

注：资料来自中华人民共和国水利部编《防洪标准》（GB 50201—2014）。

表 7.6　旅游设施的等级和防洪标准

等　级	旅游价值、知名度和受灾损失程度	防洪标准［重现期（年）］
Ⅰ	国线景点，知名度高，受淹后损失巨大	100～50
Ⅱ	国线相关景点，知名度较高，受淹后损失较大	50～30
Ⅲ	一般旅游设施，知名度较低，受淹后损失较小	30～10

2）防洪方案

（1）河洪防治方案

风景名胜区河洪防治方案应与上下游、左右岸流域防洪设施相协调，特别是应注意上下游、左右岸城镇发展对景区防洪产生的影响。防治方案还应与航运码头、污水截流管、滨河公路、滨河绿地、游泳场等统筹安排，发挥防洪设施多功能作用。在岸边建筑较少的景区，可将河岸两侧一定宽度范围内设置为泄洪区，洪水来临时封闭该区域。

（2）海潮防治方案

风景名胜区海潮防治方案应在分析风暴潮、天文潮、涌潮的特性和可能的不利遭遇组合的基础上，合理确定设计潮位，采取相应的防潮措施，进行综合治理；应分析海流和风浪的破坏作用，确定设计风浪侵袭高度，采取有效的消浪措施和基础防护措施。防潮堤防布置应与滨海设施建设相配合，结构选型应与海滨环境相协调。

（3）山洪防治方案

风景名胜区山洪防治应以小流域为单元进行综合治理，坡面汇水区应以生物措施为主，沟壑治理应以工程措施为主。排洪渠道平面布置应力求顺直，就近直接排入下游河道。条件允许时，可在上游利用截洪沟将洪水排至其他水体。上游修建小水库削减洪峰，水库设计标准应适当提高，并应设置溢洪道，确保水库安全。当排洪渠道出口受外河洪水顶托时，应设防洪闸或回水堤，防止洪水倒灌。

3）防洪基础设施建设

（1）堤防工程

堤防是在景区内河道一侧或两侧连续堆筑的土堤，通常以不等距离与天然河道相平行。它是世界各国迄今为止最常用的一种防洪技术措施，适用于河流中下游的沿岸景区。景区的堤防工程应满足结构安全，维修工作量小，具有排水功能等要求。地处城市河段的景区，堤防

应采用混凝土防洪墙或石砌挡水墙,以减少占用土地。

（2）河道整治工程

河道整治的目的是增加过水能力,减少洪水泛滥的程度和概率,其具体内容包括拓宽和浚深河槽、人工裁弯取直、除去妨碍过水的卡口和障碍物。整治工程需认真规划,以保证所设计的工程不致将洪水问题转移或造成新的冲刷崩岸。其中,加宽河槽一般用于中小型河流;清障多适用于河段的局部,裁弯取直可有效地降低裁弯点以上河段的洪水位,增大河流的泄洪能力。

（3）山洪防治工程

山洪防治工程应根据地形、地质条件及沟壑发育情况,因地制宜,选择缓流、拦蓄、排泄等工程措施,形成以水库、谷坊、跌水、陡坡、排洪渠道等工程措施与植树造林、修梯田等生物措施相结合的综合防治体系。山洪防治应以各山洪沟汇流区为治理单元,进行集中治理和连续治理,尽快收到防治效果,提高投资效益。山洪防治应充分利用山前水塘、洼地滞蓄洪水,以减轻下游排洪渠道的负担。

7.3.2　地质灾害防治规划

1）地质灾害风险评估及防治分区

风景名胜区应根据地质环境条件、地质灾害历史与现状及易发区分布,紧密结合社会经济发展水平和防灾救灾能力,着重考虑人类工程活动对地质环境影响较强烈的区域,将地质灾害防治分区划分为重点防治区、次重点防治区、一般防治区。其中,重点防治区包括地质灾害高易发区和风景名胜区核心景区;次重点防治区包括地质灾害中易发区和核心景区外围地区;其他地区则划为一般防治区。

2）防御地质灾害安全布局

风景名胜区的建筑应根据地质灾害易发程度合理布局。在地质灾害高易发区,原则上不应保留建筑;在地质灾害中易发区,应保持建筑之间的适当间距,控制建筑密度,避免因地震或地质灾害导致交通堵塞。若风景名胜区为地震易发区,还应根据景区的地质条件、地形地貌等因素合理确定建筑物的抗震烈度。

3）防治地质灾害基础设施建设

（1）山体崩塌防治工程

山体崩塌防治工程应根据危岩类型、破坏特征、工程地质和水文地质条件等因素采取下列综合措施:①采用锚固技术对危岩进行加固处理。②对危岩裂隙可进行封闭、注浆。③悬挑的危岩、险石,宜及时清除。④对崖腔、空洞等应进行撑顶和镶补。⑤在崩塌区有水活动的地段,可设置拦截、疏导地表水和地下水的排水系统。⑥可在崖脚处设置拦石墙、落石槽和拦护网等遮挡、拦截构筑物。

（2）滑坡防治工程

滑坡防治工程应执行"以防为主、防治结合"的原则,应结合滑坡特性采取治坡与治水相结合的措施,合理有效地整治滑坡。滑坡防治应考虑滑坡类型、成因、工程地质和水文地质条件、滑坡稳定性、工程重要性、坡上建(构)筑物和施工影响等因素,分析滑坡的有利和不利因素、发展趋势及危害性,选取支挡和排水、减载、反压、灌浆、植被等措施,综合治理。

(3)泥石流防治工程

泥石流防治应采取防治结合、以防为主,拦排结合、以排为主的方针,采用生物措施、工程措施及管理等措施进行综合治理。应根据泥石流对景区设施的危害形式,采取相应的防治措施。在上游宜采用生物措施和截流沟、小水库调蓄径流;泥沙补给区宜采用固沙措施;中下游宜采用拦截、停淤措施;通过市区段宜修建排导沟。

(4)地面塌陷沉降防治工程

地面塌陷和地面沉降防治应采取预防和治理相结合的措施。应分析地面塌陷和沉降的成因,并根据成因采取相应的防治措施。在地面塌陷和沉降的重点区域进行监测,一旦发现地下有空洞或松动即采取防护措施;严格控制地下水开采,防止地下水位快速下降;完善排水措施,避免水位剧烈变动;对重点区域的隐伏洞穴注浆填充;做好隧道、矿洞等地下构筑物的防护工作,防止地基挖空而导致地面塌陷和沉降。

7.3.3 气象灾害防御规划

1)气象灾害的特点

(1)灾害种类多

风景名胜区可能发生的气象灾害包括台风、暴雨(雪)、寒潮、大风(沙尘暴)、低温、高温、干旱、雷电、冰雹、霜冻和大雾等造成的灾害。

(2)季节性强

台风、暴雨、沙尘暴、高温、雷电、冰雹多发于夏季,暴雪、寒潮、低温、霜冻、大雾多发于冬季,具有很强的季节特征。

(3)具有连锁性

气象灾害可能带来一系列衍生、次生自然灾害,并可能造成基础设施的损毁,从而引发一系列连锁反应,造成巨大损失。

2)气象灾害风险评估及灾害风险分区

风景名胜区应根据历年发生的气象灾害的种类、次数、强度和造成的损失等情况,与气象部门合作,按照气象灾害的不同种类分别进行灾害风险评估,并根据气象灾害分布情况和气象灾害风险评估结果,划定气象灾害风险区域。

3)防御气象灾害基础设施建设

(1)气象灾害监测设施

风景名胜区应设置气象监测站和气象监测装置,并与当地气象部门合作建立景区气象监测网,共享气象监测信息。

（2）气象灾害预报预警设施

风景名胜区应在景区大门、交通枢纽、主要停车场、码头、广场等人流集中区域建立显示屏、广播等装置，及时播报气象灾害预报预警信息。

（3）气象灾害防御设施

风景名胜区应根据气象灾害的不同种类，设置相应的防御设施，如防雷设施、防风设施等。

7.3.4　社会安全规划

1）社会安全风险评估及治安分区

风景名胜区应根据景区历年社会安全事件种类、次数、造成的损失等情况进行社会安全风险评估，并根据社会安全事件分布情况及社会安全风险评估结果，将景区划分为重点治安地区和一般治安地区两大类。其中，重点治安地区包括治安案件高发区以及景区大门、公共广场、人流量较大的娱乐场所等；其他地区则划为一般治安地区。

2）社会安全保障布局

风景名胜区应根据治安分区的划分设置相应的治安室，配置安保人员和设备，重点治安地区还应在适当的位置安装监控设备。治安室选址的基本原则如下：

①治安室的规划布局应保证安保人员可迅速到达治安事件发生地点。

②治安室应采取均衡布局与重点保护相结合的布局结构，对于社会安全风险高的区域应加强安保人员和设备的配置，加强安保巡逻。

3）社会安全保障基础设施建设

风景名胜区应设立安保中心，承担报警受理、安保指挥的职能。安保中心应与各治安责任区的治安室间建立通信专线，用于下达指令。景区安保人员应配备对讲机、手机等无线通信工具，发现社会安全事件及时向安保中心报告。有条件的风景名胜区应建立图像监控系统，预警和实时监控治安状况。

7.3.5　安全事故预防规划

1）安全事故风险评估及事故重点预防区

风景名胜区应根据景区历年安全事故种类、次数、造成的损失等情况进行安全事故风险评估，并根据安全事故分布情况及安全事故风险评估结果，划定安全事故重点预防区。

2）安全事故预防措施

（1）设备设施事故预防

风景名胜区应配备专门的工作人员负责设施设备的维护、保养工作，定期对设施设备进行

巡查和检修,有条件的景区应对主要设施设备进行安全监测。景区应在存在风险的设施设备上设置安全标志和警示语,提醒游客注意安全。在必要的情况下,可以设置安全栏、安全网等防护设施。严禁设施设备超负荷运行。

（2）交通事故预防

风景名胜区应加强对景区车辆驾驶员的安全培训工作和对游客车辆驾驶员的安全宣传工作,有条件的景区应在交通事故高发地段设置安全监控设备。景区应在危险路段设置安全标志和警示语,提醒驾驶员注意安全,在危险路段应设置安全护栏。同时应严格查处超载、疲劳驾驶、酒后驾车等行为。

（3）游客意外事故预防

风景名胜区应加强安全巡查,对游步道、观景台、悬索桥、绝壁路、水域环境、悬崖峭壁等进行定期安全排查,消灭安全隐患。对存在较高风险的区域实施封闭管理或设置安全围栏进行隔离,避免意外事故发生。景区应加强事故易发区域的安全警示,提醒游客注意游览安全,防范安全事故。

（4）公共卫生事件预防

风景名胜区应加强饮食卫生检查,预防群体性食物中毒。有条件的景区应建立卫生站或急救点,对身体不适或突发疾病的游客进行紧急救助。

7.3.6 安全应急规划

1）安全应急预案

风景名胜区应编制安全应急预案作为发生突发事件时采取应急措施的指导。根据《生产经营单位安全生产事故应急预案编制导则》（GB/T 29639—2020）,景区安全应急预案的编制程序如下:

①成立应急预案编制工作组。

②收集资料。

③进行危险源与风险分析。

④进行应急能力评估。

⑤编制应急预案。

⑥评审应急预案。

⑦发布应急预案。

景区应编制的应急预案包括综合应急预案、专项应急预案和现场处置方案3种类型。

2）应急疏散规划

在面临大规模的灾害或事故时,常常需要对人群进行疏散,因此应急疏散规划在风景名胜区安全应急规划中具有重要地位。应急疏散规划应确定以下事项:

（1）可能的人群集中点

根据景区总体的规划布局,确定景区内游客、工作人员、当地居民可能集中的区域。

（2）应急避难场所布局

风景名胜区当根据大规模灾害或事故可能发生地点的分布,在可能的人群集中点附近就近设立可作为应急避难场所的绿地、广场、体育场等设施。应急避难场所应与通向景区外的道路相邻,便于人群及时向景区外疏散。应急避难场所应设置明显标识以便游客识别。

（3）应急疏散路线规划

风景名胜区应根据可能的人群集中点和应急避难场所的布局,合理设计应急疏散路线,并按照应急疏散路线规划调整景区内道路规划。应急避难场所应有一条连接人群集中点的道路,并应有至少一条应急供应干道和一条疏散干道通向景区外。应急供应干道和疏散干道应能确保 15 m 以上的汽运通道宽度。应急疏散路线的主要路口处应有明显标识指示疏散方向,使疏散人群能够方便快捷地到达应急避难场所和向景区外疏散。

3）应急设施建设

（1）应急通信

风景名胜区应设立应急总控制室,承担安全监测、安全预警、应急指挥的职能。应急总控制室应与各安全监测单位、各避难场所间建立通信专线,用于下达指令。景区安保人员应配备对讲机、手机等无线通信工具,平时承担安全监测的职能,灾难或事故发生时配合应急指挥部引导人群有序疏散及维持避难场所的秩序。

（2）应急救援

风景名胜区应配备基本的应急救援队伍和救援设备,灾难或事故发生时可迅速赶往现场进行救援。景区内应设立医疗急救站,配备急救箱、急救担架及日常药品。

（3）应急储备

有发生较大灾难事故风险并可能导致景区人群无法快速疏散到景区外的风景名胜区时,应在应急避难场所设立应急储备设施,或在应急避难场所周边规划可承担应急储备职能的饭店、超市、药店、仓库等设施。

（4）其他应急设施

除应急通信、应急救援、应急储备以外的其他应急设施,如应急供水、应急供电、应急消防、应急卫生、应急停车场等设施,在规划相关设施时考虑其应急功能即可,这里不再详述。

【案例7.1】

面向多消防目标的云南丽江大研古镇片区供水管网设计

1）大研古镇片区划分及典型建筑物选取

从图 7.1 可以看出,丽江大研古镇包括新义社区、光义社区、义尚社区、五一社区、七一社区及新区 6 个社区。通过实地调研,分别在五一社区选取始建于明代的恒裕公民居博物馆,光义社区选取建于明代嘉靖年间的木府万卷楼,七一社区选取涵三阁别院,义尚社区选取懿源人家客栈作为典型建筑物。其中恒裕公民居博物馆与木府万卷楼是重要的历史文物;涵三阁别院与懿源人家两座客栈人流量大,发生火灾时容易导致"群死群伤"事件。

2）ISO 城市区域消防流量方法

ISO 法是美国保险事务所总结出用于确定城市消防流量的方法,在美国被消防局、保险公司、自来水厂及工程设计人员广泛采用。与我国"消规"中基于人口数的城镇消防流量计算方法相比,ISO 法根据建筑物消防流量确定城镇消防设计流量。实践表明,随着大城市中人口越来越分散、小城镇中大型超市的出现,ISO 法计算的消防流量更符合实际。

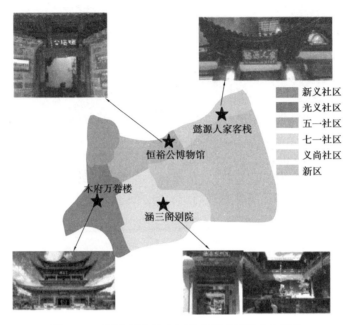

图7.1 丽江大研古镇分区及典型建筑物分布示意

3）管网消防供水能力、造价及布局分析

根据ISO法计算古城镇不同片区典型建筑物消防需水量并构建消防工况，具体包括4个步骤。

①对古城镇进行消防片区划分，划分过程中应兼顾片区服务功能和建筑物构造特点，其目的是区分不同区域火灾风险及与之对应的消防需水量。

②在不同片区中选取典型建筑，ISO法建议可选取区域内顺序排位第五建筑物消防需水量作为区域的消防设计流量。考虑到旅游古城镇火灾会导致巨大经济损失及社会负面影响，本研究选取片区中火灾损失最大的建筑作为典型建筑。

③通过收集建筑资料并采用ISO法计算消防需水量，需要收集的建筑资料包括建筑类型、场所类型、建筑面积、暴露程度和连通类型等。

④为市政管网消防工况构建，将典型建筑物消防水量添加到水力模型中构建管网的消防工况点。

对大研古镇片区4个典型建筑物尺寸进行实地测量，根据上述步骤计算典型建筑消防需水量，恒裕公博物馆消防需水量为78.75 L/s、懿源人家客栈消防需水量为78.75 L/s、木府万卷楼消防需水量为141.75 L/s、涵三阁别院消防需水量为94.5 L/s。上述4个典型建筑物可对应到管网水力模型中的节点56、254、336、267，消防设计流量分别取75 L/s、75 L/s、80 L/s及80 L/s。

相较于传统方案，所提出方案中，恒裕公博物馆、懿源人家客栈、木府万卷楼、涵三阁别院4个典型建筑物对应的管网消防供水能力由63.5 L/s、64.0 L/s、76.1 L/s、75.0 L/s增大到75.1 L/s、75.6 L/s、81.4 L/s、81.8 L/s，其他节点消防供水能力平均增大约6 L/s。这表明新方法提高了管网的消防供水能力。

总之，相较于传统方法，多消防目标方法具有如下优点：根据古城镇不同片区中典型建筑物消防需水量确定多消防工况，使管网消防供水能力与实际灭火需求相符；将管网中所有管道

管径作为决策变量(非主观判定的少量主管),构建以最小化管网造价为目标的优化问题,以多消防工况下的水压作为约束条件,在差分优化过程中直接淘汰不满足约束条件的管径组合方案,使得管网设计方案在经济上最优且满足不同消防工况下的用水量。

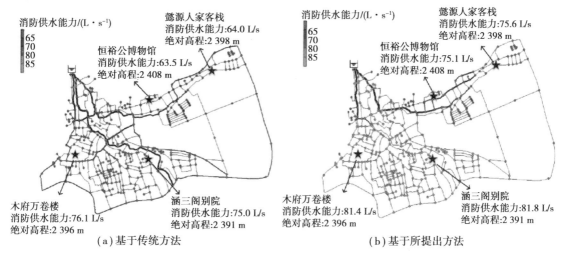

图 7.2　基于传统方法与多消防目标方法的管网消防供水能力评估结果

思考题

调查景区存在的安全隐患并提出整改建议。

参考文献

[1] 张国强,贾建中.风景规划:《风景名胜区规划规范》实施手册[M].北京:中国建筑工业出版社,2003.

[2] 孙克勤.旅游环境保护学[M].北京:旅游教育出版社,2010.

[3] 孔邦杰.旅游环境学概论[M].上海:上海人民出版社,2023.

[4] 嵇晓燕,肖建军,杨凯."十三五"时期国家地表水环境质量评价技术要求[M].北京:中国环境出版集团,2021.

[5] 孔邦杰.旅游安全管理[M].3 版.上海:上海人民出版社,格致出版社,2019.6.

[6] 杨佳莉,杜坤,侯邑,等.考虑多消防工况的旅游古城镇供水管网优化设计[J].中国给水排水,2021,37(17):38-43.

8 居民社会调控规划

本章导读　风景名胜区居民社会调控规划是风景名胜区规划的重要组成部分，属于专项规划。它以保护风景名胜区风景资源和生态环境、促进景区多功能、多因素协调发展为目的。主要对风景名胜区内一定规模的常住人口的旅游城镇、社区、居民村(点)进行人口规模、居民点、经济发展、生产布局、劳动力结构等方面提出调控要求，对居民社会进行整体控制、调整和布局。最终达到保护风景名胜区的景观资源，维持风景名胜区的自然生态平衡，促进风景名胜区的自然、经济和社会等各方面协调发展的目标。

8.1　居民社会规划的调控对象

8.1.1　调控规划编制对象

居民社会调控的主要编制对象包括城镇、社区及农村居民点三类。通过风景名胜区居民社会调控规划，对风景名胜区内的常住人口进行科学、合理、有效的组织和管理，使其与风景名胜区协调发展，成为风景名胜区建设发展中兼有游赏吸引力的积极因素。但若忽视当地居民社会这一现实问题，在规划中回避、在管理中放任，则开山采石、毁林开荒、伐木建房、变卖风景资源材料等现象将不断发生。这时风景名胜区的居民社会将成为极大的消极因素，对风景名胜区的发展形成严重的制约，风景名胜区的其他各种规划将失去意义，风景名胜区的基本性质将最终改变。因此，风景名胜区居民社会调控规划是风景区规划的重要组成部分，它对旅游景区的健康、和谐、持续发展具有重要意义。

(1)城镇

我国现行风景名胜区的空间不受行政辖区的限制，且范围广、规模大，因此常包括一个甚至多个城镇。城镇根据发展方向的不同可分为旅游服务型、综合服务型；根据城镇人口规模可分为特大、大、中、小型4级；根据城建工作性质可分为新建型城镇、引导型城镇、改造型城镇；根据地理环境可分为平原镇、山地镇、滨湖镇等。

（2）社区及农村居民点

社区及农村居民点属农村人口聚居的场所。其根据发展方向不同可分为旅游服务型、农业生产型等；根据人口规模不同可分为特大、大、中、小型 4 级；根据保护类别可分为历史文化名村、传统村落及一般村落。

8.1.2　调控规划的编制依据

（1）法律法规

①《中华人民共和国城乡规划法》；

②《中华人民共和国环境保护法》；

③《中华人民共和国森林法》；

④《中华人民共和国草原法》

⑤《中华人民共和国水法》；

⑥《中华人民共和国文物保护法》；

⑦《中华人民共和国土地管理法》；

⑧《中华人民共和国水土保持法》；

⑨《中华人民共和国水污染防治法》；

⑩《中华人民共和国防洪法》；

⑪《规划环境影响评价条例》；

⑫《风景名胜区条例》；

⑬《宗教事务条例》；

⑭《地质灾害防治条例》。

（2）规范文件

①《风景名胜区总体规划标准》（GB/T 50298—2018）；

②《国家级森林公园总体规划规范》（LY/T 2005—2012）；

③《风景名胜区详细规划标准》（GB/T 51294—2018）；

④《风景名胜区管理通用标准》（GB/T 34335—2017）；

⑤《自然保护区生态旅游规划技术规程》（GB/T 20416—2006）；

⑥《村庄整治技术标准》（GB/T 50445—2019）。

（3）相关规划

城乡总体规划、土地利用总体规划、风景名胜区总体规划、旅游发展总体规划等相关规划图纸。

8.2　调控规划原则及要求

8.2.1　调控规划原则

风景名胜区的居民社会规划是在保护风景名胜区和环境的大前提下，从人口、居民点、经

济生产与布局、劳动力结构、教育和社会问题等方面对风景名胜区的居民社会进行整体控制、调整、引导,促使风景名胜区内多功能因素健康协调地发展,达到主动保护风景资源和环境的目的。

(1)严格控制人口规模,建立适合风景名胜区特点的社会运转机制

居民社会调控规划应科学预测和严格限定各种常住人口规模及其分布的控制性指标;应根据风景名胜区需要划定无居民区、居民衰减区和居民控制区。这是居民社会规划的首要任务,这些指标均应在居民容量的控制范围之内。在不少的风景区规划中,甚至一些人口密集的城市近郊风景名胜区中,也常回避这一严峻的社会现实和难题。如果规划中回避,管理中放任,风景名胜区人口管理还不如城镇有序,这类风水宝地必然成为人口失控或集聚区,风景名胜区的其他各种规划将失去意义,最终将改变风景名胜区的基本性质。

规划中控制常住人口的具体操作方法是:在风景名胜区中分别划定无居民区,不准常住人口落户;在衰减区要分阶段地逐步减少常住人口数量;在控制区要分别定出允许居民数量的控制性指标。这些分区及具体指标要同风景保育规划和居民容量控制指标相协调。

(2)建立合理的居民点或居民点系统

居民点系统规划应与城市规划和村镇规划相互协调,对已有的城镇和村点提出调整要求,对拟建的旅游村、镇和管理基地提出控制性规划纲要。在居民社会因素比较丰富的风景名胜区,可以形成比较完整的居民点系统规划。这种规划同风景名胜区所在地域的城市和村镇规划必然有着密切的相关关系。因此,应从地域相关因素出发,与在风景名胜区外的居民点规划相互协调的基础上,对已有城镇村点,从风景名胜区保护利用管理的角度提出调控要求,对规划中拟建的旅游基地和风景名胜区管理机构基地也提出了相应的控制性规划纲要。规划中,对农村居民点的具体调节控制方法,是按其人口变动趋势,分别划分为搬迁型、缩小型、控制型和聚居型4种基本类型,并分别控制各个类型的规模、布局和建设管理措施。

(3)引导淘汰型产业劳动力合理转向

针对景区内原有的淘汰型产业,如高能耗产业、污染性产业等,引导其从业人员借助风景名胜区资源优势和环境保护需求,积极转型到风景名胜区中的防灾行业、救护行业、卫生行业等,既加快了风景名胜区产业结构优化,又促进其可持续发展。

8.2.2 调控规划要求

1)关于常住人口的要求

风景名胜区有必要借鉴特大城市的户口控制方法,严格控制迁入人口。基于这一要求,规划应确定风景名胜区不同时期的人口控制规模。在社会组织中,建立适合风景名胜区特点的社会运转机制。

2)关于划定居民区级别的要求

合理的新居民点体系是风景名胜区居民社会有序演变的基本骨架。在居民点性质和分布中,应建立合理的新居民点体系,合理地组织居民生产与生活,引导风景名胜区内部的居民向

外迁移并控制人口流入风景名胜区。有条件的风景名胜区还可挑选一些典型村落,结合地方风土人情统一规划,为风景名胜区内其他居民点的建设提供借鉴经验。

3)与各级别规划衔接的要求

风景名胜区规划的核心就是如何调控资源保护与利用关系的问题,所以,风景名胜区发展目标的确定需要在对整个资源保护与利用体系进行深入调查与分析的基础上,从风景名胜区内部系统和外部系统两个方面提出相应的目标。而风景名胜区居民社会系统规划就是内部系统的规划,它与外部系统目标之间相互依存、内外连通,是外部系统规划的基础,同时也受外部系统的影响。风景名胜区居民社会系统规划与其他各级别规划应相互协调,互为指导,互相推动,使得整体的规划更有针对性、科学性和可行性。

4)关于控制居民点的规模布局和建设管理的要求

风景名胜区的地域独特性和功能的综合性要求风景名胜区成立统一的行政管理机构来统一管理风景名胜区资源、旅游和居民社会。确定风景名胜区行政管理范围应遵循三条基本原则:
①保持景点的空间完整性和历史的一致性。
②保持经济与社会服务功能在地域上的相对独立性。
③行政管理的可行性和有效性。

5)关于在规划用地内设置其他产业的限制性要求

在产业和劳动力发展调控中,要通过详细调查需要取缔和淘汰的行业,制订一系列促进劳动力合理转向的优惠政策和措施,引导和有效控制淘汰产业劳动力的合理转向。

随着风景名胜区事业的蓬勃发展,风景名胜区受到人、财、物流和城镇化的冲击不断增加,各行各业纷纷涌进风景名胜区兴办旅游事业和进行各项城市建设,导致风景名胜区居民人口猛增,风景名胜区的居民规模越来越大。由于多年来对居民缺乏足够的研究,许多风景名胜区的居民问题未得到妥善解决,客观存在的居民社会盲目而无引导的扩张影响风景名胜区的发展。因此,在规划用地内要对其他产业进行合理调控与科学布局,并提出限制性的要求。

风景名胜区的性质决定了风景名胜区的建设与发展必须建立在风景资源保护的基础上,风景名胜区在产业部门的选择和产业空间的布局等方面都会由于风景资源保护而受到诸多方面的限制,如对风景名胜区内产生三废污染的工业发展的限制,旅游服务设施建设规模的控制等。在风景名胜区内,只要损害风景(包括生态环境),即使是体现风景名胜区功能的经济活动,也不能列入风景名胜区经济产业的范围,如第三产业中为旅游业服务但破坏景观的旅馆、饭店等基础服务设施。

风景名胜区内的经济产业结构应在保护好风景资源的前提下,以风景效益为主,兼顾社会效益和经济效益,因地制宜地合理利用风景名胜区的风景资源和经济资源,确定主导产业,协调其余相关产业,保持经济产业结构的合理化。以保护风景资源为前提,明确各主要产业的发展内容、资源配置、优化组合及其轻重缓急变化,协调风景名胜区的主导产业和其余相关产业发展。通过保持各产业部门结构间的比例均衡,追求社会效益、生态效益和经济效益的综合发展。风景名胜区旅游经济、生态农业和工副业的发展应有利于风景名胜区的保护建设和管理。通过明确这些经济产业发展的合理途径,追求产业发展规模与效益的统一,促进风景名胜区经济的可持续发展。风景名胜区经济的发展仅仅依靠扩大规模是不行的,还必须依靠效益的增长,而且,单个产业部门经济效益的最大化也并不等于最佳的综合效益。因此,旅游业的发展速度和规模应有一个最佳限额,达到这个限额后就"封顶",不再追求游客数量的增长,而是争取提高游客在本地区的平均消费水平。地方农业经济发展为旅游业提供丰富产品,尤其是具有地方特色的旅游工艺品就可以促进旅游业效益的提高。

8.3 调控规划的内容及方法

8.3.1 调控规划的内容

风景名胜区居民社会调控规划可根据风景名胜区的类型、规模、资源特点、社会及区域条件和规划需求等实际情况,确定是否需要编制。凡含有居民点的风景区,均应编制风景名胜区居民点调控规划;凡含有一个乡或镇以上的风景名胜区,必须编制风景名胜区居民社会调控规划。需要编制居民社会调控的风景名胜区,其范围内将含有一个乡或镇以上的人口规模和建制,它的规划基本内容应同其规模或建制镇级别的要求相一致,同时还要适应风景名胜区的特殊要求和需要。风景名胜区居民社会调控规划与当地城镇居民点规划直接相关。

风景名胜区居民社会调控规划内容包括风景名胜区居民社会现状、特征与趋势分析,人口发展规模与分布,经营管理与社会组织,居民点性质、职能、动因特征和分布,用地方向与规划布局,产业和劳动发展规划等内容。

需要编制居民社会系统规划的风景名胜区,其范围内将含有一个乡或镇以上的人口规模和建制,它的规划基本内容和原则,应该同其规模或建制级别的要求相一致,同时,它还要适应风景名胜区的特殊需求与要求。在人口发展规模与分布中,需要贯彻控制人口的原则;在社会组织中,需要建立适合本风景名胜区特点的社会运转机制;在居民点性质和分布中,需要建立适合风景名胜区特点的居民点系统;在居民点用地布局中,需要为创建具有风景名胜区特点的风土村、文明村配备条件;在产业和劳动发展规划中,需要引导和有效控制淘汰型产业的合理转向。

城镇居民点规划是引导生产力和人口合理分布、落实经济社会发展目标的基础工作,也是调整、变更行政区划的重要参考,又是实行宏观调控的重要手段。因而,其规划内容和原则应按所在地域的统一要求制定。

1)风景名胜区常住人口发展规模与分布

风景名胜区常住人口包括当地居民和职工人口,职工人口又包括直接服务人口和维护管理人口。风景名胜区居民社会调控规划的主要任务是在风景名胜区范围内科学预测和严格限定各种常住人口的规模及其分布的控制性指标。以上指标均应在居民容量的控制范围之内。

规划中控制风景名胜区常住人口的具体操作方法:在风景名胜区中分别划定无居民区、居

民缩减区和居民控制区。在无居民区,不准常住人口落户;在缩减区,要分阶段地逐步减少常住人口的数量;在控制区,要分别定出允许居民数量的控制性指标。这些分区及其具体指标要同风景保育规划和居民容量控制指标相协调。

2)风景名胜区居民点的性质、职能、动因特征和分布

居民点系统规划应与城市规划和村镇规划相互协调,应从地域相关因素出发,应在风景名胜区内外的居民点规划相互协调的基础上,对已有的城镇和乡村从风景名胜区保护、利用、管理的角度提出调控要求;对规划中拟建的旅游基地(如旅游村、镇等)和风景名胜区管理机构基地,也提出了相应的控制性规划纲要。

3)风景名胜区民居社会用地方向和规划布局、产业和劳动力市场发展规划

在风景名胜区居民社会用地规划中,应选择合理的土地利用方式,调整用地分布和生产基地,不得在风景名胜区范围内(尤其是在景点和景区内)安排工业项目、城镇和其他企事业单位用地,不得在风景名胜区范围安排有污染的工副业和有碍风景的农业生产用地,不得破坏林木而安排建设项目。在产业和劳动力市场发展规划中,应确定行业结构和劳动力结构,推广生态农业和发展对土地依赖不大的非农业生产形式(如无污染的风景名胜区乡镇企业和旅游服务业)。

8.3.2　调控规划的方法措施

①建立广泛而深入的公众参与机制,加强管理部门与居民之间的联系与合作,充分调动居民参与旅游服务的热情和保护资源的积极性。

②建立教育和培训机制,加强当地居民对自身民族历史文化、环境资源和旅游活动的了解,进行资源保护、导游、后勤和救护等技能的培训,提高资源保护和旅游服务质量。

③对于旅游利益分配的管理必须确保公平,将收益尽可能地反馈到资源保护和基础设施建设上,同时提高当地居民的生活水平。

8.4　调控强度及类型

8.4.1　风景名胜区保护开发强度

根据风景名胜区资源的欣赏、文化、科学价值和现状生态环境,应对风景名胜区实行科学的分级保护,应科学划定一级保护区、二级保护区和三级保护区。为保护风景区的景观、文化、生态和科学价值,提出不同的开发强度和保护要求及措施。

(1)一级保护区(核心景区——严格禁止建设范围)

一级保护区内严格保护景区地形地貌、河流水体、植被物种等,严禁开山采石以及破坏自

然植被、山体、河岸的建设行为;只适宜开展观光游览、生态旅游活动,应严格控制游客容量;景区内严禁建设与风景保护和游览无关的建筑物,可适当设置景观休憩、游览步道、生态厕所、游客安全等辅助设施;严格控制机动车交通进入,可结合游览区域的地形地貌等自然条件,从为游客提供更为舒适、可行的游览组织的角度出发,在不对风景环境造成破坏性影响的前提下,适当选择观光环保车、自行车、步道等交通方式;在风景名胜区内已有的传统村落,历史文化名镇、名村,要严格控制村民的修建行为,民居的新建、改建按照村寨保护规划执行,都必须经风景名胜区管理机构的批准。

（2）二级保护区（严格限制建设范围）

根据风景环境的连续性、景观环境的整体性以及视觉空间的完整性,规划在一级保护区外围主要景源分布区域划定二级保护区,包括生态较为敏感的峡谷河流、山体植被、田园风光等区域。二级保护区内可结合资源特色安排适宜的游赏项目,根据游览需要可适度配置相应的服务设施,但应控制设施规模和建设风貌;限制机动交通工具的使用,可结合游览组织以及居民点、森林防火等需要,进行内部旅游公路、防火通道的建设;对居民社会调控采取一定的限制和引导。

（3）三级保护区（控制建设范围）

风景名胜区范围内除一级、二级保护区以外的区域划为三级保护区,三级保护区的生态和视觉敏感性都相对较低。该区域应保持风景名胜区整体景观格局,可安排适量与风景名胜区性质、容量相一致的旅游服务设施和基地,可准许原有土地利用方式与形态的存在;在开展各种旅游活动的同时,可以安排有序的生产、经营管理等设施,但要加强对各种设施规模和内容的控制,注重建筑风貌与自然环境相协调;严格执行居民点规划中人口控制要求,居民社会调控及其他各类设施的建设用地,必须严格执行风景名胜区和城乡规划建设等法定的审批程序。

8.4.2　人口容量

风景名胜区的人口规模包括外来游人、服务职工和当地常住居民三类,一定用地范围内的人口发展规模不应大于总人口容量。其中人口分布应有疏密聚散变化,根据游赏需求、环境条件、设施配置等因素对各类人口进行相应的分区分期控制,使其各尽其能、各乐其业、各得其所,以减少对资源的人为破坏。

1）人口规模预测的规定

①人口规模应包括外来游人、服务人口、当地居民三类人口。
②一定用地范围内的人口规模不应大于其总人口容量。
③服务人口应包括直接服务人口和日常活动在风景区内的间接服务人口。
④居民人口应包括当地常住居民人口。

2）人口规模容量计算

（1）外来游人规模

外来游人容量的计算方法宜分别采用线路法、面积法、卡口法、综合平衡法进行计算。其

所采用的计算指标如下:

①线路法:以每个游人所占平均游览道路面积计算,宜为 5~10 m²/人。

②面积法:以每个游人所占平均游览面积计算。其中主要景点宜为 50~100 m²/人(景点面积);一般景点宜为 100~400 m²/人(景点面积);浴场海域宜为 10~20 m²/人(海拔 0~-2 m 以内水面);浴场沙滩宜为 5~10 m²/人(海拔 0~+2 m 以内沙滩)。

③卡口法:实测卡口处单位时间内通过的合理游人量,单位以"人次/单位时间"表示。

(2)服务职工规模

服务职工的规模按服务职工与外来游人 1:50 的比例计算。

(3)当地常住居民规模

当地常住居民人口自然增长率控制在 8‰,考虑村寨搬迁、外出打工及部分居民转为服务职工等因素,其增长率可按 5‰预测计算。

8.4.3 调控类型及措施

1)调控类型

居民社会调控规划应科学地预测各种常住人口规模,严格限定人口分布的控制性指标,根据风景名胜区需要划定无居民区、居民缩减区和居民控制区。根据风景名胜区保护与发展强度要求,可将居民点划分为疏解型、控制型和发展型 3 种基本类型,严格控制其规模和布局,并明确建设管理措施。

(1)疏解型居民点

疏解型居民点频繁的经济、生活等活动不利于该地段风景资源的保护和恢复,规划这些居民点采取控制发展,逐步减少人口的方法,逐步缩小其规模,有效通过外围聚集型居民点的吸引,疏解人口容量及环境承载力。

(2)控制型居民点

控制型居民点是风景名胜区内某些规模较大的村落,居民生产稳定,环境条件较好,只要控制人口规模与合理改造,适当缩减建设用地并加以管理和引导,其存在有利于风景名胜区保护和建设。

(3)发展型居民点

发展型居民点经济基础较好,发展经济受到的制约因素少,其发展与扩大既有利于加快风景旅游区域内人口的外移,又可带动区域经济社会发展。

2)调控措施

(1)核心景区居民点调控措施

规划核心景区全部划入居民衰减区,逐步减少居民点数量,该区域内居民点主要由疏解型进行控制。一方面应严格限制居民点人口规模、户数、村寨规模,限制居民扩建、改建,采取逐步减少人口的方法,逐步缩小其规模,严格禁止新增村民住房宅基地,最大限度地避免村寨生产发展对核心景区造成不利影响;另一方面加强对景区村寨建筑和环境的整治,突出特色,营造与周边环境相协调的村寨风貌,结合游览组织为风景名胜区旅游提供一定的服务功能。根据《镇规划标准》(GB 50188—2007),考虑疏解型居民点具有一定的旅游服务功能,规划按人均 120 m² 控制规划建设用地。

（2）其他区域居民点调控措施

全面控制风景名胜区人口及居民点规模。控制型居民点要控制人口规模、村寨建设规模的增长,对人口总量、户数等提出一定的控制指标;新增建筑严格按照村庄规划要求进行,对村寨用地面积、新建居民宅基地面积、人均建设用地面积提出相应的控制指标,严格限制居民宅基地的扩大,特别是要严格禁止占用耕地、山体新建房屋,尽量在旧房的基础上维修、重建。发展型居民点可吸纳疏解型居民点人口,但吸纳人口数量应以不破坏风景旅游资源的保护和开发为前提。根据《镇规划标准》(GB 50188—2007),针对控制型和发展型居民点,具有服务功能的居民点规划按人均 120 m² 控制规划建设用地,其他居民点按人均 100 m² 控制规划建设用地。

8.4.4　居民点控制引导

1）乡镇建设控制

（1）乡镇规模控制

为了便于乡镇建设、利于风景名胜区的管理和可持续发展,应对乡镇的增长边界提出相应的控制要求。在乡镇空间发展方向上,明确乡镇的增长范围,并充分考虑乡镇未来的发展需求,预留一定的发展空间,严格控制乡镇用地规模的无序蔓延。

（2）建筑控制引导

乡镇与风景名胜区的发展若是处于一种和谐状态,二者将会互相增色,特别是位于风景名胜区内的乡镇,其风貌更应与风景名胜区环境相协调,建筑形式应尊重地方传统形式、建筑尺度与山水尺度,尤其要注重控制建筑的密度、体量、形式、色彩等,建筑高度应控制规定限高,建筑色彩避免过于鲜艳,建筑形式应与风景区环境相融合。同时要考虑建筑群形成的轮廓线与环境背景的烘托效果,以构成优美的韵律变化,突出环境特点。在建筑风格方面,以传统民居建筑、传统与现代建筑相结合,传统民居风貌保持地方建筑特色和传统街道的空间尺度,对民居建筑进行立面改造整治,以小体量建筑为主;建筑布局应尽量采用传统的院落围合方式及分散自由的形式布置,体量宜小巧、灵活。

（3）用地发展要求

乡镇作为风景名胜区内重要的旅游服务区域,考虑旅游服务产业的发展,将其作为发展的主导产业之一,利用风景名胜区风景资源优势,在乡镇中发展休闲度假、文化娱乐、餐饮购物等服务业,为乡镇发展作贡献,因此,在乡镇用地布局上,应配合风景名胜区的发展,利用区内的特色资源,可安排民族服饰制作、工艺品制作等对居住和环境基本无干扰、无污染的一类工业用地,禁止选择"占地大、污染大、消耗大"的二、三类工业用地,尽量安排旅游服务设施、居住、文化娱乐和绿地等用地,为风景名胜区提供更好的旅游服务,营造更好的景观环境,避免对风景名胜区产生污染和影响。

2）村寨建设控制

（1）村寨规模控制

疏解型居民点主要是指与行政村分散较远,对风景名胜区内生态环境威胁较大的居民点。严禁私自扩大房屋宅基地,新增加的人口将逐步疏解到开展旅游服务的行政村或集镇。

控制型居民点要控制人口规模,应严格控制村寨规模的增长,对没有服务功能的村寨要严格限制村民房基地的扩大,严禁占用耕地和山体的新建房屋,尽量在旧房基上翻建、维修。

（2）村寨建设风貌引导

风景名胜区内村寨建设,从规划布局到建筑风格都要体现地方特色。尽快编制村庄整治规划,以建设社会主义新农村为目标,对村寨进行环境整治及基础设施改善工作,提高农民群众的生活环境质量,逐步实现农村与风景名胜区的协调发展。同时在风景名胜区内结合游览需要以及民族文化特色,规划新建部分有特色的民俗村寨,既可展示地方特色文化,又能解决部分村民的生产生活,同时可以增加风景名胜区的游赏内容。

（3）民居建筑与环境协调引导

对风景名胜区内控制型村寨应严格保护其建筑风貌,加强对现状建筑的风貌整治。将现状建筑分为清理、整治、改造和拆除4类,并将每栋建筑划分为屋顶、墙面、店面、阳台与栏杆、窗等元素,采用不同方式予以整治。严格控制新建建筑的建筑形式、体量、层数、材质等,尽可能地采用乡土材料,使用当地传统民居建筑风格,重视保护和发展现有村寨中有价值的特色建筑、民俗风情和环境风貌。协调发展区内的村寨,在统一规划的基础上,居民点房屋建筑应与风景环境相协调。对风景名胜区周边居民点的建筑风貌,以当地传统民居建筑风格为依据,进行统一规划设计,并进行整治、改造,其建筑风格尽量与风景名胜区环境相协调。

8.5　调控发展规划

风景名胜区的经济现象是由一系列与风景名胜区管理经营有关的经济活动引起的,它通常包括管理机构和管理职工对各种资源的维护、利用、管理等活动,当地居民的生活和生产活动以及社会在风景名胜区进行的旅游活动等。1985年颁布的《风景名胜区管理暂行条例》具体规定了风景名胜区的保护宗旨、措施及发展方针。但是,由于我国社会、经济、政治、文化等方面的实际情况,我国的风景名胜区不仅有大量的旅游活动,同时还有大量的生产经营活动,使得风景名胜区除了具有游憩、景观、生态功能外,还具有一种特定的经济功能。

风景名胜区经济与风景名胜区有着内在联系并且不损害风景的特有经济。虽然它具有明显的有限性、依赖性、服务性等,但也是国家和地区的经济与社会发展的组成部分及特殊地区,对地方经济振兴还起着重要的催化作用,因此国家经济社会政策和计划也是风景名胜区经济社会发展的基本依据。

就基本国情和现实看,风景名胜区既有一定的经济潜能,也需要有独具特征的经济实力,需要有自我生存和持续发展的经济条件。国民经济和社会发展计划确定的有关建设项目,其选址与布局应符合风景名胜区规划的要求;风景名胜区规划所确定的旅游设施和基础工程项目以及用地规划,也应分批纳入国民经济和社会发展计划。为此,风景名胜区规划应有相应的经济发展引导规划和有机配合。

风景名胜区的经济发展引导规划,应以国民经济和社会发展规划、风景与旅游发展战略为基本依据,形成独具风景特征的经济运行条件。

8.5.1　经济发展引导规划

经济发展是指一个国家或地区随着经济增长而出现的经济、社会和政治的整体演进和改善。经济发展的内涵包括 3 个方面:一是经济数量的增长,即一个国家或地区产品和劳务通过增加投入或提高效率获得更多的产出,构成经济发展的物质基础;二是经济结构的优化,即一个国家或地区投入结构、产出结构、分配结构、消费结构以及人口结构等各种结构的协调和优化,是经济发展的必然环节;三是经济质量的提高,即一个国家或地区经济效益水平、社会和个人福利水平、居民实际生活质量、经济稳定程度的提高,以及政治、文化和人的现代化,是经济发展的最终标志。

8.5.2　规划内容

风景名胜区是人与自然协调发展的典型地区,其经济社会发展不同于常规乡村和城市空间,因此,风景区规划中的经济发展专项规划也不同于常规的城乡经济发展规划,这个规划重在引导,把常规经济政策和计划同风景名胜区的具体经济条件和性质结合起来,形成独具风景名胜区特征的经济发展方向和条件。

经济发展引导规划有三项基本内容:一是经济现状调查与分析;二是经济发展的引导方向,经济结构及其调整,空间布局及其控制;三是促进经济合理发展的措施等内容。其中,产业结构与空间布局是两个关键问题,两者的合理化即形成风景名胜区经济发展的导向。一方面要通过经济资源的宏观配置,形成良好的产业结构,实现最大的整体效益;另一方面要把生产要素按地域优化布局,以促进生产力发展。为使前者的经济结构和后者的空间布局合理地结合起来,就需要正确分析和把握影响经济发展的各种要素,例如资源要素、环境要素、产业结构要素、劳动力要素、政策要素、经济发展水平要素等,提出适合本风景名胜区经济发展的权重排序和对策,确保经济稳步发展,防止"掠夺式经济"的流毒。

1)经济结构

风景名胜区的经济结构合理化,要以景源保护为前提,合理利用经济资源,确定主导产业与产业组合,追求规模与效益的统一,充分发挥旅游经济的催化作用,形成独具特征的风景名胜区经济结构。

经济结构的合理化应包括以下内容:明确各主要产业的发展内容、资源配置、优化组合及其轻重缓急变化;明确旅游经济、生态农业和工副业的合理发展途径;明确经济发展应有利于风景区的保护、建设和管理。具体体现在以下几个方面:

（1）确定主导产业，其余产业协调发展，追求规模与效益的统一

主导产业的确定对风景名胜区经济有较大的影响。同时，产业的"相关协调"要求产业部门结构的"链条式联系和网络式构造"保持比例均衡，如旅游业的单项突进，就有可能加剧交通运输业的"瓶颈"效应。因此，围绕主导产业，其余一些基础产业部门必须协调发展。任何经济的发展，仅仅靠规模的扩大是不行的，还必须依靠效益的增长，而且要争取提高游客在本地区的平均消费水平。

（2）充分发挥旅游业对经济的"催化"作用

地方工农业经济也应为旅游业提供丰富的产品，尤其是具有地方特色的旅游产品。改革开放以来，我国第三产业在国内生产总值中的占比不断提高，对促进社会分工、发育市场、繁荣经济发挥了重要作用。作为具有"服务性"的风景名胜区经济及为风景名胜区服务的"门外经济"，第三产业的发展更应走在前列。

（3）经济结构合理化

经济结构合理化要重视风景名胜区职能结构对其经济结构的重要作用。例如，"单一型"结构的风景名胜区中，一般仅允许第一产业的适度发展，禁止第二产业发展，第三产业也只能有限制地发展；在"复合型"结构的风景名胜区中，其产业结构的权重排序，很可能是旅—贸—农—工—副等；在"综合型"结构的风景名胜区中，其产业结构的变化较多，虽然总体上可能仍然是鼓励三产、控制一产、限制二产的产业排序，但在各级旅游基地或各类生产基地中的轻重缓急变化将是十分丰富的。

2）风景名胜区经济的空间结构布局及其消长规律

（1）空间布局

风景名胜区经济的空间布局，主要是指风景名胜区产业部门的空间位置选择，它是风景名胜区能否在保护建设的前提下开发利用的重要保障。尽管我国风景名胜区类型多样、情况各异，但产业的空间布局仍有一些共同的规律，违背了这些规律，不但会对景观和生态造成严重破坏，而且还妨碍风景名胜区经济的持续发展。

风景名胜区经济的空间布局合理化，要以景源永续利用和风景品位提高为前提，把生产要素分区优化组合，合理促进和有效控制各区经济的有序发展，追求经济与环境的统一，充分争取生产用地景观化，形成经济能持续发展、"生产图画"与自然风景协调融合的经济布局。空间布局合理化应包括以下内容：

第一，应明确风景名胜区内部经济、风景名胜区周边经济、风景名胜区所在地经济等三者的空间关系和内在联系；应有节律地调控区内经济，发展边缘经济，带动地域经济。

第二，明确风景名胜区内部经济的分区分级控制和引导方向。

第三，明确综合农业生产分区、农业生产基地、工副业布局及其与风景保护区、风景游览地、旅游基地的关系。可将地区经济划分为"门内经济"和"门外经济"两种，以更好地探讨风景名胜区经济发展与地区经济发展的关系。

（2）风景名胜区经济的空间消长规律

随着生产力水平的提高、国民经济的全面发展和科学文化事业的发展，风景名胜区的经济学属性应越向外越强，越向内越弱，在空间结构上应逐步依照"门内消、门外长"的变化规律去发展。也就是说，应逐步减少门内经济活动的比重，以充分体现风景名胜区是广大国民接受自

然环境教育以及娱乐享受的特殊公共场所的宗旨,而将为风景名胜区服务的大量设施放在"门外"。其原因如下:

①我国风景名胜区发展的传统与特色:中国风景名胜区的开拓和建设,一开始便有具备高度文化和山水美学素养的人士参与,充分体现了中国山水美学思想的指导作用。"选自然之神丽,尽高栖之意得",人们站在山水审美与传统哲学思想双重需求的高度上去认识自然、认识风景,与之相适应,为之服务的大量设施均设置在风景名胜区"门外",从而形成了"门外经济"养"门内精神文化活动"的历史传统。因此,认真研究我国山水文化的深刻内涵以及风景名胜区的发展历史,保持我国风景名胜区经济发展的传统与特色,是坚持风景名胜区经济正确发展方向的重要环节。

②风景名胜区发展的国际化趋势:我国的风景名胜区经济在保持自身传统的同时,应积极吸收国家公园先进的管理和利用方式,以国家公园的标准来建设我们的风景名胜区,这是风景名胜区及其旅游业发展逐步走向国际化的重要保证。

认清了我国风景名胜区经济发展的历史、现实及国情,风景名胜区在相当长一段时间内还必须发展经济。但这种发展必须有明确的趋向,按照其空间消长规律,正确划分部门空间,合理布局,以风景资源带动风景名胜区域经济及地区经济的全面发展。

8.5.3 规划原则

1)以相应的国民经济和社会发展计划为基本依据

风景名胜区经济是一种与风景名胜区有着内在联系并且不损害风景资源的特有经济,也是国家和地区、国民经济与社会发展不可或缺的组成部分和特殊地区,对地方经济发展起着重要的先导作用。国民经济社会政策和计划是风景名胜区经济发展的基本依据,风景名胜区规划所决定的旅游设施和基本工程项目及用地规划,应分批纳入国民经济和社会发展计划。同时国民经济和社会发展计划确定的有关建设项目,其选址与布局应符合风景名胜区的布局,也应符合风景名胜区规划的要求,这也就加强了风景名胜区规划与国民经济和社会发展之间的关系。为此,风景名胜区规划应以相应的国民经济和社会发展计划为基本依据,并与相应的旅游发展战略相协调,形成独具风景名胜区特征的经济发展模式。

2)保持经济产业结构的合理化

风景名胜区内的经济产业结构应在保护好风景资源的前提下,以风景效益为主,兼顾社会经济效益,因地制宜地合理利用风景名胜区的风景资源和经济资源,确定主导产业,协调其余相关产业,保持经济产业结构的合理化。

首先以保护风景资源为前提,明确各主要产业的发展内容、资源配置、优化组合及其轻重缓急变化,协调风景名胜区的主导产业和其余相关产业的发展。通过保持各产业部门结构间的比例均衡,追求社会效益、生态效益和经济效益的综合发展。

其次,风景名胜区内旅游经济、生态农业和工副业的发展应有利于风景名胜区的保护、建设和管理。通过这些经济产业发展的合理途径,追求产业发展规模与效益的统一,促进风景名

胜区经济的可持续发展。旅游业的发展速度和规模应有一个最佳限额,达到这个限额后就"封顶",不再追求游客数量的增长,而是争取提高游客在本地区的平均消费水平,如地方工农业经济发展为旅游业提供丰富的产品,尤其是具有地方特色的旅游工艺品可以促进旅游业效益的提高。

3)注重空间布局的合理化

风景名胜区经济的空间布局,主要指风景名胜区产业部门的空间位置选择,它是风景名胜区能否在保护风景资源的前提下开发利用的重要保障。应遵循产业空间布局的规律,违背了这些规律,就难以合理安排风景名胜区经济的空间布局,会对景观和生态造成严重破坏。

首先应明确风景名胜区内部经济、风景名胜区周边经济与风景名胜区所在地经济等三者间的差异、空间关系和内在联系。一般是通过优先经营风景名胜区内部经济,重点发展风景名胜区周边经济,大力开拓风景名胜区所在地经济。其次应以保护和提高风景品质、永续利用风景资源为目标,明确风景名胜区经济的分区分级控制和引导方向,这是风景名胜区经济空间布局的出发点。最后应明确综合农业生产分区、农业生产基地、工副业布局及其与风景保护区、风景游赏地、旅游基地的关系,促进风景名胜区土地的科学利用,这是风景名胜区经济合理布局的关键。

4)统筹风景名胜区经济发展,避免经济发展的破坏性倾向

风景名胜区经济发展应遵循风景名胜区经济的空间消长规律,统筹风景名胜区与周边地区经济的科学合理发展,避免因经济发展而给风景名胜区带来的负面影响。

首先应避免风景名胜区的"城市化"。它是由于风景名胜区部门经济尤其是第三产业的商业、饮食餐宿服务业以及交通业过度发展,而且在布局上过分集中于一些游人较多、区位较好的景区景点,从而破坏了这些地区自然景观的原有风貌及氛围。因此,风景名胜区内旅游村、旅游镇的兴起与发展是一件十分慎重的事情,它们必须与优美的自然(及人文)景观保持一定的距离。其次应避免风景名胜区的"孤岛化",它是指由于风景名胜区周围土地的过度开发或经济产业的不合理布局,工业化、都市化的发展以及环境污染等原因而使风景名胜区周围环境恶化、风景名胜区资源受到严重威胁的现象。

风景名胜区经济是一种建立在风景资源保护基础上的经济发展模式,应以保护风景名胜区景观资源为前提,以相应的国民经济和社会发展计划为基本依据,合理有效地引导和促进风景名胜区经济的发展。风景名胜区经济引导规划应以经济结构和空间布局的合理化为原则,提出适合风景名胜区经济发展的模式和保障经济持续发展的步骤和措施。

8.6　分期发展规划

8.6.1　分期发展规划

风景名胜区总体规划分期应符合以下规定:第一期或近期规划为 5 年以内;第二期或远期

规划为 5 ~ 20 年;第三期或远景规划为大于 20 年。

在安排每一期的发展目标与重点项目时,应兼顾风景游赏、游览设施、居民社会的协调发展,体现风景名胜区自身发展规律与特点。

近期发展规划应提出发展目标、重点、主要内容,并应提出具体建设项目、规模、布局、投资估算和实施措施等。远期发展规划的目标应使风景名胜区内各项规划内容初具规模,并应提出发展期内的发展重点、主要内容、发展水平、投资匡算以及健全发展的步骤与措施。远景规划的目标应提出风景名胜区规划所能达到的最佳状态和目标。

近期规划项目与投资估算应包括风景游赏、游览设施、居民社会 3 个职能系统的内容以及实施保育措施所需的投资。远期规划的投资匡算应包括风景游赏和游览设施两个系统的内容。

8.6.2 分期发展规划的内容与规定

风景名胜区是人与自然协调发展的典型地域单元,是有别于城市、乡村和人类第三生活空间的游憩空间。风景名胜区总体规划是从资源条件出发,适应社会发展需要,对风景实施有效保护与永续利用,对景源潜力进行合理开发并充分发挥其效益,使风景名胜区得到科学的经营管理并能持续发展的综合部署。这种未来的"锦绣前程"规划,需要有配套的分期规划来保证其逐步实现和有序过渡。

风景名胜区分期规划一般分为 3 期,即近期、远期和远景;有时也可分为 4 期,即近期、中期、远期和远景。每个分期的年限,一般应同国民经济和社会发展计划相适应,便于相互协调和包容。当代风景名胜区发展的重要现实之一是游人发展规模超前膨胀,而投资规模和步伐难以均衡或严重滞后,这就需要在分期发展目标和实际的具体年限之间有相应的弹性。

由于各地和各阶段的风景名胜区规划程序不同,所以近期规划的时间,应从规划确定并开始实施的年度标起。近期发展规划的 5 年,应同国民经济和社会发展五年规划的深度要求相一致。其主要内容和具体建设项目应比较明确;运转机制调控的重点和任务也应比较明确;风景游赏发展、旅游设施配套、居民社会调整三者的轻重缓急与协调关系也应比较明确;关于投资匡算和效益评估及实施措施也应比较明确和可行。

远期规划的时间一般是 20 年以内,这同国土规划、城市规划的期限大致相同。远期规划目标应使各项规划内容初具规模,即规划的整体构架应基本形成。如果对规划原理、数据经验、判断能力等三者的把握基本无误,在 20 年中无不可预计的社会因素,一个合格的规划成果的整体构架是可以基本形成的。

远景规划的时间是大于 20 年至可以构思到的未来,其规划目标应是软科学和未来学所称为的"锦绣前程",是风景名胜区进入良性循环和持续发展的满意阶段。远景规划中的风景名胜区,不仅能自我生存和有序发展,而且还可从乡村空间和城市空间分离、独立出来,并以其独特的形象和魅力,构成人类必不可少的第三生存空间。

关于投资估算的范围,近期规划要求详细和具体一些,并反映当代风景名胜区发展中所普遍存在的居民社会调整问题。因为在大多数风景名胜区,如果缺少居民社会调整的经费及渠道,一些风景或旅游规划项目就难以启动。因此,近期规划项目和投资估算,应包括风景游赏、旅游设施和居民社会 3 个职能系统的内容,并反映三者间的关系,同时还应包括保育规划实施

措施所需的投资。

远期规划的投资匡算,一方面可相对概要一些,另一方面居民社会因素的可变性较大,可以不作常规考虑,因而远期投资匡算可由风景游赏和旅游设施两个系统的内容组成,同时还应反映其间的相关关系。

规划中投资总额的计算范围,仅要求由规划项目的投资匡算组成,这显然比较粗略,但考虑当前数据经验的实际状况,也考虑规划差异需要相当时间才能逐渐缩小,所以取此计算范围的可行性较大,也还是抓住了基本数据。当然,这并不排斥在局部地区或详细规划中,可以依据需要与可能作进一步的深入计算。

效益分析的范围,主要是由景区服务直接经济收入和风景名胜区自身生产经营发展收入等两部分组成,是比较容易估算的,也是相对比较准确的主要效益分析。而对于更大范围的经济效益、更广领域的社会效益和更深层次的生态效益等,暂不作为常规要求。当然,这也不排斥在可能与需要的条件下,规划者可以作更加深入的探讨。对投资总额和效益分析的界定及要求,都属最基本和最主要的范围,操作的可行性较大,也具有基本的可比性。

【案例8.1】

浙江玉苍山分期发展规划

1)规划目标

根据玉苍山风景名胜区现有条件,从风景名胜区发展总体目标出发,按照建设要求的紧迫程度,安排好工程建设项目,监督好工程实施的进度,保障建设项目按时保质保量竣工。确保在2025年之前,完成玉苍山风景名胜区景区基础工程的建设工作,具体包括交通与工程设施、游赏设施建设等。并且争取在2030年完成整个风景名胜区体质的改善,建立动植物数据库,完善整个景区的管理结构和经营模式,提高整个风景名胜区资源保护管理力度,创建独具特色的综合性生态旅游景区。

2)规划思路

(1)总体思路

景区本着可持续发展,有序安排,分步实施的策略,景区的整个开发建设必须符合风景名胜区可持续发展的要求。

(2)项目建设

各期规划的项目在发展目标上应更多地考虑景区的实际情况和自身特点,调和游览设施建设、风景开发和环境保护的关系。

(3)时序安排

注重景区旅游发展的趋势及市场需求,优先选择投资少、见效快、易回收的建设项目,优先考虑制约景区发展的瓶颈项目,如旅游道路、索道、停车场、旅游厕所、旅游集散中心、游客服务中心等。而且也要考虑景区环境的培育,景区环境的培育工程一般耗时长,见效慢,因而规划的环境培育工程应从近期入手,并贯穿整个规划期的始终。

3)近期规划

近期建设规划主要以现阶段玉苍山风景名胜区发展的局限性和紧迫性为出发点,重点解决景区急需解决的问题。具体如下:

①按照风景名胜区总体规划,对风景名胜区和一级景区的范围进行勘界立碑,加大风景名胜资源的保护力度。

②按照风景名胜区总体规划,编制景区的控制性详细规划,编制各景区出入口以及旅游服务设施建设区的修建性详细规划,以保证风景名胜区得到有效保护与发展。

③改善景区之间的交通联系,设置旅游交通专线,合理疏导游客。提高景区景点的数字化程度,推进景区监控信息系统和森林防火系统建设。

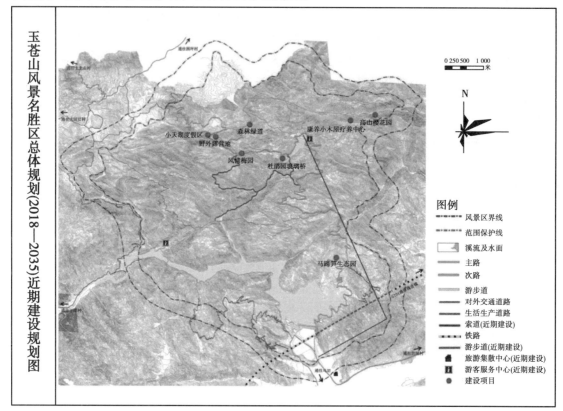

图8.1 玉苍山风景名胜区近期建设规划图

4)中远期规划

中远期规划也称长远规划,是以整个玉苍山景区的环境效益为出发点,做到景区、景点建设全面开花,寄希望于打造全国知名的养生度假区,使其成为以"高山云海、山水风光、奇峰异石、森林养生、森林探险、休闲度假"为特色的,集观光、避暑、养生、度假、摄影、运动、探险等多功能为一体的长三角地区著名的大型综合性生态旅游度假区。以此作为规划目标,玉苍山风景名胜区的中远期建设项目安排考虑了以下因素:

第一,建设时序,优先选择有利于协调风景区开发与环境保护建设的项目。优先选择环境、社会、经济效益高的项目,加强自然环境和生态平衡的整治,保护景区内部的文物古迹、古村落遗址、古树木,景区内部过于人工化的道路应该逐步探索自然化、生态化的方式处理。

第二,项目建设,建设项目要兼顾风景游赏、环境保护、居民社会调控的协调发展,完成景区内部自然村外其他居民点的缩并以及搬迁工作,不断完善吃、玩、行、游、娱、购的整个游览服务体系和环境保护管理体系,完善景区旅游服务网络,全方位、多层次开展游憩活动。完善景区景点的旅游服务设施、基础设施和环境保护,促进景区往高质量环境、优良的接待服务设施方向发展。具体项目见分期建设工程表。

5）分期建设工程表

表 8.1　玉苍山风景名胜区分期建设项目安排表

序号	项目名称	开发时序	
		近期	中远期
1	勘界定桩	▲	
2	玉苍山景区控制性详细规划	▲	
3	玉苍山景区修建性详细规划	▲	
4	桥墩旅游集散中心（景区外）	▲	
5	索道工程（索道站）	▲	
6	康养小木屋疗养中心	▲	
7	高山樱花园	▲	
8	森林绿道	▲	
9	小天湖度假区及高山露营基地	▲	
10	西山服务接待基地	▲	
11	玉苍山（桥墩）旅游集散中心（旅游集散中心+新村村旅游特色街区+玉苍山缆车索道、停车场）	▲	
12	玉苍山野外露营地	▲	
13	玉苍山高山樱花园	▲	
14	玉苍山风情梅园	▲	
15	玉苍山小天湖度假区	▲	
16	玉苍山康养小木屋疗养中心	▲	
17	玉龙湖马蹄笋生态园	▲	
18	玉苍山景区景观提升及配套服务设施提升建设	▲	
19	碗窑景区景观提升工程	▲	
20	碗窑至石龙公路建设	▲	
21	桥南线、碗天线等公路改造提升,碗窑至腾垟至玉苍山公路修缮提升	▲	
22	玉苍山景区道路提升	▲	
23	供水系统+污水处理系统	▲	
24	玉苍道观	▲	
25	玉苍山森林管理中心		▲
26	华玉山庄	▲	
27	玉苍山庄度假酒店	▲	
28	法云寺	▲	

续表

序号	项目名称	开发时序	
		近期	中远期
29	鸟类观测站		▲
30	樱花文化博览园	▲	
31	蘑菇岩公园	▲	
32	玉苍中药园		▲
33	东天门公园	▲	
34	摩天岭峰顶公园	▲	
35	自驾车活动大本营		▲
36	奇石公园——仙人踮步	▲	
37	西天门景区	▲	
38	风情梅园	▲	
39	玉苍景区次入口接待中心	▲	
40	仙人台	▲	
41	小天湖度假村		▲
42	曲径寻奇	▲	
43	欢乐滑草场		▲
44	森林氧吧	▲	
45	水鸭湖公园	▲	
46	树梢探险公园		▲
47	北天门公园		▲
48	岭东贡管护房	▲	
49	龙船湖公园	▲	
50	文化生态园	▲	

注：▲表示近期建设的项目。

思考题

1. 什么是居民社会调控规划？其调控对象及规划意义是什么？
2. 居民社会调控规划的原则和方法有哪些？
3. 什么是居民社会调控规划的调控强度及类型？
4. 怎样理解居民社会调控规划中发展规划及分期规划的现实意义？

参考文献

[1] 李文,吴研.风景区规划[M].2 版.北京:中国林业出版社,2023.

[2] 付军.风景区规划[M].北京:气象出版社,2013.

[3] 吴忠军.旅游景区规划与开发[M].北京:高等教育出版社,2015.

[4] 欧武城.玉苍山风景名胜区总体规划[D].武汉:中南林业科技大学,2020.

9 风景名胜区规划的审批和实施

本章导读 自然景观和人文景观能够反映重要自然变化过程和重大历史文化发展过程。基本处于自然状态或者保持历史原貌，具有国家代表性的风景名胜区，可申请设立国家级风景名胜区；具有区域代表性的，可申请设立省级风景名胜区。

本章将风景名胜区分为国家级和省级，从这两种类型分别说明风景名胜区规划的审批和实施。重点是规划的编制、审批内容及程序和风景名胜区的实施管理等。学习目的是了解并掌握风景名胜区审批和实施的过程，为以后实际操作做准备。

9.1 风景名胜区规划的编制

风景名胜区规划分为总体规划和详细规划。风景名胜区总体规划的编制，应体现人与自然和谐相处、区域协调发展和经济社会全面进步的要求，坚持保护优先、开发服从保护的原则，突出风景资源的自然特性、文化内涵和地方特色。风景名胜区详细规划应根据核心景区和其他景区的不同要求编制，确定基础设施、旅游设施、文化设施等建设项目的选址、布局与规模，并明确建设用地范围和规划设计条件。

国家级风景名胜区规划由省、自治区人民政府建设主管部门或者直辖市人民政府风景名胜区主管部门组织编制，省级风景名胜区规划由县级人民政府组织编制。编制国家级风景名胜区总体规划应由具有甲级资质的城乡规划编制单位承担。编制国家级风景名胜区详细规划应由同时具有乙级以上城乡规划编制单位资质和风景园林工程设计专项资质的单位承担。

编制风景名胜区规划应广泛征求有关部门、公众和专家的意见，必要时应进行听证。

9.2　风景名胜区规划的审批

9.2.1　审批内容

风景名胜区规划编制完成后应根据规定进行各级风景名胜区总体规划和详细规划的审批。审批内容与材料包括以下几个方面：

1）国家级风景名胜区

国家级风景名胜区规划成果应包括规划文本、规划图纸、规划说明书、基础资料汇编、遥感影像图，以书面和电子文件两种形式表达。征求意见及意见采纳的情况、专题论证材料、专家评审意见、公示情况等，应纳入基础资料汇编。

风景名胜区规划报送审批的总体规划内容应包括：

①风景资源评价。

②生态资源保护措施、重大建设项目布局、开发利用强度。

③风景名胜区的功能结构和空间布局。

④禁止开发和限制开发的范围。

⑤风景名胜区的游客容量。

⑥有关专项规划。

除此之外，还应包括社会各界的意见以及意见采纳的情况和未予采纳的理由。

国家重点风景名胜区详细规划内容应依据总体规划，对风景名胜区规划地段的土地使用性质、保护和控制要求、环境与景观要求、开发利用强度、基础设施建设等作出规定。

2）省级风景名胜区

编制风景名胜区规划，应广泛征求有关国家机关、社会团体、企事业单位、社会公众和专家的意见；涉及重大公共利益或者与他人有重大利害关系的，应进行听证。风景名胜区规划报送审批的材料应包括有关方面和社会各界的意见及意见采纳的情况和未予采纳的理由、规划文本和图纸。送审材料包括的内容参考国家级风景名胜区，并根据各个省市的地域情况而定。

9.2.2　审批程序

1）国家级风景名胜区的审批程序

国家级风景名胜区的总体规划由省、自治区、直辖市人民政府审查后，报国务院审批。

编制国家重点风景名胜区总体规划前应先编制规划纲要。规划纲要应确定总体规划的目标、框架和主要内容。风景名胜区总体规划纲要编制完成后，省、自治区、直辖市建设（规划）行政主管部门应组织专家组,按规定的审查重点对规划纲要进行现场调查和复核,提出审查意见。编制单位应根据审查意见,对总体规划纲要进行修改完善。

国家重点风景名胜区总体规划编制完成后,省、自治区、直辖市建设(规划)行政主管部门应会同有关部门并邀请有关专家进行评审,提出评审意见。省级建设(规划)主管部门组织提出的评审意见,应作为进一步修改完善总体规划依据。总体规划经修改完善后,省、自治区、直辖市建设(规划)行政主管部门应提出初审意见,并汇总整理有关部门和专家的意见,一并报送省、自治区、直辖市人民政府审查。国家级风景名胜区总体规划审批前,国务院住房城乡建设主管部门应按照国务院要求,组织专家对规划进行审查,征求国务院有关部门意见后,提出审查意见报国务院。

住建部接国务院交办文件后,首先对申报的有关材料进行初步审核。对有关材料不齐全或内容不符合要求的,住建部可将其退回,补充完善后由有关省、自治区、直辖市人民政府另行上报。对基本符合要求的材料,应及时将有关材料分送部联席会议组成部门征求意见。各部门应就与其管理职能相关的内容提出书面意见,并在材料送达之日起 5 周内将书面意见反馈住建部。逾期按无意见处理(图 9.1)。

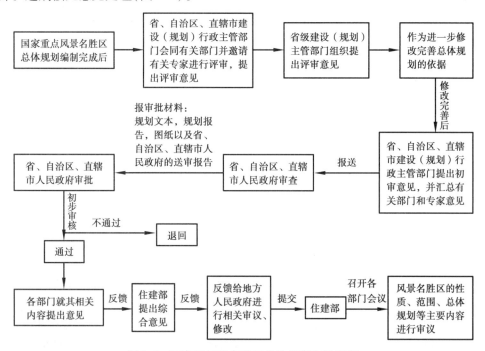

图 9.1　国家级风景名胜区总体规划审批流程

住建部负责综合部联联会议组成部门的意见并及时反馈给有关地方人民政府。有关地方人民政府应根据有关部门的意见,对总体规划及有关材料进行相应修改,不能采纳的,应作出必要的说明,并在材料送达之日起 3 周内将修改后的总体规划及有关材料和说明报住建部。住建部应预先向部联联席会议组成部门书面函告风景名胜区总体规划审查工作的进度和计划。

国家级风景名胜区详细规划编制完成后,省、自治区、直辖市建设(规划)行政主管部门应组织有关专家进行评审,提出评审意见。编制单位应根据评审意见,对详细规划进行修改完善。修改完善后的详细规划报住建部审批。经批准的国家级风景名胜区规划不得擅自修改。

确需对经批准的国家级风景名胜区总体规划中的风景名胜区范围、性质、保护目标、生态资源保护措施、重大建设项目布局、开发利用强度以及风景名胜区的功能结构、空间布局、游客容量进行修改的,应报原审批机关批准;对其他内容进行修改的,应报原审批机关备案。国家级风景名胜区详细规划确需修改的,应报原审批机关批准。图 9.2 为风景名胜区详细规划审批流程。

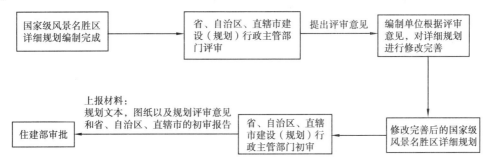

图 9.2　风景名胜区详细规划审批流程

2)省级风景名胜区的审批程序

省级风景名胜区的总体规划,由省、自治区、直辖市人民政府审批,报国务院建设主管部门备案。省级风景名胜区的详细规划,由省、自治区人民政府建设主管部门或者直辖市人民政府风景名胜区主管部门审批。省级风景名胜区符合规划的其他建设项目,其选址和设计方案应由风景名胜区管理机构提出审核意见,报市(州)人民政府建设行政主管部门审核批准。

9.3　风景名胜区规划的实施

9.3.1　实施保障

1)国家级风景名胜区

风景名胜区内的景观和自然环境,应根据可持续发展的原则,严格保护,不得破坏或者随意改变。风景名胜区管理机构应建立健全风景资源保护的各项管理制度。风景名胜区内的居民和游览者应保护风景名胜区的景物、水体、林草植被、野生动物和各项设施。风景名胜区管理机构应对风景名胜区内的重要景观进行调查、鉴定,并制订相应的保护措施。

在风景名胜区内禁止进行下列活动:开山、采石、开矿、开荒、修坟立碑等破坏景观、植被和地形地貌的活动;修建储存爆炸性、易燃性、放射性、毒害性、腐蚀性物品的设施;在景物或设施上刻画、涂污;乱扔垃圾。

禁止违反风景名胜区规划,在风景名胜区内设立各类开发区和在核心景区内建设宾馆、招待所、培训中心、疗养院以及与风景资源保护无关的其他建筑物;已经建设的,应按照风景名胜区规划逐步迁出。在国家级风景名胜区内修建缆车、索道等重大建设工程,项目的选址方案应报国务院建设主管部门核准。

在风景名胜区内进行下列活动的,应经风景名胜区管理机构审核后,依照有关法律、法规的规定报有关主管部门批准:设置、张贴商业广告;举办大型游乐等活动;改变水资源、水环境自然状态的活动;其他影响生态和景观的活动。

风景名胜区内的建设项目应符合风景名胜区规划,并与景观相协调,不得破坏景观、污染环境、妨碍游览。在风景名胜区内进行建设活动的,建设单位、施工单位应制订污染防治和水土保持方案,并采取有效措施,保护好周围景物、水体、林草植被、野生动物资源和地形地貌。

国家建立风景名胜区管理信息系统,对风景名胜区规划实施和资源保护情况进行动态监测。国家级风景名胜区所在地的风景名胜区管理机构应每年向国务院建设主管部门报送风景名胜区规划实施和土地、森林等自然资源保护的情况;国务院建设主管部门应将土地、森林等自然资源保护的情况及时抄送国务院有关部门。

2)省级风景名胜区

省级风景名胜区的实施保障参照国家级风景名胜区规定,以《风景名胜区条例》和《国家级风景名胜区规划编制审批办法》为基础,根据各省、自治区和直辖市的特殊人文历史背景而制订规章制度,具体以各省、自治区和直辖市颁布的风景名胜区条例为准。

9.3.2 实施管理

1)国家级风景名胜区

风景名胜区管理机构应根据风景名胜区的特点,保护民族民间传统文化,开展健康有益的游览观光和文化娱乐活动,普及历史文化和科学知识。管理机构应根据风景名胜区规划,合理利用风景资源,改善交通、服务设施和游览条件。风景名胜区管理机构应在风景名胜区内设置风景名胜区标志和路标、安全警示等标牌。

风景名胜区内宗教活动场所的管理,依照国家有关宗教活动场所管理的规定执行。风景名胜区内涉及自然资源保护、利用、管理和文物保护以及自然保护区管理的,还应执行国家有关法律、法规的规定。国务院建设主管部门应对国家级风景名胜区的规划实施情况、资源保护状况进行监督检查和评估。对发现的问题,应及时纠正、处理。风景名胜区管理机构应建立健全安全保障制度,加强安全管理,保障游览安全,并督促风景名胜区内的经营单位接受有关部门依据法律、法规进行的监督检查。禁止超过允许容量接纳游客和在没有安全保障的区域开展游览活动。进入风景名胜区的门票,由风景名胜区管理机构负责出售。门票价格依照有关的法律、法规的规定执行。

风景名胜区内的交通、服务等项目,应由风景名胜区管理机构依照有关法律、法规和风景名胜区规划,采用招标等公平竞争的方式确定经营者。风景名胜区管理机构应与经营者签订合同,依法确定各自的权利义务。经营者应缴纳风景名胜资源有偿使用费。风景名胜区的门票收入和风景资源有偿使用费,实行收支两条线管理。

风景名胜区的门票收入和风景资源有偿使用费应专门用于风景资源的保护和管理以及风

景名胜区内财产的所有权人、使用权人损失的补偿。具体管理办法由国务院财政部门、价格主管部门会同国务院建设主管部门等有关部门制订。风景名胜区管理机构不得从事以营利为目的的经营活动,不得将规划、管理和监督等行政管理职能委托给企业或者个人行使。风景名胜区管理机构的工作人员不得在风景名胜区内的企业兼职。

2)省级风景名胜区

　　省级风景名胜区的实施管理条例依据所属省、自治区和直辖市的地域、文化、经济和人文为背景,均以国家风景名胜区的管理条例为基础,参照《风景名胜区条例》而定,规范比较详细。由于涵盖区域较大,这里就不一一说明列举,具体可查阅各省、自治区、直辖市的风景名胜区条例或者管理条例。

风景名胜区
规划实施评估

思考题

1. 我国风景名胜区规划审批的分级制度在审批程序上是如何体现的?
2. 我国风景名胜区规划的实施管理体制与国外风景名胜区规划实施管理体制有何异同?

参考文献

[1] 中华人民共和国住房和城乡建设部. 国家级风景名胜区规划编制审批办法[EB/OL].
　　(2015-9-14)[2024-5-16].
[2] 李宁汀,石春晖,宋峰,等.风景名胜区总体规划实施评估研究——以杭州西湖风景名胜区
　　为例[J].城市发展研究,2018,25(6):55-63.

10 实例分析

本章导读 本章选择的案例熟知度较高、综合性较强,由四川省国土空间规划研究院(四川省城乡规划设计研究院)编制。通过较为详尽的图示文件和文字说明,将风景名胜区规划设计的主要内容及设计过程结合案例进行具体分析讲解,设计文件重点阐述前期调查分析所获取的资源信息资料与后期规划设计成果生成的关系和过程,从具体的解析中更深入地理解教材前述各章的实践应用方法。

　　案例名称:四川省凉山彝族自治州邛海-螺髻山风景名胜区总体规划

　　编制单位:四川省国土空间规划研究院(四川省城乡规划设计研究院)

　　协编单位:凉山彝族自治州城乡规划建设和住房保障局

10.1 编制背景及综合现状

10.1.1 规划编制背景

　　邛海-螺髻山风景名胜区于1992年完成了首轮总体规划,风景名胜区级别为省级风景名胜区。2002年5月,邛海-螺髻山风景名胜区被正式列为国家级风景名胜区,原有规划已不适应当前风景区发展的需要,需重新进行规划编制。根据凉山彝族自治州建设局的委托,对邛海-螺髻山风景名胜区进行规划,属总体规划编制。规划工程组于2003年8月初正式进场踏勘;总体规划于2005年5月通过省住房和城乡建设厅组织的专家评审,2011年7月通过了部际联席会议审查。2015年8月26日住房城乡建设部下发"建办城函〔2015〕775号"文件,邛海-螺髻山风景名胜区需依据"建城〔2015〕93号"文件要求重新编制完善。重新编制完善的风景名胜区总体规划于2016年1月14日通过了省住房和城乡建设厅组织的专家评审,按照评审会议纪要修改完善后形成报住建部审查成果。

10.1.2 区位关系综述

以邛海-螺髻山风景名胜区与西昌历史文化名城、航天中心、邛海及温泉旅游度假基地共同构成的西昌风景旅游度假区是攀西地区最重要的旅游资源,邛海-螺髻山承担其中的风景游赏功能,它的开发建设关系到西昌风景旅游度假区乃至攀西地区的风景旅游事业的发展前景。

10.1.3 综合现状分析

1)地理位置

邛海-螺髻山风景名胜区位于我国云贵高原与四川盆地的过渡地带,川、滇、藏三省(自治区)接合部,四川省攀西资源综合开发区的腹心地带。风景名胜区的北面紧邻西昌市区,南面则靠近普格、德昌两县城;北距成都市 500 km,南距昆明市 530 km。

2)历史沿革

西昌古称邛都,地处青藏高原以东,横断山脉南段西缘,金沙江水系安宁河流域,为南方丝绸之路上一大重镇。西昌是历代郡、州、府、司等行政机构所在地。今为凉山彝族自治州首府。1986 年,邛海-螺髻山被四川省人民政府批准为省级风景名胜区,2002 年被国务院批准为国家级风景名胜区。

3)自然特征

(1)地貌

泸山主峰海拔 2 317 m,与邛海水面相对高差 800 m;邛海是四川最大的天然淡水湖泊,南北长 11.5 km,东西宽 5.5 km,水面面积 30 km²。

高耸的螺髻山体完好地保存了第四纪冰川遗留下来的大量古冰川遗迹,清晰可辨。螺髻山主峰海拔 4 359 m,而河谷地带的标高变化于 1 200~1 500 m,相对高差约 3 000 m。风景区内最高海拔 4 359 m(螺髻山主峰),最低海拔 1 509 m(邛海出海口),最大相对高差为 2 850 m。

(2)地质

螺髻山西临安宁河断陷谷地(海拔 1 200 m),相对高差 3 150 m 左右;东临邛海-普格断裂谷地(海拔 1 500 m 左右),相对高差 2 800 m 左右。螺髻山的走向多近南北向和北西向,主要断裂方向也大致如此。

邛海在成因上属典型断陷湖,发育在一个断陷盆地的基础上,其升降运动通过无数次应力积累,以间歇性地震方式分发表现,逐渐沉陷渐次扩大加深的。

(3)冰川运动

螺髻山冰川运动演变,如图 10.1 所示。

图 10.1　螺髻山冰川运动演变

（4）水文

螺髻山的水系,以主峰和分水山岭为中心,呈放射状分布。分水岭靠近东坡,故东坡沟河陡而短,西坡沟河长而缓。邛海最长 11.5 km,沿北东方向最宽 5.5 km,最窄处仅 1.1 km。邛海水质清澈透明,靠山溪水和岩溶裂隙水补给。

（5）气象

西昌的平均气温为 16.9 ℃,最冷月(一月)平均气温为 9.3 ℃,最热月(七月)平均气温为 22 ℃,年较差仅为 13.2 ℃。日照充足,雾日特少。历年平均降雨量为 1 000.8 mm,11 月至次年 4 月为干季;5—10 月为雨季,雨季降雨量占全年降雨量的 90%。螺髻山纬度上处于亚热带,加之地势高低悬殊,气候垂直差异明显,自下而上呈现出南亚热带、北亚热带、温带、寒温带等垂直气候带。山上气候变化无常。

（6）灾害

因为螺髻山处于断裂带上,地震是风景名胜区的主要灾害之一。另外,泥石流、滑坡、崩塌也是风景名胜区的重要自然灾害。

4)人文特征

风景名胜区范围涉及西昌市、普格县、德昌县地界,截至 2009 年年底的基本情况见表 10.1。

表 10.1　西昌市、普格县、德昌县的基本情况

行政区	人口 /万人	面积 /km²	国内生产总值 /亿元	人均国内生产总值 /元
西昌市	65.0	2 655	173	26 615
普格县	14.7	1 918	14.5	9 864
德昌县	19.98	2 284	32.9	16 466

5)生物资源

据调查,螺髻山一带有高等植物 180 余科,2 000 余种,属国家第一批保护的珍稀植物近 30 种,已知可利用资源植物 1 000 余种,其中药用植物 680 种,野生花卉尤为丰富。在动物资源方面,据不完全统计,螺髻山有高等动物近 400 种,其中兽类 60 余种,鸟类 252 种,爬行类 19 种,两栖类 20 余种。邛海湖中有 40 多种鱼类,每年秋末约有 19 种冬候鸟来此过冬。

6）生态特征

螺髻山保持了自然状态,因而水质优良。邛海则因湖边的农业排水、生活污水而使水体受到一定程度的影响。风景区大气质量优,空气清洁度非常高。

7）开发建设状况

（1）规划情况

邛海-螺髻山一带风景名胜区开发建设过程如图10.2所示。

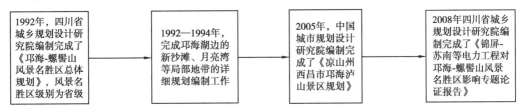

图 10.2　邛海-螺髻山一带风景名胜区开发建设过程

（2）管理状况

由于风景名胜区分属一市两县,由凉山州成立了统一的风景名胜区管理委员会,下设了西昌市邛海泸山管理局和螺髻山管理局。

（3）景区建设状况

以光福寺为主的泸山和邛海公园是现状开放的地带,已有比较成型的游览设施和服务设施。螺髻山部分,已建设成一定的服务和游览设施并向游人开放,其中在高海拔地区新建的游步道、风雨亭和新型环保厕所等完善了景区配置。

（4）过境基础设施状况

国家水电开发中有四条高压输电工程均需通过邛海-螺髻山风景名胜区的飞播林和五彩池景区,且将拟穿越风景名胜区的电力通道工程项目纳入本次风景名胜区总体规划。规划高压走廊宽度为750 m。另据四川省人民政府批准实施的《凉山州安宁河谷城镇体系规划》,在高压走廊南侧还将有凉山州的高压线路和通信线路通过。

8）开发利用条件分析

（1）开发建设有利条件

西昌舒适的气候和清新的空气对游人具有很强的吸引力。邛海-螺髻山风景区加上西昌航天中心、西昌历史文化名城等形成的区域,具有很强的观光、度假、休闲综合功能,市场潜力巨大。风景名胜区外围可依托西昌市、普格县及德昌县,将大大减少用于旅宿和餐饮娱乐方面的投资。风景名胜区处于成都、昆明这两省会的中间位置,是跨省旅游的中间站,而且交通条件将随着雅攀、西香、西昭、西巧等高速公路的建成而变得方便快捷。

（2）开发建设不利条件

螺髻山的灾害地质较多,给游线的组织、游程的安全带来一定难度。其主要景观均分布于高海拔区(几乎均达到海拔3 600 m及以上),主要景点相对集中于两个片区,两个片区之间路程陡而远,给游览交通的组织带来很大难度。另外,邛海及周边环境具有重要的生态意义,如何在开发利用过程中控制开发建设行为,确保生态环境质量是一个难题。

10.2 规划重点及对策

10.2.1 存在问题

1）邛海、泸山部分

夹于邛海、泸山之间的公路,主要功能是过境公路,其次才是游览公路,加之公路旁还有一定数量的单位、居民、餐饮旅宿设施,车流、人流混杂,存在交通不畅、安全隐患等。目前虽然形成了环邛海的游览公路,但是并未真正起到环湖公路的作用。2012 年雅攀高速公路建成通车后,风景区迎来大量的游客,改善邛海景区的整体风貌,以及建立适宜的环邛海旅游交通系统是地方政府的当务之急。邛海水环境质量受周围的农排水和湖边的旅宿餐饮设施的生活污水所影响。

2）螺髻山部分

螺髻山的主体景观位于山体的顶部且地势险峻,游人的可及程度较差。几个核心景区均相对独立,给游览路线的组织、游览设施的配套带来难度。清水沟索道设计运载量过小,已不能满足游客上山游览的需要。

10.2.2 规划重点

本次规划针对现状存在问题、风景名胜区的薄弱环节、风景名胜区的发展需求等进行综合考虑后,确定下述 3 个方面为规划重点:邛海景区的风貌整治;螺髻山的游览交通组织;风景游赏与旅游度假的关系。

10.2.3 规划对策

1）邛海景区的风貌整治

规划措施主要是从风景名胜区的建筑、道路、环境等硬件和居民的社会调控、功能区划等方面出发:

①将 108 国道过境交通改道泸山以西马道,建设绕城高速等措施减少对景区风景旅游的干扰,以便形成真正意义上的邛海环湖风景名胜区道路。

②控制居民的经营活动,引导区内部分居民外迁。

③由管理部门统一安排外迁居民在外迁地方的经营活动,规划建议大部分居民安置于旅游度假发展区。

④景区内全面实施环湖区域生态恢复治理工程;农业排水尽量不进入邛海水面。

⑤区内的企事业单位,应引导它们迁出;对保留的单位,则对其整体风貌、污水处理等执行相应的管理。

⑥严格依据规划管理邛海西岸旅游设施建设、居民社会建设,并履行法定的审批程序。

⑦加强游览线路周边的环境美化和景点建设。

2009—2014年,西昌市启动实施了邛海湿地恢复工程,已将环湖路以下的村庄全部搬迁,确定了整个环邛海湿地分为六期进行建设,一至六期的建设主题分别为"观鸟岛""梦里水乡""西波鹤影""烟雨泸州""梦寻花海"和"梦回田园"。通过环邛海湿地恢复工程,现邛海周边的风貌已大大改善,景区容量也得以大幅提升。

2)螺髻山的游览交通组织

①螺髻山仅有两个片区景观相对集中:其一是螺髻山主峰西北坡的五彩池海子群;其二是螺髻山主峰东北坡的珍珠湖海子群。这两个景观集中地势相对较平缓,便于组织完整有序的步游观景道。

②珍珠湖海子群一带,已形成长约12 km的环形步游道(游人平均游览时间为2~3 h),按规划测算,五彩池海子群形成环线步游道约需21 km长。

③珍珠湖海子群一带之前建立的交通索道,在原线路上重新建设运行速度快、载客量与景观区容量相匹配的索道设施。

④五彩池海子群景观相对高差超过1 000 m,游人不方便到达。景区一带生态脆弱,而且自然气候条件恶劣,因此,山上游、山下住是规划必须遵循的基本原则。相比步行和骑马,公路和索道方式有可能解决上山与下山的交通问题。

⑤在高海拔地区的山区以索道代替公路,安全程度高且土方量少,对自然环境没有任何更改。

⑥两处地方可建设上山交通索道:一处是从鹿厂沟的北面源头连接青堡堡的东侧,优势在于可体验四川少有的傈僳族风情和观览主山山脊的雄伟壮丽;一处是从摆摆顶的南侧连接干海子的东侧,其优势在于与邛海、泸山的交通关系较为紧密,也是传统的上山路线。

⑦景区开发时机已日渐成熟,本次规划对该两条索道线路方案进行了初步论证,认为这两条索道线路方案均可行且是必需的游览交通设施。

3)风景游赏与旅游度假的关系

邛海景区作为邛海-螺髻山国家级风景名胜区的代表性景区之一,其风景游赏价值非常突出。西昌市具有得天独厚的旅游度假条件,规划川兴镇为旅游度假镇,依托城镇建设旅游度假区,以完善西昌作为休闲度假胜地的功能。处理好西昌城市区、旅游度假区、邛海景区三者之间的有关协调关系,将为西昌、凉山州的风景旅游事业打下坚实的基础。邛海景区东北面的大兴乡台地也具备作旅游度假用地的条件,观景条件不错,可建设用地条件也好,用地规模超过10 km²。若将此地辟为旅游度假区,精心规划、设计、建设,则可能形成内部设施配套齐全、环境优美、观景条件好、毗邻邛海、交通便捷的旅游度假区。

10.3 景源评价

10.3.1 类型、分布、特征

邛海的景源主要沿湖分布,泸山的景源沿山脚至半山腰分布,螺髻山的景源则以山的顶部为主,中、低海拔地区则各有代表性景源分布(表10.2)。

表10.2 风景资源类型

大 类	中 类	小 类
一、自然景源	1.天景	①日月星光;②风雨阴晴;③气候景象;④云雾景观;⑤冰雪霜露;⑥佛光
	2.地景	①大尺度山地;②山景;③奇峰;④峡谷;⑤洞府;⑥冰川遗迹;⑦土林
	3.水景	①溪流;②湖泊;③潭地;④瀑布跌水;⑤温泉
	4.生景	①森林;②古树名木;③珍稀生物;④物候季相景观
二、人文景源	1.园景	①现代公园;②专类游园
	2.建筑	①宗教建筑;②博物馆
	3.风物	①民族民俗;②宗教礼仪;③民间文艺

风景区的景观特征可概括为下述7点:
①五彩缤纷的冰川湖泊;
②雄奇壮观的角峰刃背;
③别具情调的温泉瀑布;
④四季如春的邛海秀色;
⑤松香缭绕的泸山风光;
⑥热情似火的彝族风情;
⑦古朴宜人的渔村风情。

10.3.2 综合价值评价

1)风景欣赏价值

作为国家级风景名胜区,邛海-螺髻山的风景欣赏价值内容丰富、景观特异度高,价值突出。

2)科学价值

螺髻山是我国已知山地中罕见的保存完整的第四纪古冰川地貌遗迹博物馆,极具科研价

值。螺髻山上保存有大量的珍稀动植物,是生物学研究的天然基地。泸山上的地震碑林为地震学科的研究提供了宝贵的历史资料,而奴隶社会博物馆则为历史学提供了翔实的素材。

3)生态价值

风景名胜区包含了多种生态资产:森林、草地、水面等,其中蕴含了巨大的生态价值。风景区内物种丰富,它们的存在、遗传和选择价值很高。而风景名胜区大量的植被所吸收的二氧化碳、产生的氧气,在净化城市、提高城区生态环境质量方面有很大的作用。

4)开发利用价值

风景名胜区凭其自身的巨大优势,提供了供广大游人游览欣赏、休憩娱乐或进行科学文化活动的地方,体现其广阔的开发利用价值。

10.3.3 景源评价结果

1)景源评价一览表

该景区被分为了邛海、泸山、飞播林、珍珠湖、五彩池、鹿厂沟、温泉瀑布、土林 8 个景段,下面分别对其中的景点进行评价,以邛海景段景源为例,见表 10.3。

表 10.3 邛海景段景源评价

景区序号	景段名称	景点序号	景点名称	景点类型	景点级别
一	邛海景段	1	邛海	自然、水景、湖泊	一级
		2	观鸟岛	自然、水景、湿地	一级
		3	梦里水乡	自然、水景、湿地	一级
		4	西波鹤影	自然、水景、湿地	一级
		5	烟雨潞州	自然、水景、湿地	一级
		6	梦寻花海	自然、水景、湿地	一级
		7	梦回田园	人文、园景、公园	一级
		8	邛海公园	人文、园景、公园	二级
		9	灵鹰寺	人文、建筑、寺庙	二级
		10	青龙寺	人文、建筑、寺庙	三级
		11	月亮湾	人文、园景、园林	二级

邛海-螺髻山风景名胜区评价主要景点 81 个,其中特级景点 2 个,占 2.5%;一级景点 25 个,占 30.8%;二级景点 34 个,占 42.0%;三级景点 20 个,占 24.7%。

2）景源评价综述

邛海-螺髻山风景名胜区以高质量的自然生态环境为基调,以自然山水风光、民族风情等为内容,以螺髻山顶部的冰川遗迹地貌景观和四川最大的天然淡水湖邛海为景观制高点,风景游赏价值极高,生态价值、科学价值、开发利用价值也很突出,具有国家级乃至国际吸引力,资源潜力巨大,前景广阔。它是保护国家重要自然和文化遗产,展示祖国大好河山,获取自然和人文知识的重要地区。

10.4 规划范围、性质及目标

10.4.1 指导思想和原则

1）规划指导思想

深入分析和掌握风景名胜区的景观内涵和结构特征,揭示其社会审美价值、科学价值、生态价值,并通过规划加以保护和展示:重点突出螺髻山冰川遗迹地貌景观、邛海山水风光和彝族风情3个方面;在全面保护风景名胜区自然环境的基础上,加强自然景观、生态环保情感和科普情感的陶冶,营造回归自然、净化心灵、保护生态环境的游览氛围;最终实现景区的环境效益、社会效益、经济效益的有机统一。

2）规划原则

规划原则包括树立保护第一的思想;突出景观主体;山上游,山下住;以人为本,综合协调;基础工程先行;控制游人规模;注重生态环境效益、社会效益、经济效益的有机协调。

3）规划期限

本规划期限远期为2016—2035年,近期为2016—2020年。

10.4.2 景区范围

风景名胜区总面积633 km²,包括主体区域面积625.8 km²,以及黄联土林独立景区7.2 km²。

①主体区域625.8 km²范围:北抵西昌城市建设区,南至大槽河源头药坪子,西至鹿厂沟口、泸山后山,东临清水沟口、槽沟口,包括邛海泸山片区、飞播林局部、螺髻山主峰至南峰的主体部分。

②黄联土林景区范围:黄联关东侧1 km²土林加上环境保持地带共7.2 km²。

10.4.3　景区性质

邛海-螺髻山风景名胜区属亚热带山岳兼湖泊型,以保存完好的古冰川遗迹地貌景观、湖泊风光为主要内容,并反映彝族和地方人文风情,供观光、科研科普、风情体验、探险探奇、休闲度假的国家级风景名胜区。

10.4.4　景区发展目标

目标是通过对邛海-螺髻山风景名胜区生态和风景环境的科学、系统的保护、培育,以及游赏路线的合理安排和游览配套设施的合理建设,达到"保护—开发利用—管理"3个环节的良性循环。力争把邛海-螺髻山创建成为从风景质量、保护水平、管理水平、游赏组织到游览设施水平、居民社会发展均达到一流水准的著名的国家级风景名胜区。

10.5　景区分区与结构、容量、人口及生态原则

规划将邛海-螺髻山风景名胜区划分为8个景区。根据每个景区的景源价值、风景游赏条件等因素划分为一、二、三级景区,见表10.4。

表 10.4　邛海-螺髻山风景名胜区分区

级　别	分　区
一级景区	珍珠湖景区、五彩池景区、邛海景区
二级景区	鹿厂沟景区、温泉瀑布景区、泸山景区
三级景区	土林景区、飞播林景区

10.5.1　景区结构

以东西两侧公路为树干,各景区呈树枝方式连接树干,形成双主干分支式结构。其中,西昌经黄联、德昌往南的公路为西面的树干,其分支为土林景区、鹿厂沟景区;西昌经大菁、普格往南的公路为东面的树干,其分支为邛海景区、泸山景区、飞播林景区、五彩池景区、珍珠湖景区及温泉瀑布景区。

10.5.2　景区空间布局

1)对外交通

邛海-螺髻山风景名胜区位于凉山彝族自治州,其范围跨越一市两县(西昌、德昌、普格)。

现状依托的主要交通有 G5、G108、S307、S212 等公路交通；铁路交通为成昆铁路；航空交通为西昌青山机场。规划将要修建的对外交通有西（昌）—昭（通）高速公路、西（昌）—香（格里拉）高速、西昌绕城高速、雅攀第二高速公路；成昆铁路扩能工程、西（昌）—昭（通）—遵（义）铁路；西昌青山机场正在改扩容。环邛海公路已建成，要求逐步取消邛海西岸 G108 国道的过境功能（改道至泸山西侧）；西昌绕城高速公路设计时要根据风景区游览需求合理设置出入口，未来各景区直接快速转换将主要依托该高速公路。

2）内部交通

风景名胜区的多数景区的内部交通均为独立式，分别为游览公路、索道、步游道几种方式，分别以西昌、德昌、普格为节点，沿规划区内部车游道开辟观光车游览系统，形成对外以高速公路，对内以观光车为主的游览系统；保留现状泸山索道，同时根据需求拟新建青堡堡索道和干海子索道。步游道分为自行车骑游道、游览步道、探险步游道，要求宽度 1.5～2.5 m，螺髻主峰附近的几个景区，以探险步游道方式相互联系。

3）景观布局

以珍珠湖景区、五彩池景区和邛海景区 3 个有代表性的景区为景观核心，以鹿厂沟景区、温泉瀑布景区、泸山景区为重要风景游赏区，以土林景区、飞播林景区两个辅助景区为辅助性风景游赏区。

4）游览设施配置

游览设施配置为风景名胜区外围依托为主、区内配置为辅的格局。外围依托的主要是西昌市的城市相关设施和旅游度假基地，其次是普格县和德昌县的相关设施；风景区范围内为旅游镇、旅游村、旅游点、服务部四级布局方式。

5）居民布局

螺髻山部分，仅有分布于低海拔地区的居民点，规划以控制为主；邛海泸山部分，生态环境重点区域规划为无居民区，景区其他地方的居民点则以控制型为主、搬迁型和缩小型为辅。

10.5.3　游人容量

景区大致分为邛海泸山区域与螺髻山区域两大片区，根据两片区的相对独立性强，且区域游客容量差异较大的特点，本次规划采取分区分别计算邛海泸山区域与螺髻山区域的游人容量，两者相加构成风景名胜区游人容量（表 10.5 和表 10.6）。

风景名胜区日游人容量为 8.5 万人次／日，年游人容量为 2 935 万人次／年。日极限容量为 17 万人次／日。

表 10.5　风景名胜区游人容量统计

容量	邛海湿地景点陆地面积/m²	计算指标/(m²·人⁻¹)	一次性容量/人次	日周转率/次	游人容量/人次
日容量	650 000	20	32 500	2	65 000
极限容量		10	65 000		130 000

表 10.6　螺髻山日容量测算

游览用地名称	计算面积/m²	计算指标/(m²·人⁻¹)	一次性容量/人次	日周转率/次	日游人容量/人次
珍珠湖景区	39 400	10	3 940	2	7 880
五彩池景区	51 600	10	5 160	1	5 160
鹿厂沟景区	34 000	10	3 400	2	6 800

10.5.4　人口规模预测

1)游人规模预测

分区分别预测邛海泸山区域与螺髻山区域的游人规模。2020 年游人规模为 1 130 万人次,2035 年游人规模为 1 880 万人次。

2)服务职工规模预测

服务职工规模预测为:近期 1 450 人,远期 3 800 人。

3)居民人口规模预测

据统计风景名胜区现有居民人口总数约为 35 300 人。按现状人口自然增长率为 6.66‰ 计算,2020 年居民人口总数为 36 734 人,2035 年居民人口总数为 40 580 人。

10.5.5　生态原则

1)生态分区

风景名胜区的生态状况分为 3 个等级:
①生态不利区:指邛海景区。影响该地带的生态状况的是来自 3 个方面的因素:其一是邛海西岸、北岸的旅游服务设施产生的生活污水;其二是生活垃圾,直接丢入水体的垃圾形成污染;其三是滨湖农田的农业排水。

②生态稳定区:指风景名胜区内其余的风景游赏地带,该区的大气、水域、植被都处于稳定或有利状态。

③生态有利区:指风景名胜区内除上述两区外的其余地带,由于山高路陡、人迹罕至,其大气、水域、土壤植被均处于有利状态。

2)利用与保护措施

①生态不利区:以《邛海流域环境规划》《凉山彝族自治州邛海保护条例》及风景名胜区的规划文件为依据,大力整治邛海的生态环境,并杜绝新的污染源的产生。

②生态稳定区:该区存在开发建设过程中的公路建设、游步道建设、游览设施建设、电力通道建设等工程建设所带来的土壤植被、水域的潜在被污染隐患。因此,上述相关工程建设必须经过详细的规划、设计,并经主管部门批准后,方可实施。

③生态有利区:以保护现有自然状态为主。

3)风景环境质量标准

大气环境质量标准应符合《环境空气质量标准》(GB 3095—2012)规定的一级标准。地表水环境质量标准应按《地表水环境质量标准》(GB 3838—2002)规定的第一级标准执行,生活饮用水标准应符合《生活饮用水卫生标准》(GB 5749—2006)[现为(GB 5749—2022)]中的规定。风景区室外允许噪声级应低于《声环境质量标准》(GB 3096—2008)中所规定"特别住宅区"的环境噪声标准值。

10.6 相关专项规划

10.6.1 保护培育规划

1)保护分级与措施

根据风景名胜区的实际情况,将风景名胜区内的用地划分为一级、二级、三级保护区,并在风景名胜区外划定了外围保护地带。

①一级保护区范围:保护区范围包括风景名胜区邛海环湖湿地、泸山寺庙区、螺髻山主要景点及周围相关环境空间,以及德昌县位于鹿厂沟内的三水厂水源保护区,面积 269.4 km²。保护要求:严格保持并完善风景景观环境,可设置风景游赏所必需的游览步道、观景点、游船码头等相关设施;景点的风景游赏设施配备(即游步道、观景摄影台、游船码头、景点标示等小品建设)都需仔细设计,经有关部门批准后方可实施;人文景点的建设完善应在充分尊重其固有风貌的基础上进行;禁止与风景游赏无关的项目进入,不得设置旅宿床位。将环邛海湿地区域划定为环湖保护带,区内严格控制除湿地保护与湿地观光以外的其他项目建设。

②二级保护区范围:保护区范围包括风景游赏区除一级保护区以外的区域以及风景培育

区区域,即二级保护区,面积295.5 km²。保护要求:保持并完善风景景观环境;可安排规划确定的旅宿床位、餐饮服务等游览设施,但必须限制与风景游赏无关的建设项目进入;游览设施、交通设施、基础工程设施的建设在总体规划和相关详细规划的指导下,仔细论证、设计后,经有关部门批准方可实施;居民点建设均需进行详细规划和设计,须报经有关部门批准后严格按规划实施。

③三级保护区范围:保护区范围包括风景名胜区内游览设施基地、乡镇建设用地区域、村庄集中分布的区域、高压输电走廊(穿越风景区景区长度8.5 km,走廊宽度1 200 m)、过境道路交通用地等,面积68.1 km²。保护要求:居民点、大专院校、企事业单位、游览设施、交通设施、基础工程设施均需进行详细规划设计,须报经有关部门批准后严格按规划实施;详细规划必须符合总体规划精神,建设风貌必须与风景环境相协调,基础工程设施必须符合相关技术规范和满足环保要求。

④外围保护地带范围:保护地带范围包括安宁河谷东侧与风景区相关地带,西昌境内的邛海北部流域区域,则木河流域与风景区相关地带,面积703.5 km²。保护要求:该区应以河流湿地的恢复建设为龙头,恢复和保护生态系统;严格控制邛海北岸外围保护地带的建设;加强区内水系、道路治理,控制面源污染;区内建设要控制用地性质、设施规模、建筑布局、层高体量、风格、色彩等,保持与风景环境的协调,突出地方文化特色;控制区内的企事业单位建设规模与建设强度;控制区内的城镇、村庄的建设规模和建筑风貌。

2)分类保护与措施

①自然景观保护范围:将风景名胜区内的特殊天然景源和景观相关周边范围划为自然景观保护区。保护措施:确保风景名胜区自然资源和生态环境质量不受大的影响;保护珍贵且特殊的地理景观,连带保护栖息其上的生物资源;风景名胜区自然地形地貌不得随意破坏,区内的建设活动必须报相关部门审批后方能进行;及时预防和处理水污染情况的发生;严格控制污染物排入河流水体,风景名胜区内禁止采伐和狩猎。

②史迹景观保护范围:风景名胜区内各级文物和有价值的历史史迹遗址及相关周边空间。本风景名胜区内将泸山寺庙集中区划为史迹保护区。保护措施:风景名胜区大量历史遗存不得任意占作他用。恢复为景点时,要塑造原有的历史文化环境氛围;宜控制游人进入,不得安排旅宿床位,严禁增设与其无关的人为设施,严禁机动交通及其设施进入,严禁任何不利于保护的因素进入。

③生态保护区范围与措施按分级保护中的特级保护区和三级保护区分别对待。

④风景游览区范围与措施同分级保护中的二级保护区。

⑤发展控制区范围与措施同分级保护中的三级保护区。

3)专项保护规划

(1)文物保护

本风景名胜区内的西昌地震碑林于1980年7月被批准为省级文物保护单位,泸山文物区于1987年11月被批准为市、县级文物保护单位,规划在满足史迹景观保护区的保护要求上,对其确定了专门的文物保护要求:划定保护范围;制订保护措施,进行依法保护;控制周边建设,维护周围地形地貌。

(2)地质遗迹保护

本风景名胜区内的地质遗迹为古冰川作用遗迹和古冰川地貌,主要包括螺髻七十二峰、冰川湖泊、奇岩异石等。保护要求:严格执行《地质遗迹保护管理规定》;严禁对地质景观有损害的活动,未经管理机构批准,不得在风景名胜区范围内采集标本和化石;合理确定游人规模和容量;严格控制人工设施建设。

(3)水资源保护

①政策措施:严格执行《中华人民共和国水土保持法》《中华人民共和国水法》《凉山彝族自治州邛海保护条例》和《邛海流域环境规划》。

②工程措施:风景名胜区内景点道路宜用透水性较好的材料;在景区内河道进行治理和开发利用活动,应符合水资源保护的相关要求。根据污水源的分布情况,因地制宜地设置治污设施。

③生物措施:加快植树造林的绿化步伐,封山育林,提高森林覆盖率;进行农业结构调整,种植经济、观赏、常绿、常青植物;采用生物措施防治病虫害,禁止使用农药,避免污染水源。

(4)流域环境保护

严格执行《邛海流域环境规划》,认真组织实施规划提出的各项保护工程,按时完成规划提出的阶段性环境计划,从根本上保证邛海、泸山景区的可持续发展。在全流域范围内对25°以上坡耕地,海湖滨周围面山坡耕地,水土流失严重的地类,生态位重要、粮食产量低而不稳定的土地等实施彻底的退耕还林还草;对于25°以下的一般耕地实施坡改梯工程。坚持点面结合,突出重点;针对问题,因地制宜;治防并重,有序实施的原则,综合配置植物、工程和农耕等各种措施,坡沟兼治,形成一个完整的水土流失防治防御体系。治理要按照各小流域不同的区域自然和经济社会特点,按各自水土流失特征和水土流失防治目标而进行综合防治。

(5)野生动物保护

严格执行《中华人民共和国野生动物保护法》,加强渔业和野生动物执法;禁止非法狩猎、诱捕、毒杀野生动物以及其他妨害野生动物栖息繁衍的行为。在邛海湿地划定游禽类、鸟类保护地区;加强渔政管理,停止滥捕滥钓;购置必要的设备,以及救治生病或受到伤害的野生动物;加强景区游人保护野生动物的宣传教育活动;风景名胜区内不得随意引进新的动物物种,控制外来有害物种入侵。

(6)森林植被保护培育规划

严格执行《中华人民共和国森林法》,禁止乱砍滥伐和非法侵占林地的行为,占用林地或变更林地用途,必须依法向林业行政主管部门申请办理相关审批手续。风景名胜区管理机构应协调林业部门对区内的森林资源进行调查、管理和抚育;加强风景名胜区内火源管控,制订森林火灾扑救预案;结合景点绿化、道路绿化、设施区绿化、特色农业种植、经济林木培育等对风景名胜区生态环境薄弱区域进行植被培育。

4)生产建设控制

①生产建设控制:特级、一级、二级保护区内不得进行林、工矿生产,可适当保留居民少量的农业生产;三级保护区可以进行适当的农副生产和旅游加工业生产,但应以不破坏环境和景观为宜,不得进行工业、矿业生产。

②建设项目控制:建立风景名胜区禁入项目名录,对符合风景名胜区建设要求的项目必须严格执行环境影响评价制度和"三同时"制度。

5)保护管理措施

在风景名胜区统一的管理部门下分别在邛海泸山管理局和螺髻山管理局设保护管理机构。保护管理分为两级:保护管理中心设于两管理局内;保护管理中心下设保护管理站,每个景区各设一个管理站,共8个管理站,分别负责所属景区的保护管理工作。

10.6.2　核心景区规划

1)核心景区范围界定

邛海-螺髻山风景名胜区的核心景区范围为:邛海水体及环湖湿地景观区域33.3 km²、泸山景区泸山寺庙区及相关背景区域17.2 km²,螺髻山主要自然景观分布区237.8 km²。核心景区的面积为288.3 km²,占风景区总面积的45.5%。

2)核心景区的保护管理和质量现状评定

(1)邛海、泸山核心景区部分
①邛海景区形成的现状:邛海景区的整体风貌在西岸,北岸显得比较凌乱;邛海的生态环境遭到了一定程度的污染。邛海泸山管理局在邛海环境保护方面做了很多工作,但离打造旅游度假胜地还有一定差距,保护管理工作需要进一步深入和细化。
②泸山寺庙集中地段由于游人众多,监督管理比较严格,但违法乱建时有发生,景区部分地段环境显得比较凌乱,尚有许多需要做的工作。
(2)螺髻山核心景区部分
由于交通和游览设施很薄弱,因此现状游人量少,现状情况很好。

3)核心景区保护管理要求

除了前述一级保护区的保护要求外,核心景区保护管理还应符合下述要求:不得安排宾馆、培训中心、疗养院等住宿疗养设施;现有的农村住宅、宾馆项目应逐步搬迁、拆除、恢复绿化;严格限制除景区内部游览交通、森林防护外的其他机动车交通工具进入;不得安排其他与核心景区资源、生态和景观保护无关的项目、设施或者建筑物;符合规划要求的建设项目,要严格按照规定的程序进行报批;手续不全的,不得组织实施。

4)核心景区保护管理措施

国家级风景名胜区管理机构的主要负责人是核心景区保护的第一责任人,要按照权责一致的原则层层落实保护责任制,做好核心景区的保护工作。

10.6.3　风景游赏规划

1）景点规划

风景名胜区现有景点大部分为高海拔景点,但因交通不便,很多高海拔的景点无法到达,只存在少部分低海拔景点对外开放。因此,景点建设的重点是各景点的游赏设施设备的建设完善,以便能将优美景观展示给广大游人。

由于风景名胜区内景点较多、较杂,就不一一列举,仅仅将邛海部分景点规划列举出来,见表 10.7。

表 10.7　邛海部分景点规划一览表

序号	景点名称	内容	特征	规模/km²	规划要点
1	观鸟岛	湿地公园	观赏鸟类及滨水湿地景观	8	由亚热带风情区、渔人海湾区、观鸟区、临海步道区、钓鱼区、草坡树林区等主题游览区组成,是邛海岸边滨水漫步休闲、观赏鸟类的景区
2	梦里水乡	湿地公园	湿地水上游览、植物园湿地、白鹭滩水生植物观赏	62	由生态防护林步行游览带、湿地水上游览观光带、植物园湿地区、白鹭滩水生植物观赏区、自然湿地修复区组团而成。形成了 1 500 m 长的湿地水上航线以及融湿地科普、环境保护和游览观光为一体的文化长廊
3	西波鹤影	湿地公园	亲水绿道	125	通过亲水步道和自行车绿道,有机串联起"踏波栈道""五棵榕""梦回成昆""坐石观海""邛管会旧址""月伴湾"等多个景观节点,在山海之间营造出收放有度,韵律丰富的休闲空间
4	烟雨泸州	湿地公园	烟雨邛海,鸥鹭逐飞	193	提取自然要素"气候""日月""光影",观邛海之"烟雨";提炼生态要素"河口""群鸟""角洲"形成赏鸟之天堂"鹭洲";塑造烟雨袅袅,鸥鹭逐飞的生态湿地
5	梦寻花海	湿地公园	水月相映	556	规划提取西昌"气候四季如春"的自然要素,以河口水土保持、生物多样性保护和展示为主题,以花为媒,以花为点睛,打造"梦寻花海"的湿地生态系统
6	梦回田园	湿地公园	田园农耕	288	沿邛海地势低洼处恢复为近自然湿地,重塑遗失的古城村落,保留区内大面积稻田耕地,通过增加水塘面积,加强水系联通,将其改造成为农业湿地

续表

序号	景点名称	内 容	特 征	规模/km²	规划要点
7	邛海公园	公园	综合公园	60	对现有公园进行整治,完善景区旅游购物、文化娱乐、公共活动、入口服务等功能;完善景观环境,建设以时令花卉、三角梅等特色花卉为主的"邛海春晓"景观;结合四川省水上运动基地设施条件,建设码头、船坞,成为邛海水上活动的中心;对公园对面岗地进行控制,保持自然空间,建观景阁以凭眺邛海
8	灵鹰寺	寺庙	寺庙古迹	20	保护宗教寺庙古迹,完善游览环境;各项建设应遵循"文物古迹、历史建筑保护"的相关规定
9	青龙寺	寺庙	古树、寺庙、水湾	15	完善保护寺庙建筑及景观环境,修建黄桷树至湖滨及青龙寺至寺后山林的游憩道路,扩大游赏范围与内容;湖滨开展滨水休闲活动;寺东、北面培植风景林
10	月亮湾	河湾湿地	古树、湿地	24	由原月亮湾景区南北方向扩展,形成大尺度的湖湾景色,改造现有岸线为生态岸线,利用南北水上步行栈道设鱼类生物链展示栈道
11	龙行甘雨	民俗	民族文化体验	15	古邛都八景之一,由原青龙寺景区南北方向扩展,展示小青河河口湿地风光,保留现状青龙寺

2)景区组织

邛海-螺髻山风景名胜区分为邛海、泸山景区、飞播林景区、五彩池景区、珍珠湖、鹿厂沟景区、温泉瀑布景区和土林景区8个主要景区,以邛海景区为例说明景区组织内容。

邛海景区面积为46.5 km²。以邛海高原淡水湖泊自然湿地修复为立足点,以具有国际意义的我国南方鸟类栖息地重建为特色,突出生态教育、生态旅游、生物多样性保护、水环境保护等多种功能。通过环湖湿地建设景区重要景点有11个,即观鸟岛、梦里水乡、西波鹤影、烟雨潞州、梦寻花海、梦回田园、邛海公园、青龙寺、月亮湾、龙行甘雨、邛海水面。景区的景观特点是烟波浩渺、四季如春,湿地景观清秀宜人,湖光山色辅以民族风情,与泸山交相辉映。

邛海景区为核心游览区,景区结构以沿邛海的环状分布为主。景区的主景为邛海,景观以水景为主,兼有人文、园景、寺庙、植物景观。游赏项目安排:垂钓、揽胜、摄影、写生、写作、创作、科普、休息娱乐、水上水下运动、其他体智技能运动、避暑避寒。游览方式:景区的主导游线是旅游公交车或自行车,沿环湖公路、环湖步游道在每个景点作停留;辅助游线是游船,在邛海水面进行游赏活动。景区设施:景区有11个景点,每个景点根据其需求设服务部1处,陆上每个景点出入口设旅游自行车管理处与公交车站,景点内部沿途设置相应的停靠点,设邛海西岸旅游服务区 1 处旅游镇,在邛海西岸旅游服务区内设游人中心 1 处,景区游览公路 37.7 km,自行车骑游道和步行道 36.9 km。

3)游览交通方式

风景名胜区的游览以乘车、步行观景相结合的方式为主,兼有乘船、骑自行车、骑马的游览方式。

风景名胜区以南北向的 G108 线和西巧线两条公路为树干的方式作为整个景区的交通主干支撑,各景区的游览公路、步游道呈树枝状连接树干。由于受地形地貌的限制,又不能破坏自然环境,各个景区的内部交通均为独立式的,处于低海拔地区的景区如邛海景区、泸山景区、飞播林景区、土林景区的景点基本上分布于游览公路两侧,因而这些景区采取车游解决交通、步游观景的方式进行游览。而处于高海拔的景区如五彩池景区、珍珠湖景区、鹿厂沟景区和温泉瀑布景区则采取通过游览索道、游览公路到达离景点较近的高海拔地段,然后通过游览步道到达和联系各景点的游览交通方式。

4)游览路线规划

(1)主题游览线

以自然山水为依托、以避暑避寒观光为主题游览线,划分为主游览线 1 条、次游览线 2 条。

①主游览线:邛海景区 $\xrightarrow{车、步}$ 泸山景区 $\xrightarrow{车、步}$ 五彩池景区 $\xrightarrow{索道、步}$ 珍珠湖景区 $\xrightarrow{车、步}$ 温泉瀑布景区。

②次游览线:邛海景区 $\xrightarrow{车、步}$ 泸山景区 $\xrightarrow{车、步}$ 飞播林景区 $\xrightarrow{车、步}$ 五彩池景区。

邛海景区 $\xrightarrow{车、步}$ 泸山景区 $\xrightarrow{车、步}$ 飞播林景区 $\xrightarrow{车、步}$ 土林景区 $\xrightarrow{车、步}$ 鹿厂沟景区。

(2)专题游览线

专题游览线包括古冰川考察游;天象景观欣赏游,高山植被观赏游;珍稀杜鹃猎奇游,冬季雪景踏山游;攀岩探险揽胜游,登山吸氧休闲游;湖光山水逍遥游;民俗风情欢乐游。

(3)游程规划

根据风景名胜区的实际情况及不同游客的需求,规划制订了 5 种不同特点的游线及游程。

①风光览胜两日游,由于住宿地点不同,因此游线有 3 条:

a.邛海景区—泸山景区,回西昌市(住);五彩池景区,回西昌市(住)。

b.邛海景区—温泉瀑布景区,回普格县(住);珍珠湖景区,回普格县(住)。

c.邛海景区—土林景区,至德昌县(住);鹿厂沟景区,回德昌县(住)。

②主景休闲度假三日游,游线有 3 条:

a.邛海景区—泸山景区,回西昌市(住);飞播林景区—温泉瀑布景区,回普格县(住);珍珠湖景区,回普格县(住)。

b.邛海景区—泸山景区,回西昌市(住);飞播林景区—五彩池景区,回西昌市(住);珍珠湖景区,回西昌市(住)。

c.邛海景区—泸山景区,回西昌市(住);飞播林景区—土林景区,至德昌县(住);鹿厂沟景区,回德昌县(住)。

上述 3 种游线安排内容紧凑、主景突出、游览时间合适,是风景名胜区的主导游线。

③全程五日游:邛海景区—泸山景区(回西昌市住宿);飞播林景区—五彩池景区(至螺髻山镇住宿);珍珠湖景区(回普格县住宿),温泉瀑布景区(回普格县住宿),土林、鹿厂沟景区(回德昌县住)。

5)导游设施配套

(1)标志系统

由于风景名胜区各景区相对独立,所以风景名胜区不单独集中规划风景名胜区入口,入口标志以景区入口标志为主。风景名胜区标志可设于连接景区的主干道旁;景区入口标志分别设置于各个景区的进入位置;景点标志则设于风景名胜区的各个景点处。风景名胜区标志应位置显眼、效果醒目;景点标志应位置较显眼、效果较醒目;景点标志则形象要醒目,同时又要与环境协调,切忌破景、霸景。

(2)导游系统

由于风景名胜区各景区相对独立,所以风景名胜区不集中设置游人中心。规划在核心游览景区和重要游览景区(邛海景区、泸山景区、五彩池景区、珍珠湖景区、鹿厂沟景区)的主入口处结合入口功能设置小型的游人服务中心。在核心游览景区和重要游览景区次入口,以及辅助景区主入口设导游点。设游客中心、导游点通过实物、图片、文字、影视、音响、表演等多种手段,综合概括风景名胜区及所在景区的概貌、特征、价值、保护要求、游赏选择、安全知识等情况,并进行咨询、借物、售书、救援等活动。

10.6.4 典型景观规划

1)典型景观规划

邛海-螺髻山地区曾经是一个古冰川中心,先后发育有四期山岳冰川,各种冰川作用遗迹和冰川地貌保存十分完好且十分典型。古冰川遗迹形成的主要景观呈以下 3 种形式:

①螺髻七十二峰:均为冰川侵蚀形成的角峰,沿螺髻山的山脊线分布,雄伟峻峭,挺拔壮观;螺髻山的山脊为典型的刃脊,由于侵蚀风化,刃脊十分狭窄,两侧多为悬崖陡壁。

②冰川湖泊:分布于螺髻山主脊两侧的古冰川围谷古冰斗中,皆因冰川刨蚀和冰碛物堵塞而成,多成群分布,似粒粒璀璨明珠洒落于人间。以邛海和珍珠湖群分别为低海拔和高海拔冰川湖泊的代表。

③奇岩异石:主要包括冰川运动在岩石表面留下的冰溜面和刻槽;冰川磨蚀岩形成的羊背石和鲸背石群;冰原石山和冰缘石柱;冰碛垄岗及其锅穴群。

2)典型景观的作用

古冰川遗迹所形成的景观是邛海-螺髻山风景名胜区的主要景观,几乎贯穿风景名胜区的所有地带,是整个风景名胜区最具景观特异度的景观,也是风景名胜区观赏价值和科研价值最高的景观,是邛海-螺髻山风景名胜区的生命所在。

3)典型景观利用

①各景区的建设中应突出地质地理生态环境等科普教育特征,在冰川环境科学家的参与下,建设翔实的科普标识牌,开展游客参与、生动有趣的科普活动。

②游赏步道的选线应尽量避免生态脆弱地带,广泛采用架空栈道的方式,以免破坏自然土壤植物。

③合理布置观景摄影台,通过实地勘查,尽可能使每个景点形成高、中、低 3 个层次的多处观景点,据此设置观景摄影台,组织相应的游览步道。

④通过情景式的标识牌在野外对生态环境与地貌景观进行解说,使游人能对景点形成全面的了解。每个景点标志应用中、英两种文字,简洁明了地注明景点的体量、特征等内容。

⑤在螺髻山建设古冰川与环境博物馆,通过自然模型、全景动画、声光电等方式演示展示古冰川地貌,第四纪冰川来临时螺髻山沧海桑田演变场景。

⑥恢复被破坏的森林植被,尤其是被破坏的景观敏感区域森林植被。恢复的植被在满足植被覆盖率的基础上应注意植物结构、季相变化等,人工种植应似天然植被。

4)典型景观的保护

由于邛海-螺髻山的古冰川遗迹景观多处于高海拔的生态脆弱地区和古冰川遗迹的不可再生性,因此"保护第一"的原则应作为整个风景名胜区开发建设的首要思想。在游览步道和观景摄影台的选线定点和建设方式上一定要注意不能破坏自然生态和景观环境;必须严格加强管理工作,控制景区及每个局部的游人规模,并严格规定游人的活动范围,防止因为风景游赏活动的失控而影响生态及景观环境的行为发生。

10.6.5　游览设施规划

1)游人与游览设施现状分析

邛海-螺髻山风景名胜区尚处于初级开发阶段。以光福寺为代表的泸山和邛海公园是现状开放的地带,已有比较成型的游览设施。螺髻山部分,低海拔的黄联土林是已向游人开放地带,有一定的游览设施;中海拔部分,游人主要到达的区域是温泉瀑布,这里也形成了一定的游览设施;高海拔部分,主要建设了珍珠湖景区,其他区域几乎无游览设施,每年只有为数不多的游人进入,主要是科考探险等人群。

2)客源与游人规模预测

(1)客源分析

邛海-螺髻山是具有全国乃至世界性吸引力的风景名胜区,它拥有多样的自然资源和丰厚的人文旅游资源。由于受到交通条件、地区经济水平等客观条件的限制,游客数量一直处于较低水平。而从发展趋势来看,将有诸多方面的有利因素。其一,随着旅游和高层次的精神享受日益成为人们生活时尚,越来越多的人走入户外;其二,与盆地大相径庭的气候条件,冬季暖

和,适合避寒,有成为冬季度假休闲胜地的优越的先天条件;第三,2012 年,雅攀高速公路建成并通车后,加上机场、铁路,风景名胜区的外部交通状况将大大改善。因此,邛海-螺髻山风景名胜区的游人发展状况应是非常乐观的。

（2）游人规模预测

2020 年为 1 130 万人次,2035 年为 1 880 万人次。

（3）旅宿床位设置

规划风景名胜区的游览设施以外围依托为主,风景名胜区内只设置少数简单的旅宿床位,总计近期为 4 000 床,远期为 7 200 床。

（4）直接服务人口计算的参数取值

按直接服务人口与床位数比例1:4计算,则计算得出直接服务人口近期为 1 000 人,远期为 1 800 人。

3)游览设施布局

①服务部:规划在各个景区的重要地段设若干服务部,为游人进行风景游赏活动提供方便及必要的服务内容,包括游船码头、急救、咨询、购物、自行车租赁、餐厅、小卖部等。规划共计 44 个服务部,详见表10.8。

表10.8　游览设置一览表

旅游基地名称	内容设置
观鸟岛服务部	话亭、公交车站、导游小品、公厕、小卖部、纪念、停车场、自行车出租、游船码头、观鸟设施
梦里水乡服务部	话亭、公交车站、标识、公厕、小卖部、停车场、自行车出租、游船码头
西波鹤影服务部	话亭、公交车站、标识、公厕、小卖部、纪念、停车场、自行车出租、餐厅
烟雨潞州服务部	话亭、公交车站、标识、公厕、小卖部、停车场、自行车出租、游船码头、餐厅、湿地宣教中心、艺术表演
小渔村服务部	话亭、公交车站、标识、公厕、小卖部、停车场、自行车出租、游船码头、餐厅、民族风情展示
梦寻花海服务部	话亭、公交车站、标识、公厕、小卖部、停车场、自行车出租、游船码头、餐厅
梦回田园服务部	话亭、公交车站、标识、公厕、小卖部、停车场、自行车出租、游船码头、救护站、餐厅、原生态民族风情展示
月亮湾服务部	话亭、公交车站、标识、公厕、小卖部、停车场、自行车出租、餐厅
龙行甘雨服务部	话亭、公交车站、标识、公厕、小卖部、停车场、游船码头、自行车出租、原生态民族风情展示
青龙寺服务部	话亭、公交车站、标识、公厕、小卖部、停车场、自行车出租、游船码头
邛海公园服务部	话亭、公交车站、导游小品、公厕、小卖部、纪念、餐厅、停车场、自行车出租、游船码头、救护站

续表

旅游基地名称	内容设置
泸山东入口服务部	话亭、公交车站、导游小品、公厕、小卖部、纪念、停车场
光福寺服务部	话亭、公交车站、标识、公厕、小卖部、纪念、餐厅
沈家祠服务部	话亭、公交车站、标识、公厕、小卖部、停车场、餐厅
五显庙服务部	话亭、公交车站、标识、公厕、小卖部、停车场、餐厅
响水沟服务部	话亭、风雨亭、公交车站、标识、公厕、小卖部、停车场、步道
西昌农场服务部	话亭、公交车站、标识、公厕、小卖部、纪念、停车场、自行车出租、餐厅、艺术表演
观海湾服务部	话亭、风雨亭、公交车站、标识、公厕、小卖部、停车场、餐厅、步道
白庙彝家新寨	话亭、公交车站、标识、公厕、小卖部、停车场、餐厅、原生态民族风情展示
大箐牧场服务部	话亭、风雨亭、公厕、小卖部、驯马场、停车场
仙人洞服务部	话亭、导游点、风雨亭、公厕、小卖部、停车场
黄联土林服务部	话亭、导游点、风雨亭、小卖部、公厕、步道
摆摆顶服务部	风雨亭、标识、公厕、导游站、餐厅、商店
干海子服务部	话亭、风雨亭、标识、公厕、小卖部、索道站、步道、马道
金厂坝服务部	风雨亭、标识、公厕、步道、马道、救护站、导游站、餐厅、商店
黑龙潭服务部	话亭、风雨亭、导游小品、公厕、小卖部
五彩池服务部	话亭、风雨亭、标识、公厕、救护站、步道、马道
螺髻山牧场服务部	风雨亭、标识、公厕、驯马场、救护站、餐厅、商店、帐篷营地
十里地服务部	话亭、风雨亭、导游小品、公厕、小卖部、帐篷营地
螺髻寺服务部	风雨亭、导游小品、小卖部、公厕、停车场
青堡堡服务部	话亭、导游小品、餐厅、小卖部、公厕、救护站、索道站、步道
老鹰沟服务部	话亭、风雨亭、小卖部、公厕、导游点、步道
岔河坝服务部	话亭、风雨亭、小卖部、公厕、救护站、步道
鹿厂沟沟口服务部	话亭、小型游人中心、小卖部、公厕、停车场、救护站、派出所
姊妹湖服务部	话亭、风雨亭、标识、公厕、步道、救护站、帐篷营地
大海子服务部	话亭、导游小品、小卖部、公厕、步道、餐厅
顶平哈服务部	话亭、小型游人中心、小卖部、公厕、停车场、救护站、派出所、索道下站
李玛服务部	话亭、导游小品、小卖部、公厕、救护站、索道上站、步道
两河口服务部	话亭、风雨亭、标识、小卖部、公厕、停车场、步道、马道、救护站

旅游基地名称	内容设置
温泉瀑布服务部	话亭、标识、风雨亭、小卖部、公厕、步道
螺髻南峰营地服务部	话亭、导游小品、小卖部、公厕、救护站、帐篷营地、步道
药坪子服务部	话亭、标识、风雨亭、公厕、步道、帐篷营地
大石板旅游点	停车场、导游小品、餐厅、商店、民族风情、400 个床位的旅宿设施
大象坪旅游村	话亭、导游小品、公厕、小卖部、救护站、停车场步道、800 个床位的旅游村
畜牧场场部旅游村	话亭、导游小品、公厕、小卖部、救护站、停车场、小型游人中心、派出所、步道、1 000 个床位的旅宿设施
邛海西岸旅游镇	话亭、游人中心、公交车站、停车场、集散点、自行车出租、游船码头、导游小品、小卖部、纪念、餐厅、购物、娱乐、保健、公厕、垃圾站、派出所、邮政所、5 000 个床位的旅宿设施

②旅游点:结合位于飞播林景区大石板旁的单位外迁后的土地整理,在此规划一处旅游点,布局旅馆、车场、标识、餐厅、救护站、小卖部、风雨亭等设施,设置高档床位 400 床,为往来邛海、螺髻山旅游接待服务。

③旅游村:在螺髻山部分,规划大象坪、螺髻山畜牧场场部两处旅游村,远期床位数分别为800 床、1 000 床。两处旅游村分别反映傈僳族风情、彝族风情。

④旅游镇:在邛海西岸布置了集中建设旅游服务设施的区域。旅游服务区内设施类型齐全,包括住宿、餐饮、购物、娱乐、保健、休闲、度假、文体等多种类型的服务设施。设置中高档床位 5 000 床,面积约 4 km²,主要围绕邛海宾馆、铁路技校和缸窑 3 处宾馆集中区,其中,宾馆设施建设用地约 1.20 km²,配套的游娱文体、休养保健、购物娱乐等服务设施建设用地 0.50 km²,游览设施建筑面积约 90 万 m²。

⑤外围依托:外围依托首先为西昌市的城市相关设施和旅游度假基地,其次为普格县的县城、螺髻山镇、大槽河沟口温泉旅游度假村、德昌县县城的相关设施。

西昌城市紧邻风景名胜区,具有成为著名的旅游城市的潜力。邛海-螺髻山风景名胜区的旅游服务设施应以利用西昌市的相关设施为主,以景区内的旅游服务设施为辅,避免不必要的重复建设活动,同时风景名胜区的发展也为西昌城市的发展带来了动力,以风景名胜区的建设带动西昌城市的繁荣,提升城市的内涵,使之与风景名胜区交相辉映,共同促进、同步发展。西昌市市区内除了加强基础设施建设和环境的改造外,还应在城市规划的布局和功能上有相关的内容满足风景区发展的需要(如在川兴镇规划一旅游度假基地)。

普格县城、螺髻山镇、螺髻山温泉旅游度假村、德昌县城都位于螺髻山的山脚,与风景名胜区的联系也较为紧密,并且拥有浓郁的民族风情、温泉等资源优势,作为旅游基地都有较大的发展潜力。

完善风景名胜区的外部交通网络,使风景名胜区与进出口岸的交通四通八达,加快游客向风景名胜区外的服务基地扩散,减轻风景名胜区内的接待压力。

10.7 规划环境影响评价

10.7.1 环境影响预测及对应措施

邛海-螺髻山风景名胜区的建设所带来的人为活动分为建设项目和营运活动两个方面。

1)工程施工期对策与措施

①生态环境:建设项目的施工过程中造成的噪声、振动以及对相关区域的野生动物的干扰虽然影响环境,但施工期影响是暂时的。

②地表水环境:施工过程中不可避免地将产生部分生产性废水,其中污染物以泥沙为主,工程应采取修建沉淀池的方法、采用先进的施工技术和施工方法、使用先进的施工机械设备和防尘设备、使用符合环保要求的拌和系统设备,确保施工废水零排放。

③大气环境:基础施工开挖土方时产生一定量的扬尘;建筑材料及土石方运输过程中洒漏及扬尘;混凝土搅拌时会产生一定量的粉尘。施工中应采用密布安全网封闭施工,以减少扬尘对环境空气的影响;施工中应尽量减少建筑材料运输过程中的洒漏,适当洒水降尘,及时清除路面渣土;合理安排挖掘土方的堆放场地及施工工序,注意场内小环境的挖掘填方平衡,减少因土方的不合理占地堆放而影响施工进程。

④声环境:施工期噪声源主要来自混凝土搅拌机、电锯等施工机械。应采用低噪声设备,合理安排施工时间,避免夜间施工;严格按《建筑施工场界环境噪声排放标准》(GB 12523—2011)施工,防止机械噪声的超标,特别是应避免电锯、混凝土搅拌机等夜间作业。

2)营运期对策与措施

①生活垃圾:采用"垃圾箱—垃圾转运站—垃圾处理场"的模式,确保垃圾不影响环境。同时对垃圾转运站定期消毒,尽量减少垃圾收运过程中对环境的影响。

②生活污水:主要产生于各旅游村和独立公共厕所。旅游村均需配置相应的污水处理设施,而独立公共厕所则采用生态厕所,确保不污染环境。

③大气环境:影响大气环境质量的主要因素有车辆尾气排放以及旅游接待餐饮的油烟排放。尾气排放不达标的车辆严禁进入规划区;油烟排放要求在油烟进入大气前必须采取相应措施,进行技术处理,满足《饮食业油烟排放标准》(GB 18483—2001)相关要求。

④固体废弃物:加强对固体废弃物特别是危险废物的管理,确保危险废物得到妥善安全处置;实现医院垃圾100%无害化处理;远期涉及城镇生活垃圾无害化处理率达到100%。

3)社会文化影响的对策与措施

①邀请当地居民参与制订旅游发展规划。
②请当地居民做导游,介绍本地风俗习惯,要求游客在参观、摄影、购物等时注意行为

举止。

　　③解说当中告诫游客维护当地文化价值,加强对旅游者的宣传教育。

　　④提供当地文化说明。

　　⑤加强法治建设,严格管理。

　　⑥上级主管部门与当地社区密切合作。

4)生态环境影响的管理措施

　　①合理开发各景区资源,减少不同游客需求之间的矛盾。

　　②采用更高的设计标准使建筑与其周围的自然和文化环境相协调。

　　③采取措施,禁止乱丢废弃物,进行废弃物处理。

　　④进行环境知识教育和宣传活动。

　　⑤必须坚持生态环境可持续发展的原则。

　　⑥在风景区开发建设之前、期间和之后都要对环境条件进行监控,使其至少不低于最低限度。

　　⑦对风景名胜区重大建设项目做环境影响评估,并执行环境管理的保护政策,旅游服务设施必须遵守国家规定的污染物排放标准。

10.7.2　初步评估意见

　　施工过程中只要严格按照施工的有关规定执行,加强管理,则不会对环境造成明显影响;在营运过程中只要严格按照风景名胜区和旅游景区的相关法规严格管理,及时发现和处理突发情况,就不会对环境造成明显影响;只要尊重当地文化,规范风景名胜区建设和游人活动行为,让当地社区居民参与到风景事业发展中来,旅游开发将不会对当地的文化、自然环境造成明显影响。

　　依据《中华人民共和国环境影响评价法》,建议风景名胜区主管部门邀请具有资质的单位编制《邛海-螺髻山风景名胜区环境影响评价报告书》,为风景名胜区的发展提供技术保障。

10.8　分期建设规划

10.8.1　近期规划

　　规划期限为2016—2020年。

1)近期发展目标

　　完成对邛海的风貌整治工作。通过对风景名胜区邛海景区、五彩池景区和珍珠湖景区3个核心游览区的大力建设,以及泸山景区、鹿厂沟景区和温泉瀑布景区3个重要游览区和其他

辅助游览区的逐步建设,形成风景区的主体骨架,力争在近期规划年限内使风景名胜区的风貌建设取得实质性进展,给游人留下美好印象,2020 年,邛海泸山景区游人规模达到 1 115 万人次,螺髻山区域游人规模达到 140 万人次的游人目标。

2)近期重点建设项目

①邛海景区的风貌整治。邛海景区为整个风景名胜区的门户和窗口,环湖路内侧的湿地恢复治理基本完成,将风貌整治工作扩展至整个邛海景区范围。

②建设完善邛海景区的游赏设施配备(包括邛海景区的水上游览系统)及邛海西岸旅游服务区 3 000 床位的旅游村及配套设施。

③建设完善飞播林景区、五彩池、泸山景区、温泉瀑布景区、土林景区和鹿厂沟景区的游赏设施配备及相关的旅游村和配套设施。

④改造连接各景区的外部交通道路,建设完善西昌绕城高速等过境交通(包括线型的改良、局部路面的改造和拓宽),并对沿线的建筑景观风貌进行统一整治。

⑤结合具体的建设项目,逐步完善相关基础工程设施的配套(给排水、电力、通信等),近期规划年限内,基础工程设施的建设应大部分完成,确保其他重要建设项目的进展。

⑥建设西昌—普提 500 kV 双回线路、西昌—沐川 500 kV 双回线路、西昌—布拖 500 kV 双回线路、锦屏送端接地极线路、锦屏—苏南 ±800 kV 特高压直流输电线路等工程,形成线路走廊宽度 1 200 m,穿越风景区长度为 8.5 km。

⑦邛海环湖搬迁型居民点的搬迁、安置工作。

⑧逐步建立健全风景名胜区的管理机构,行使对风景名胜区开发、建设、运行的管理职能,特别是保护风景名胜区生态和景观环境的职能。

3)近期建设投资估算

风景名胜区近期建设投资估算,见表 10.9。

表 10.9 风景名胜区近期建设投资估算

序 号	投资方向	内 容	投资额/万元
1	风景游赏	邛海风貌整治	30 000
		重要景点游览设施配套建设完善工作	40 000
2	游览设施	邛海西岸旅游服务区 3 000 床位旅游设施的建设完善工作	20 000
		畜牧场场部 500 床位旅游设施的建设完善工作	5 000
		大象坪 300 床位旅游设施的建设完善工作	3 000
		大石板 200 床位旅游设施的建设完善工作	2 000
		各景区服务部的建设完善工作	2 000
3	居民社会	搬迁居民点的安置工作	12 000
4	保护培育	邛海流域等的生态环境的保护和治理、植被的培育工作	5 000

续表

序 号	投资方向	内 容	投资额/万元
5	道路交通	新建泸山等防火通道 26 km	12 400
		新建西昌绕城高速公路	0
		改造鹿厂沟景区内道路 18 km	1 800
		各景区步游道的建设完善 67 km	1 500
		干海子索道及配套设施建设完善工作	10 000
		其他游赏交通(游船码头、车场、自行车道等)的建设完善工作	4 000
6	基础工程	大象坪旅游村、畜牧场场部旅游村近期供水系统	100
		鹿厂沟景区 10 kV 电力线	750
		鹿厂沟景区、五彩池景区等电信电缆	1 000
		各旅游服务区污水处理设施	2 000
总 计			152 550

10.8.2 小 结

1) 前期调查评价的意义

对风景名胜区的前期调查主要包括风景名胜区的区位关系、综合现状、景源评价等方面。风景名胜区范围较宽广,涉及面多,相对来说考虑的方面就会多,因此,在规划设计前的调查就显得尤为珍贵。在区位关系的调查中,调查风景名胜区在所属城市中的区位以及所属市在省乃至全国中的区位,都有助于对该风景名胜区建设规模、方向、类型产生较深刻的认知。在综合现状的调查中,主要包括风景名胜区的自然地理资源、人文历史、灾害、生态资源和开发建设状况,通过这些调查为相关规划设计部门提供依据,做到结合实际情况进行规划设计。在规划重点中的调查,即是发现风景名胜区中存在的问题,并在今后的规划设计中避免或弥补这些问题。风景名胜区种类繁多,在地质地貌、生态生物、森林植被、水文气象、文物古迹、景观形态、文化特色、功能结构、观赏类型、审美意义和科学价值诸多方面千姿百态,各领风骚,绝无雷同,既无法替代,也不能重复克隆,因此风景名胜区的景源评价特别重要。前期调查无论在风景名胜区的定位与细节设计上都是必备的前提。

除此之外,风景名胜区具有不可再生的特殊性。风景资源的脆弱体现在其损毁后的不可逆性,一旦遭到破坏,就不可能再恢复大自然禀赋的原生态和历史形成的原真风貌,损失将变得无法挽回。充分的前期调查是对风景资源的尊重。

2) 相关结论

前期调查后,归纳整理进行评价,不仅是对风景名胜区现状的评价,同时也是挖掘该风景名胜区的特性的过程。每一个风景名胜区都有独特的自然景观资源,风景名胜区的规划设计也不是天马行空的,只有充分调查得出相关结论,才能确定规划设计时的主方向,同时也是细节的规划设计依据,更是风景名胜区自然资源合理利用的最有力保障。

3)重点控制指标的确定

风景名胜区控规指标体系主要包括资源保护、土地利用、行为活动、景观风貌、建筑建造和配套设施六大类。这些重点指标的确定面临的问题与解决思路如下:

①控制策略:整体统筹、重点控制。
②控制手段:保护为主、开发为辅。
③内容构成:丰富内涵、凸显特色。
④落实载体:弱化地块、强化景源。
⑤控制深度:区分类型、因地制宜。

4)规划设计与实施管理的相关性

我国大部分风景名胜区在具体管理中,不遵守规划或违反规划的现象经常发生,违章建筑随处可见。这既违背了风景名胜区的规划设计初衷,同时也违反了风景名胜区相关的法律法规。风景名胜区要做到事半功倍,管理应遵循的原则如下:

①管理以不违背相关法规条例为前提,应对风景名胜区有准确的认识。
②政策的完善,政府对风景名胜区的管理方面的制度措施具有重大意义。
③规划与实施应一致。
④保护与利用平衡。
⑤分类别进行管理,如按开发利用政策分类管理,对保护区、开发区和待开发区进行分类管理。

风景名胜区
规划启示

10.9　附　图

本实例的主要规划编制图纸文件(节选)如图 10.3—图 10.12 所示。

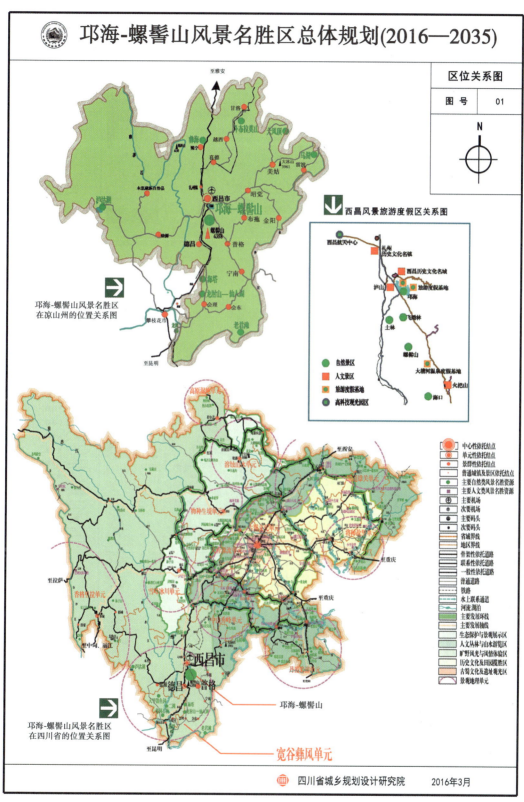

图 10.3　邛海-螺髻山风景名胜区总体规划区位关系图（川 S〔2020〕00009 号）

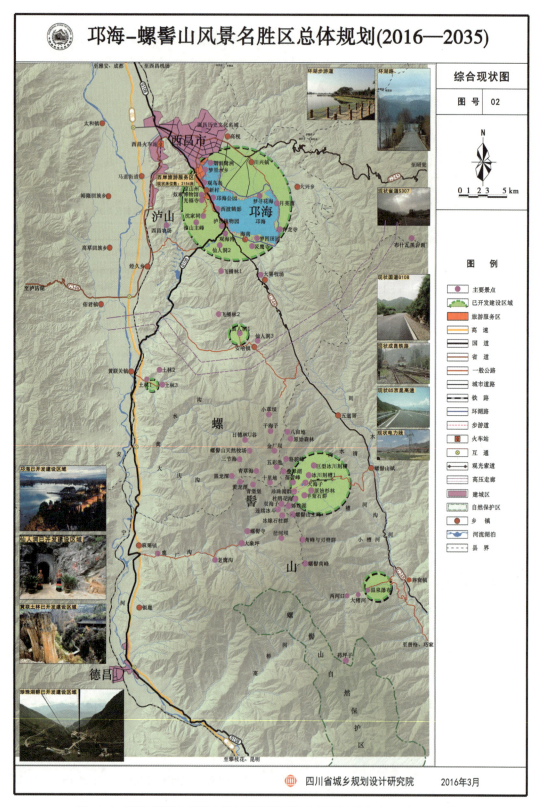

图 10.4　邛海-螺髻山风景名胜区总体规划综合现状图（川 S〔2020〕00009 号）

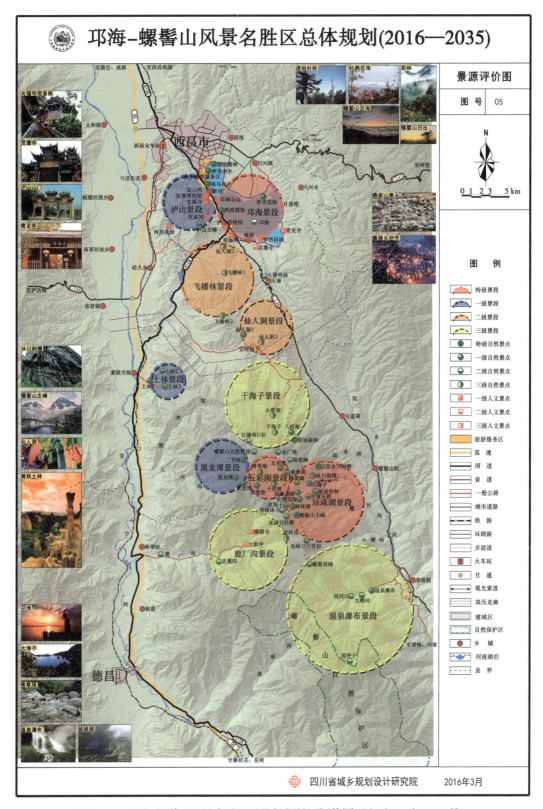

图 10.5 邛海-螺髻山风景名胜区总体规划景源评价图(川 S〔2020〕00009 号)

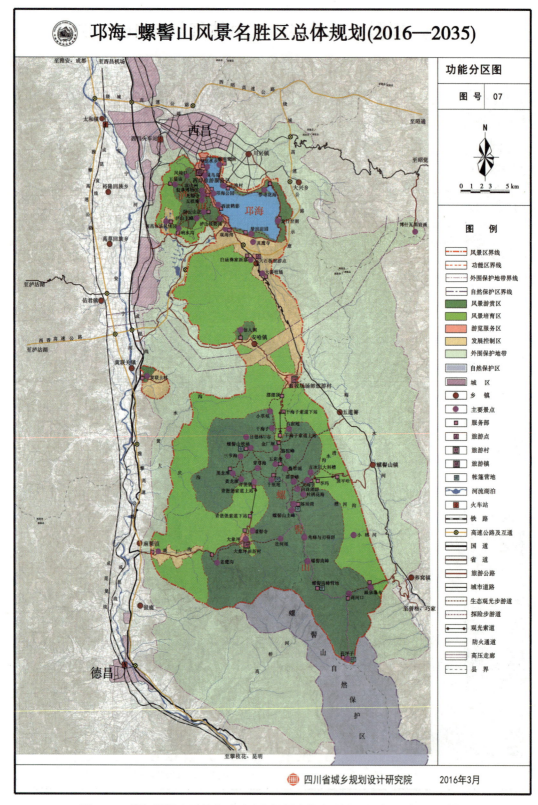

图 10.6　邛海-螺髻山风景名胜区总体规划功能分区图（川 S〔2020〕00009 号）

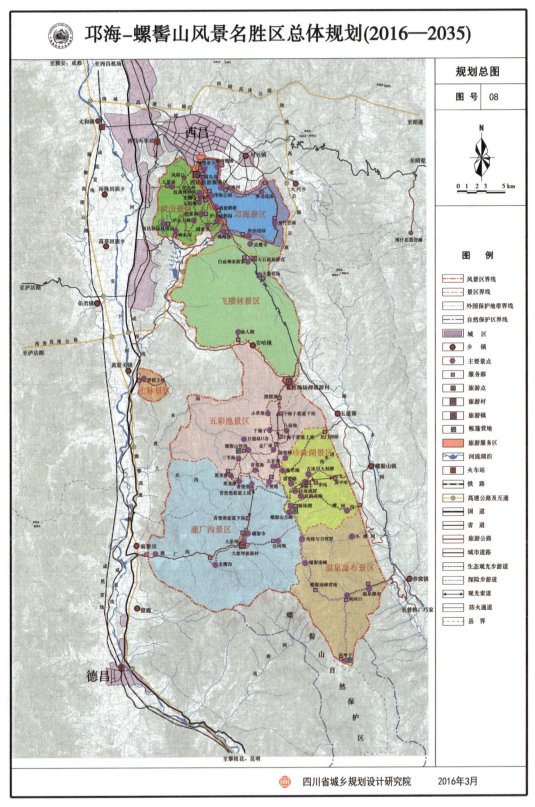

图 10.7 邛海-螺髻山风景名胜区总体规划总图(川 S〔2020〕00009 号)

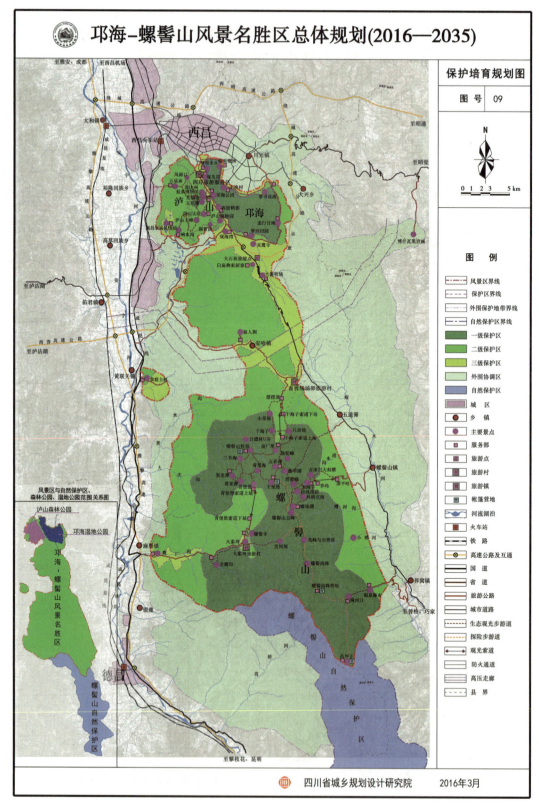

图10-8 邛海-螺髻山风景名胜区总体规划保护培育规划图(川S〔2020〕00009号)

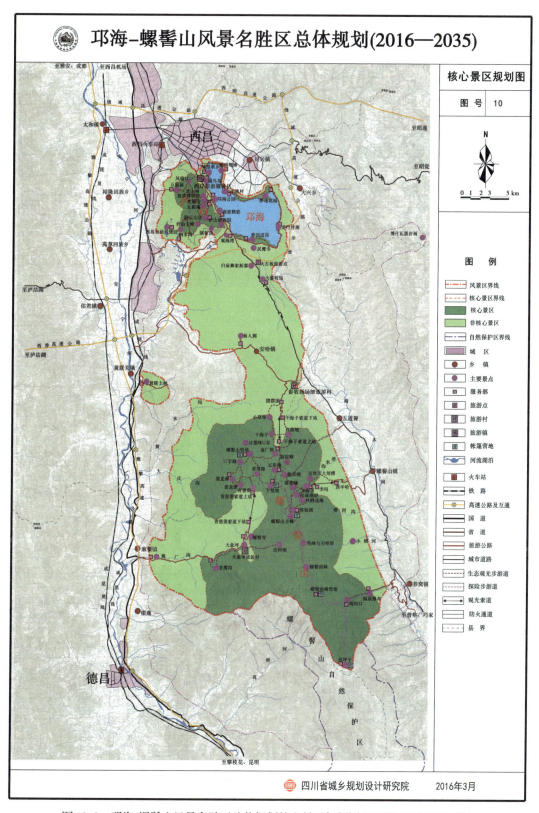

图 10.9　邛海-螺髻山风景名胜区总体规划核心景区规划图（川 S〔2020〕00009 号）

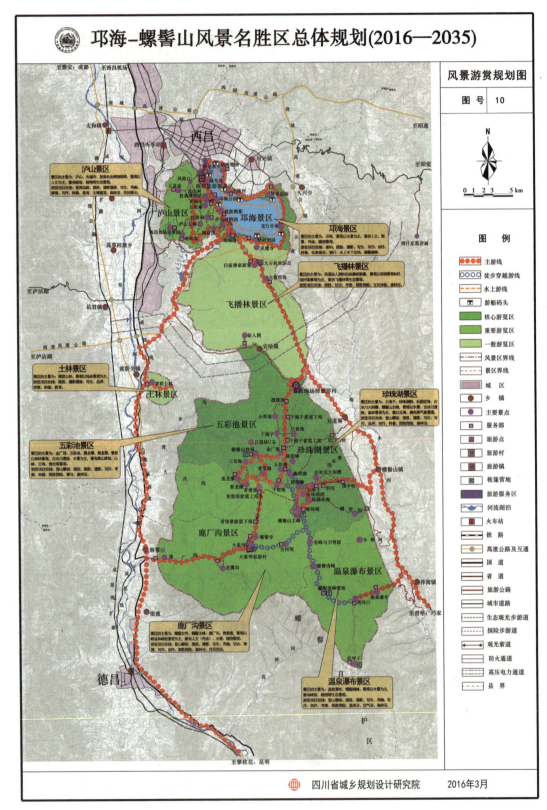

图 10.10　邛海-螺髻山风景名胜区总体规划风景游赏规划图（川 S〔2020〕00009 号）

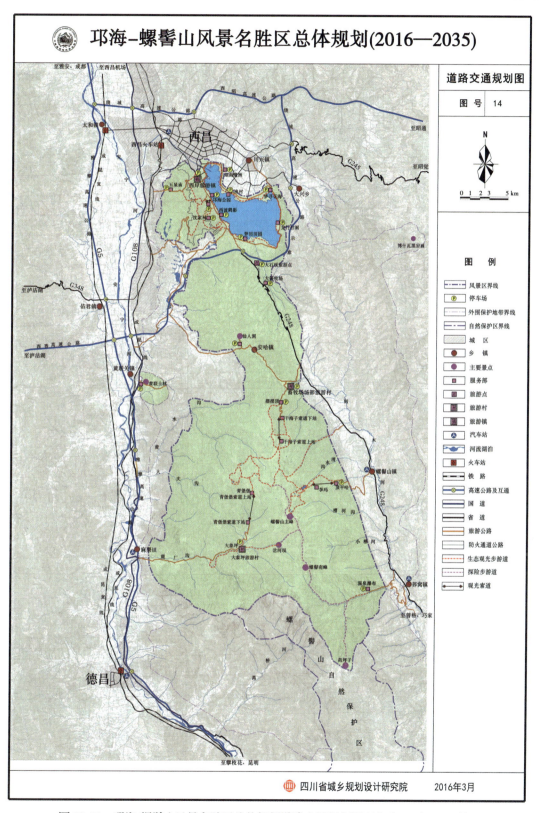

图 10.11　邛海-螺髻山风景名胜区总体规划道路交通规划图（川 S〔2020〕00009 号）

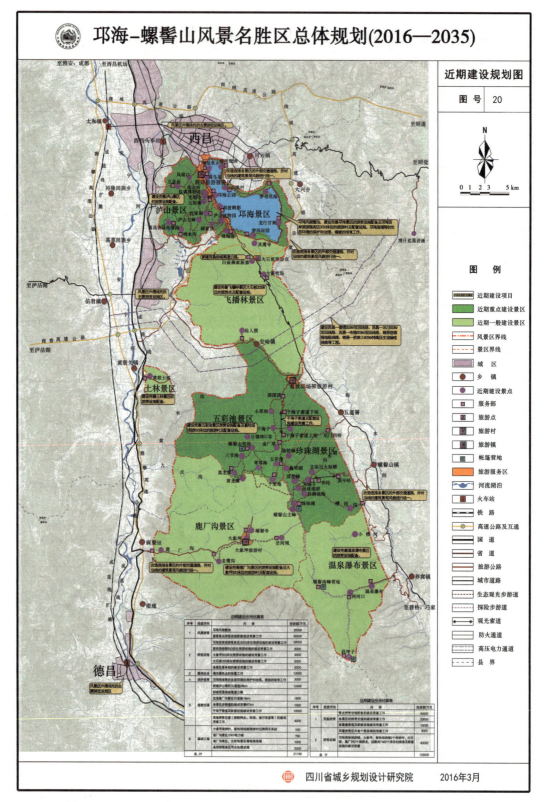

图 10.12 邛海-螺髻山风景名胜区总体规划近期建设规划图（川 S〔2020〕00009 号）

参考文献

陈战是,王笑时,杨芊芊.九华山风景名胜区总体规划研究与启示[J].中国园林,2021,37(S1):112-117.